国家社科基金重大项目"资本存量核算的理论、方法研究与相关数据库建设"（15ZDB135）最终成果

资本存量核算理论方法研究与数据库建设

曾五一　刘云霞　等　著

科学出版社

北　京

内 容 简 介

本书是国家社科基金重大项目"资本存量核算的理论、方法研究与相关数据库建设"（15ZDB135）的最终成果。本书对资本核算的基本理论和方法进行较为全面和系统的梳理，构建了一个比较科学、规范的资本核算与分析的理论与方法体系。在此基础上，本书还根据官方公开发表的统计资料，估算了国家层面和分省份、分行业的资本存量历史数据，初步构建了我国资本存量的数据库。同时，还利用上述统计数据，开展了关于资本存量数据应用的研究，得到一些有价值的结论。

本书可以为进一步建立与完善我国的固定资本核算方法与制度提供重要参考，并为从事有关研究的院校师生、科研人员以及咨询公司人员提供可查询的数据资源，为今后开展宏观经济分析、预测和决策提供重要的数量依据。

图书在版编目（CIP）数据

资本存量核算理论方法研究与数据库建设 / 曾五一等著. —北京：科学出版社，2024.5

ISBN 978-7-03-077605-1

Ⅰ.①资… Ⅱ.①曾… Ⅲ.①国民经济核算－方法研究 ②国民经济核算－数据库－资源建设－研究 Ⅳ.①F222.33

中国国家版本馆 CIP 数据核字（2024）第 016644 号

责任编辑：陶 璇 / 责任校对：贾娜娜
责任印制：张 伟 / 封面设计：有道文化

科学出版社 出版
北京东黄城根北街 16 号
邮政编码：100717
http://www.sciencep.com

北京建宏印刷有限公司印刷
科学出版社发行 各地新华书店经销

*

2024 年 5 月第 一 版 开本：720 × 1000 B5
2024 年 5 月第一次印刷 印张：18 3/4
字数：378 000

定价：208.00 元
（如有印装质量问题，我社负责调换）

前　言

　　固定资本是生产过程中最重要的投入要素之一，无论从供给还是从需求来看，固定资本都对国民经济的发展有着非常重大的影响。从供给角度来看，固定资本的实物形态主要是各种生产手段，包括生产工具和生产场所等，它是社会生产得以持续进行的物质基础和基本条件。从需求角度来看，固定资本形成是社会总需求的重要组成部分。正因为如此，世界各国都十分重视资本的核算与统计。与发达国家相比，我国在资本核算方面特别是资本存量核算方面仍存在一些差距。到目前为止，我国的官方统计一直未正式发布关于中国资本存量的统计数据。虽然从 20 世纪 90 年代开始，我国理论界的一些学者已经对我国资本存量估算问题进行过不少研究，但总体来看，仍存在不少有待进一步研究解决的问题。另外，以往的研究主要是为了获得有关资本存量数据而进行的，对如何建立与完善我国的资本存量核算方法与制度的讨论明显不足。从国际上看，2009 年，经济合作与发展组织正式发布了《OECD 资本测算手册 2009》，目前该手册已成为开展资本核算时必须借鉴的重要国际规范。但是，该手册主要是根据发达国家的经验编写的，如何结合我国的国情选择适当的核算范围，以及如何正确理解有关指标的理论内涵和统计外延仍是有待思考的重要问题。另外，该手册自身也有一些需要进一步改进的地方。鉴于上述情况，我们向全国哲学社会科学工作办公室提出了开展上述研究的有关建议。经全社会投标、有关专家评审和上级领导批准，2015 年底，由曾五一担任首席专家的"资本存量核算的理论、方法研究与相关数据库建设"国家社科基金重大项目被正式立项。

　　开展研究以来，本课题组参考和借鉴了大量国内外相关研究成果，对资本核算的基本理论、方法及其应用问题进行了较为全面、系统的梳理和深入的研究，提出了构建我国资本存量核算方法与制度的基本构想和具体建议。同时，还对我国基本存量的历史数据进行了估算和整理，初步构建了有关我国资本存量的数据库。在项目研究过程中，课题组发表过多项阶段成果，均得到同行专家和国家统计部门的好评。课题组在 CSSCI 来源期刊上发表论文 13 篇，其中，在权威的统计学术期刊《统计研究》上发表论文 7 篇，被《统计与精算》全文转载论文 2 篇。在此基础上，课题组进一步整理撰写了 70 多万字的研究报告，经专家评审与领导部门审核，一次通过鉴定，予以结项，2022 年 5 月正式公布等级为"良好"。

　　本书是在本项目最终研究报告的基础上,进一步整理、精简完成的著作①。本书包括的基本内容有:第一,关于资本存量核算的基本理论与方法研究;第二,对各国资本存量核算实践的考察和对资本存量核算国际规范的介绍;第三,我国资本存量数据的估算,包括我国国家层面资本存量数据的估算,分地区、分行业资本存量的估算;第四,资本存量数据应用研究,包括关于资本系数、资本利用率和资本回报率测算与分析方法的研究,关于我国国家层面和分地区全要素生产率的测度与分析;第五,构建我国资本存量数据库的研究。

　　本书的整体框架由曾五一设计,各章初稿作者如下:第一章,曾五一;第二章、第三章,任涛、曾五一;第四章,许永洪;第五章,曾五一、王开科、赵煜昆;第六章,刘云霞、原鹏飞、张二华;第七章,王开科;第八章,曾五一;第九章,王开科、刘云霞;第十章,刘云霞、曾五一、赵煜昆;第十一章,刘云霞、曾五一;第十二章,袁加军、迟语寒。曾五一和刘云霞在初稿的基础上,又做了进一步修改、整理和润色。

　　需要指出的是,本书的有关内容属于学术研究成果,并非官方做出的业绩评价。书中关于各省区市资本存量、资本系数、要素的弹性系数、全要素生产率、广义技术进步率等的计算结果,只是各省区市历年经济发展情况的客观反映;要将其真正用于业绩评价实践,尚有待于基础统计数据与国民经济核算体系的进一步完善。

　　本书在完成过程中,得到了贺铿教授、邱东教授、肖红叶教授、赵彦云教授、徐国祥教授、宋旭光教授以及时任国家统计局统计设计管理司司长程子林的大力指导和帮助,借此机会再次对他们表示衷心的感谢!

曾五一
2023 年 12 月

---

　　① 限于篇幅,原研究报告附录中列出的分省数据不在本书中列出,而采用数据库的形式。需要的读者可通过上网获得。

目　录

第一章 导　论

资本作为生产最重要的投入要素之一，在国民经济中有着非常重要的地位。进一步加强和完善我国资本存量核算的方法和制度是当前统计理论界和实际部门亟待研究和解决的重要课题。本章将扼要介绍本书研究的背景、理论和现实意义以及研究的主要内容与可能做出的创新。

第一节　研究背景与意义

一、开展资本存量核算研究的背景

资本存量是开展各种经济分析时所需要的最重要的经济变量之一。从国民经济核算的角度看，资本存量是开展资产负债核算不可或缺的基础数据，它和生产账户、收入形成账户等一起构成整个国民账户体系（the system of national accounts，SNA）的有机整体。图 1-1 反映了资本存量核算在整个国民经济核算中的地位及其与相关国民经济核算账户之间的关系。

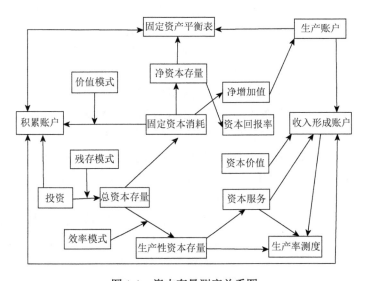

图 1-1　资本存量测度关系图

从图 1-1 可以看出，资本存量核算不仅是编制国民经济资产负债表的基础，而且是准确测度生产率和资本回报率的基础。通过资本存量核算，可以反映一定的经济主体在一定时期内所拥有的财富和潜在供给能力。因此，长期以来，资本存量核算一直得到经济理论界与实业界的高度重视。

由于开展资本存量的调查需要大量的人力、物力和财力，并且要求有比较完备的基础统计数据，因此，世界上大多数国家并未进行定期的资本存量调查，无法直接得到关于资本存量的数据。目前，国际上核算资本存量的主流方法是永续盘存法（perpetual inventory method，PIM）。该方法的基本思想是：期末的资本存量可以等于期初的资本存量加上本期新增加的资本存量，因而可以利用初始期期初的资本存量和各期的新增资本存量逐期相加去进行计算，而且随着时间的推移，初始期期初资本存量对后面各期资本存量的影响会越来越小，对于固定资本存量来说，只要资本流量（投资）的统计比较健全，可利用的资本流量数据的时间足够长（超过固定资产的服役期），那么还可以利用固定资产服役期内资本流量的累计数逐年递推估算固定资本存量。

永续盘存法始于 Goldsmith（1951）的研究。随后，又有一些学者对此做了不少研究，其中，比较有代表性的文献主要有 Christensen 和 Jorgenson（1969）、Landefeld 和 Hines（1982）等的文献。国际上对永续盘存法的研究主要是围绕估算资本存量时需要事先设定的耐用年限、效率模式、固定资产消耗模式等展开的。20 世纪 70 年代以来，Christensen 和 Jorgenson（1973）将投资品价格和资本服务租赁价格概念引入永续盘存法，形成了资本存量的数量与价格对偶体系，从而进一步扩展了永续盘存法的功能。20 世纪 80 年代以来，又有一些学者在永续盘存法的基础上进一步引进生产函数，对资本存量估算问题进行研究，如 Dadkhah 和 Zahedi（1986）、Pyo（2008）等。从国际上看，目前关于资本存量核算的理论与方法已日趋成熟。2009 年，经济合作与发展组织正式发表了《OECD 资本测算手册 2009》。美国、欧盟和日本等也已基本建立起对资本存量进行核算和估计的统计方法与制度，并定期发布各种关于资本存量的统计数据。

与发达国家相比，我国在资本存量核算方面存在一些差距。由于各种原因，我国官方一直未正式发布关于我国资本存量的统计数据。从 20 世纪 90 年代开始，我国理论界一些学者开始对我国资本存量估算问题进行研究。其中，张军扩（1991）、贺菊煌（1992）、李京文等（1993）、谢千里等（1995）、任若恩和刘晓生（1997）、王小鲁和樊纲（2000）、何枫等（2003）、张军和章元（2003）、单豪杰（2008）等所做的工作比较具有代表性。但他们研究的主要目的都是获取开展宏观经济计量分析时所需要的资本存量数据。其研究思路主要是围绕着永续盘存法在中国的具体应用而展开的，内容主要涉及固定资本流量指标的选择、基准年份资本存量的估算、不变价格投资的换算、折旧率的估计等方面。

这些研究为进一步建立和完善我国资本存量核算方法做了有益的探索。但总的来看，在有关资本存量概念理论内涵的界定、计算范围与口径、估算的具体方法、所利用的统计资料等方面都存在一些有待进一步研究解决的问题。不同学者估算的结果也存在较大的差别，其估算的精度与可信性都有待进一步提高。另外，以往的多数研究主要是为了获得有关资本存量数据而进行的，往往就事论事，对如何建立与完善我国的资本存量核算方法、制度的讨论明显不足。至于全面、系统、包含全国分省市和分行业并能相互衔接的完整资本存量数据库，则基本上仍属于空白。

2015 年，国家统计局与国家发展改革委等 11 个国务院部门合作，在北京、天津等 11 个省（市）部署编制资产负债表试点工作，并对资产负债核算的国际标准、国外经验和技术等问题进行了深入研究。2017 年 8 月，由国家统计局起草并经相关省市和部门反复讨论修改后的《全国和地方资产负债表编制工作方案》得到国务院的正式批复，并以国务院办公厅文件印发，这标志着官方领域的国家资产负债表核算工作的正式启动[①]。在这一背景下，进一步开展对资本存量核算的理论与方法的研究就显得更为紧迫。

二、开展资本存量核算研究的意义

鉴于上述情况，我们拟对资本存量核算的理论、方法做进一步系统、深入的研究，提出构建我国资本存量核算方法、制度的基本构想和具体建议，同时初步开展有关我国资本存量的数据库建设，并在此基础上，对资本存量数据的应用问题开展研究，总结出一套可行的数量分析方法。

本书拟采用理论研究与实证分析相结合的方法，其基本特点是：在开展理论方法研究、追踪国际最新研究成果的基础上，更加注重密切联系我国的统计实践，进行富有针对性的研究。力求将理论研究的成果尽快地应用于统计实践，更好地发挥成果的社会效益。

通过这一研究，不仅可以系统地总结一套对资本存量进行核算与分析的理论与方法，从而促进国民经济核算理论与方法的发展，而且可以为进一步建立与完善我国的资本存量核算方法、制度和国民经济核算体系提供重要参考。另外，通过相应的实证分析，可以得到关于我国资本存量比较全面、系统的数据，为今后开展宏观经济分析、经济预测提供重要的数据基础，通过实证分析所得到的一些结论也可以为政府的宏观调控和决策提供重要参考。

---

① 见国家统计局网站：国家统计局有关负责人就国务院办公厅印发《全国和地方资产负债表编制工作方案》有关问题答记者问. https://www.stats.gov.cn/sj/sjjd/202302/t20230202_1895931.html.

第二节　研究的总体框架与主要内容

一、总体研究框架

为了实现以上预期目标，我们提出以下总体研究框架，如图 1-2 所示。在图 1-2 所示的各项具体研究任务中，关于我国资本存量核算方法、制度的构想与建议和资本存量基础数据库建设是实现预期目标的核心工程。其他各项具体研究都将紧密围绕这两项核心内容逐步推进。

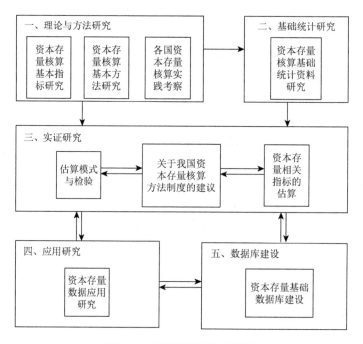

图 1-2　本书研究的总体框架

理论与方法研究为基础统计数据的收集和整理以及我国资本存量核算方法与制度的构想，提供坚实的理论指导。基础统计研究则为本书研究提供可靠的数据来源。有了基础理论方法的指导和基础统计数据的支持，才可能对具体的估算模式和参数进行检验。只有在上述研究取得成果的基础上，并且参照各国资本存量核算的经验，才能提出恰当的关于我国资本存量核算方法、制度的总体设想与具体方案，进而才能利用我国的实际统计数据，去估算有关资本存量的各项指标。总体设想和具体方案在最终形成之前，都必须经过实践的检验，也就是说，有必要开展实证分析。在实证分析的过程中，如果发现总体设想或具体方案存在问题，则应返回到上一阶段，对具体方案进行进一步的修改与完善，然后，再根据修改后的方案重新估算资本存量的相关指标，直至得到比较理想的结果。在取得关于资本存量的数据之后，一方面可以开展各种应用研究，另一方面可以进行数据库的建设。

二、主要研究内容

本书的主要研究内容包括以下几个方面。

（一）资本存量核算的基本概念与基本方法研究[①]

开展资本存量核算的研究，首先必须对有关基本概念及相关指标进行系统、深入的研究。资本存量是由几个互相联系、密切相关又有所区别的概念组成的多层次的范畴体系。资本存量有广义和狭义之分。广义的资本存量是从为社会再生产提供各种必要的要素的角度来定义的，包括物质资本、金融资本、人力资本和社会资本。而狭义的资本存量则是从社会生产再生产的基本物质生产手段来定义的，仅包括固定资本。就狭义的资本存量而言，又包括总资本存量、净资本存量、生产性资本存量等不同概念。与资本存量密切相关的有关概念还包括资本流量、固定资本消耗、资本服务等。要准确地测度资本存量必须与时俱进，要根据新的变化，厘清有关资本存量指标的概念，给出清晰的理论内涵与明确的统计外延，并且进一步明确各相关指标之间的联系与区别。

为此，要对已经形成的一些最新国际规范（如《OECD 资本测算手册 2009》《国民账户体系 2008》等）中关于资本核算的基本概念和统计指标的论述进行系统、深入的考察与研究。资本核算的基本概念与统计指标可以从存量与流量两个角度去把握。资本核算的存量指标与流量指标之间有密切的联系。在对最新国际规范进行跟踪研究的基础上，还应结合自己的认识，明确给出这些指标的理论内涵和统计外延，并厘清各指标之间的相互联系和区别。在研究中，还要特别注意厘清我国现行统计实践中已有的一些指标与相关资本核算概念和指标的区别与联系。例如，固定资本流量与固定资产投资完成额、固定资本形成等的关系，固定资本消耗与会计上折旧的关系等。

对于资本存量的估算方法，以往我国学者主要探讨了永续盘存法。从国际上看，尽管永续盘存法属于主流方法，但实践中采用的具体资本存量核算方法并不

---

① 参见本书第二章。

仅此一种。归纳起来，可分为直接调查法、基准年份盘存法、永续盘存法三种方法。另外，还有一些学者利用生产函数法估算资本存量。为了提出适合我国国情的资本存量核算方法的具体方案，有必要对这些方法进行梳理，分析各种方法的利弊及其适用的前提条件。

（二）资本存量核算价格问题研究[①]

不同固定资产的实物形态不同，必须借助于价格才能汇总计算资本存量。

首先，有必要考虑实践中可以利用的资产流量价格指数。目前我国统计实践中，可直接利用的资产流量价格指数是"固定资产投资价格指数"。但是，由于"固定资本形成总额"更符合资本存量核算对资本流量的理论要求，因此，还有必要探讨如何根据有关资料估算"固定资本形成价格指数"的问题。

其次，与资本流量核算价格只涉及现价和不变价格不同，资本存量核算还涉及历史价格。历史价格又称原价，即获得该固定资产时的价格。我国经济普查与会计核算中，关于固定资产原值的资料都是按历史价格计算的。为了准确地测算资本存量，对资本存量估算的精度进行考察和检验，都需要利用经济普查的资料。由于各种原因，以往国内外学者对资本存量估算的价格问题研究不足，特别是对资本存量价格指数的问题未给予应有的关注。甚至曾有学者直接利用某一年份的投资价格指数和"固定资产原值"，去估算该年按不变价格计算的资本存量。这种做法是不正确的，投资价格指数只是关于固定资产流量的价格指数，而非固定资产存量的价格指数。按原价计算的固定资产存量是许多不同时期资产流量积累而来的，不同年份的投资分别对应的投资价格不一样，仅用其中一年的流量价格指数来换算按可比价格计算的资本存量有可能带来相当大的误差。因此，还有必要考虑构建资本存量的价格指数，以及如何利用价格指数进行按不同价格计算的资本存量之间的换算问题。

（三）对各国资本存量核算实践的考察[②]

以往，我国学者对各国资本存量核算的实践考察不够。由于各国的国情有别、统计基础不一样，其所实施的资本存量核算方法与制度也各不相同。因此，有必要对国际上有代表性的国家资本存量核算的实践进行考察，总结其经验和教训，从而为构建我国资本存量核算方法与制度提供有益的参考。

---

① 参见本书第三章。
② 参见本书第四章。

（四）关于我国国家层面资本存量数据的估算与检验①

完整的资本核算不仅包括对总资本存量的核算，而且包括对净资本存量和生产性资本存量的估算。以往关于我国资本存量的研究中，不少人对总资本存量和净资本存量的概念区分不清，对生产性资本存量的估算则更为少见。如何在现有统计资料的基础上，利用一定方法估算出相对可靠并能互相衔接的各类资本存量核算指标数据是需要研究解决的难题之一。另外，以往不同学者估算资本存量的结果常常有较大差异。为了提高资本存量估算的准确性，还必须研究如何更好地利用基础统计和经济普查等数据对资本存量估算的精度进行评价。

由于现有基础统计资料的限制，对于我国资本存量历史数据的估算，仍必须主要依靠永续盘存法。在利用永续盘存法估算各种资本存量指标时，需要事先给定固定资产的耐用年限、资产残存模式、资产效率模式、固定资本消耗模式等。如果给定的参数或函数形式不符合客观现实，资本存量估算的结果就会产生较大的误差。在本次开展的实证研究中，我们首先根据理论与方法研究的结果，对若干有代表性的处理方式进行考察，分析哪种方式更能反映我国的实际情况，从中选择适当的组合方式，估算全国的总资本存量。净资本存量与生产性资本存量的估算则是在估算出总资本存量和平均使用寿命的基础上，选择适当的固定资产的价值分布模式和效率分布模式去进行估算。

（五）关于分地区、分行业资本存量的估算②

理论上讲，分地区、分行业资本存量的估算所采用的方法也可以参照国家层面资本存量估算的基本思路。但在实际操作中，则比国家层面数据的估算更为复杂。其主要难点在于：估算所需要的"固定资本形成总额"数据只有国家层面的资料，分地区的资料不够完整，分行业的资料则几乎完全空白。另外，由于各种原因，我国以往的分量指标与国家层面的总量指标之间的衔接性比较差。对此，我们主要利用永续盘存法和"固定资本形成完成额"资料去估算分地区的固定资本存量的结构与比例，然后再利用全国资本存量总量乘以相关的结构或比例，去求得可与国家层面的资本存量相衔接的分地区资本存量。另外，还基于企业财务资料中的"固定资产原值"等基础资料，利用永续盘存法，估算更加细分的 35个工业行业的固定资本存量。

---

① 参见本书第五章。
② 参见本书第六章。

（六）关于 R&D 形成的固定资本存量核算研究[①]

近年来，联合国制定的《国民账户体系 2008》进一步扩大了固定资本形成的概念，将科学研究与试验发展（research and development，R&D）等也列为投资。我国最新的国民经济核算体系也开始将以往作为中间消耗处理的研发支出，作为固定资本形成的一部分纳入国内生产总值（gross domestic product，GDP）核算。为了适应这一变化，今后关于资本流量和资本存量的统计口径也必须进行相应的调整。为此，我们就如何开展这一核算进行了专门研究，并估算了有关的历史数据。

（七）关于构建我国资本存量核算方法、制度的思考与建议[②]

以往，我国学者对于资本存量估算的数据来源、处理方法等一般停留在就事论事上，较少对整个方法、制度提出基本构想和具体建议。从长远来看，只有提出构建我国资本存量核算方法、制度的整体构想和具体方案，才能从根本上保证有关资本存量指标数据的质量。这一构想和具体方案应具有较强的科学性和可操作性。不仅应包括资本存量指标的明确定义和统计口径，还应包括明确规范的方法、各种估算方法应用的场合和应用的原则，对于其资料来源，以及各种基础资料与核算指标之间的衔接和具体实施的细节，也要给出详细、规范的说明。

在开展充分的实证分析的基础上，结合理论研究和对发达国家统计实践的考察，本书提出了关于建立适合我国国情的资本存量核算方法与制度的基本设想与建议。我们认为，尽管目前仍然只能主要利用永续盘存法对历史数据进行估算，但从长远来看，还需要进一步完善有关的基础统计和经济普查制度，最终建立以基准年份盘存法为主、永续盘存法为辅的资本存量核算方法与制度。

（八）关于资本系数、资本利用率和资本回报率测算与分析方法的研究[③]

资本系数、资本利用率和资本回报率都是判断资本利用效率的重要指标。但以往由于资本存量资料的限制，缺少关于上述指标全面和详细的实证分析，在测度方法方面也仍未达成共识，一些测算结果存在较大差异。我们参照《OECD 资本测算手册 2009》，梳理分析了有关指标的内涵及其宏观核算方法的演进脉络，

---

① 参见本书第七章。
② 参见本书第八章。
③ 参见本书第九章。

探讨了测算时应采用的统计口径，提出了一些改进方法，并利用实际数据开展实证分析，得到了一些有参考价值的结果。

（九）关于我国国家层面全要素生产率测度的研究[①]

全要素生产率是反映国民经济是否高质量发展的重要综合指标。正确理解与测度我国的全要素生产率变动情况，对于促进我国经济的高质量发展具有重要意义。利用柯布-道格拉斯生产函数去估计产出弹性系数是测度全要素生产率的主流方法，具有经济含义明确、操作相对简单的优点，但需要解决的重点和难点问题有以下几点：一是如何正确理解全要素生产率的理论内涵；二是如何获得比较真实可靠的资本存量基础数据；三是如何得到既符合理论分析又能通过各种统计学和计量经济学检验的资本和劳动的产出弹性系数。

为了解决上述难题，我们首先对全要素生产率的概念进行了科学界定，指出广义技术进步率与全要素经济增长率之间的联系与区别；其次，根据重新估算的资本存量数据，运用各种经济计量方法估计出能够通过各种检验并与理论分析相符合的相关参数，在此基础上又计算了我国不同时期各种要素对经济增长贡献的份额。

（十）分地区全要素生产率的测度以及资源配置变动对整个国民经济增长影响的定量分析[②]

在收集与整理分地区资本存量、分地区就业人数以及分地区生产总值的基础上，我们开展了以下实证分析。

首先，为了反映不同地区经济增长的特点，我们应用与国家层面计量分析类似的方法，建立了分地区经济增长的计量模型，在此基础上，计算各种要素对各地区经济增长的影响，并对不同地区经济增长的特点进行对比与分析。

其次，在现实经济中，各种投入要素在地区间的配置变动对国民经济增长也可能产生重要的影响，为此，我们借鉴以往的有关成果，建立扩展的索洛经济增长模型，把整个国民经济增长率的影响因素进一步分解为5个部分：①扣除资源配置效应后余下的全要素生产率变动对经济增长率的影响；②劳动要素在部门（地区）间配置变动造成的影响；③资本要素在部门（地区）间配置变动造成的影响；④劳动总量的变动对经济增长的影响；⑤资本总量的变动对经济增长的影响。并对我国不同时期上述因素对国民经济增长的影响开展了定量分析。

---

① 参见本书第十章。
② 参见本书第十一章。

（十一）关于初步构建我国资本存量数据库的研究①

    在以上各项研究的基础上，我们融合目前主流的数据库技术和 Web 技术，初步构建一个比较系统、完整、详细的资本存量数据库，为今后开展这方面研究和分析提供基础资料。基本数据包括两大类：第一类是估算我国资本存量相关指标所需要的基础统计数据，如历年的固定资本形成、固定资产投资价格指数等；第二类是经过本书研究所得到的数据，如各种资本存量价格指数、总资本存量、净资本存量、有生产能力的资本存量等指标。上述两大类数据，既包括国家层面的数据，也包括分地区和分产业（行业）的数据，并提供 Word 文本和 Excel 两种版本。该数据库通过网站形式体现，用户可通过互联网访问，获得所需要的资料。

---

① 参见本书第十二章。

第二章　资本核算的基本概念梳理与基本方法研究

为了正确地开展资本核算，有必要明确资本核算的对象，了解有关资本核算基本指标的理论内涵与统计口径，并掌握和理解有关的核算方法。为此，本章将对资本核算的基本概念进行梳理，在此基础上对目前国际上采用的主要核算方法进行系统的归纳，分析其应用的前提与需要注意的问题，比较各自的优点与存在的局限性。

第一节　资本核算的范围与分类

一、资本核算的范围

在日常的社会经济生活中，"资本"这一用语具有多种含义。最广义的资本可定义为：一定的经济主体所拥有、可以投入社会再生产过程并有可能为其带来利益的全部有形资产与无形资产的总和。这种最广义的资本包括物质资本、金融资本、人力资本与社会资本。物质资本是指用于社会生产的物质资料，包括设备、厂房、生产工具等生产手段和投入的原材料、燃料等劳动对象。金融资本是指经济主体所拥有的各种金融资产。人力资本则是指劳动者所具有的知识与技能。社会资本则是指可对生产造成重大影响的各种社会关系和资源。一个国家或地区在一定时点上所拥有的资本的总量称为资本存量。显而易见，从长远来看，对上述广义的资本存量进行测度是很有意义的。但是就目前而言，限于资料来源的困难，以及一些理论和技术上的难题尚未解决，国际上对于上述广义资本存量的测度仍停留在理论探索和专项研究的阶段。

图 2-1 是《国民账户体系 2008》中给出的非金融资产分类情况。从中可知，非金融资产分为两大类：一类是生产资产，即可通过生产活动创造的资产，包括存货、固定资产和贵重物品（如美术品、古董、文物等）；另一类是非生产资产，这些不是通过人类的生产活动获得的资产，如未经开发的土地、自然矿产、原始森林与水资源等。

我们认为，尽管从理论上讲，凡是参与社会再生产过程的各种资产都可以称为资本，但参照有关国际组织的文献和一些发达国家的统计实践，结合我国的国情，以下本书所讨论的资本核算范围将限定为图 2-1 所描述的"固定资产"。

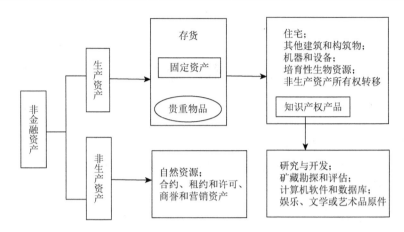

图 2-1　　《国民账户体系 2008》关于非金融资产的分类

之所以如此，主要是考虑以下几点原因。

（1）固定资产代表了一定时期社会的生产手段，是社会生产得以持续进行的物质基础和基本条件。生产手段是生产力中最重要的因素，常被用来代表一定阶段全社会生产力的发展水平，如石器时代、青铜器时代、蒸汽机时代、计算机时代等。因此，固定资本可以说是整个资本中最核心的部分，对固定资本存量进行测度，就可以对一个国家或地区的生产能力、资本投资回报率等做出基本的判断。

（2）贵重物品包括各种古董、美术品等并不参与再生产过程，只是作为价值手段而持有，所以不宜纳入核算范围。存货参与生产过程，在 GDP 核算中存货也是资本形成的一部分。但是，与固定资产投资相比，存货变动的幅度更大，其变动不仅与生产规模扩大有关，而且更容易受经济周期影响。另外，对于存货是否有必要进行资本服务核算，学者还持有不同的意见。在支出法 GDP 核算资料齐全的条件下，要将存货纳入资本存量核算，在技术上并无太大的困难，不需要做过多的讨论，所以本书暂不将存货纳入资本核算讨论的范围。

（3）非生产资产如土地和自然资源在理论和实践上都存在不少难以解决的技术困难，如难以准确估价、可能出现使用成本为负的情形等。因此一些发达国家如英国、美国的官方统计部门目前仍未将其纳入资产统计实践的核算范围[①]。另外，在支出法 GDP 核算中，因为未经开发的土地和矿山等自然资源不是人类生产活动的结果，所以现有国民经济核算中的"固定资本形成"指标也未包括土地自身使用权的购置费用。固定资本形成是固定资本当年的流量，为了保持存量与流量之间统计口径的一致性，理论上讲，固定资本存量核算也不应包括未经开发土地自身的价值。

[①] 参见李扬等（2018）对各国非金融资产的统计范围的研究。

（4）必须指出，固定资产概念本身也是与时俱进的。在过去很长一段时期内，固定资产主要指符合一定条件的有形资产。近年来，随着经济技术的发展，无形资产在现实经济中开始发挥越来越大的作用。所谓无形资产，是由一定主体拥有、可以长期使用、虽没有具体实物形态但有可能带来效益的资产。联合国提出的《国民账户体系 2008》中，对资产边界的扩大做了明确的规定，提出要将无形固定资产纳入固定资产核算的范围。我国最新的国民经济核算方案中，也已经明确将通过研究开发形成的知识产权产品全部纳入固定资产核算的范围。因此，本书所述的资本存量也包括了无形资产存量。

二、资本核算的基本分类

为了更好地开展资本核算，并利用资本核算资料开展各种经济分析，不仅需要关于资本存量和流量的总量资料，而且需要关于资本存量和流量的分类资料。资本核算所依据的分类方法主要有以下四种。

（一）按资产类型分类

按资产类型分类这种分类方式是按资产的实物形态进行划分。

表 2-1 列出了《OECD 资本测算手册 2009》中关于固定资产的具体分类。资本核算的准确性与有效性很大程度上取决于对资产使用寿命以及折旧等参数的估计，资本价格指数的正确编制也离不开详细的资产类型分类。一般来讲，分类越详细，估计的精度就越高。对于资产的分类，欧盟统计局还提出了一个处理意见，即各细分类中单项资产的价格变动水平最好是相对同质的。表 2-1 中之所以将信息与通信技术设备单列，就是因为这些设备的价格变动特征与其他设备存在较大的差异。

表 2-1 《OECD 资本测算手册 2009》中关于固定资产的具体分类

类别		细分类	小类
固定资产	住房		
	其他建筑物	非居住建筑物	
		其他构筑物	
		土地改进	
	机械和设备	运输设备	
		信息与通信技术（information and communication technology, ICT）设备	
		其他机械和设备	

续表

类别		细分类	小类
固定资产	武器装备系统		
	耕作资产	可以获得重复产品的动物资源	
		可以获得重复产品的树木、农作物和植物	
	非生产资产的所有权转让成本		
	知识产权	研究与开发	
		矿产资源勘探与评价	
		计算机软件和数据库	计算机软件
			数据库
		娱乐、文学或艺术原创作品	
		其他知识产权产品	

（二）按机构部门分类

按机构部门分类是对国民经济各常住单位，按其财务决策权进行分类的一种方法。机构单位是指能够拥有资产和承担负债，能够独立从事经济活动和各种交易的经济主体。全社会同类机构单位组成一个机构部门。《国民账户体系 2008》将机构部门划分为 5 类，即非金融机构、金融机构、一般政府、住户和非营利性机构，在此基础上又细化为 36 个子部门。但在统计实践中，绝大多数国家并没有按照上述详细的子部门分别编制资产负债表。大部分国家是以上述 5 大部门为基础，编制国家资产负债表。同时，对其中的一些部门进行进一步细分。例如，将一般政府划分为中央、地方、社会保障基金；将非金融机构再细分为若干部门；金融机构则划分为存款类金融机构和非存款类金融机构等。一般来讲，机构部门分类越细，所能说明的问题越多，估算的折旧和净资本存量也越精确，但所需花费的人力、物力和财力也越多。

（三）按经济活动部门分类

按经济活动部门分类，也就是对掌握生产经营决策权的基层单位进行分类。同一类性质活动的基层单位归并在一起，就形成了产业部门或行业部门。但这种分类存在层次差别，根据分析的需要，可粗可细。主要有以下几种分类方式。

（1）三次产业分类。我国现行的统计制度对三次产业进行了如下划分[①]。

第一产业：农、林、牧、渔业（不含农、林、牧、渔专业及辅助性活动）。

第二产业：采矿业（不含开采专业及辅助性活动），制造业（不含金属制品、机械和设备修理业），电力、热力、燃气及水生产和供应业，建筑业。

第三产业：服务业，是指除第一产业、第二产业以外的其他行业。

（2）国民经济行业分类。行业分类是一个相对完备的国民经济分类体系，是最为基本和最为重要的国民经济分类。行业分类具有多层次的结构，便于灵活地进行相应的分解和归并处理，以满足国民经济管理和核算的各种需要。我国的国民经济行业分类曾经做过多次修订。2017年重新修订颁布的国家标准《国民经济行业分类》（GB/T 4754—2017）将国民经济划分为20个门类，然后再依次划分为97个大类、473个中类和1381个小类。

一般而言，经济活动的分类越细致，所提供的资本核算资料的价值越大。但是，在统计实践中也会带来一些问题：一是由于现实的经济活动分类常常不是按照经济交易主体划分的，其关于资本核算的基础资料往往不够完备；二是需要花费更多的人力、物力和财力；三是基于不同经济活动的生产之间的资产转让可能会影响核算结果的可靠性。因此，《OECD资本测算手册2009》中给出了如表2-2所示的分类方式，即建议资本存量核算可按照下述经济活动进行分类。同时提出，可根据需要，将其中的制造业再进一步分为4～5个细分类。

表 2-2　《OECD 资本测算手册 2009》中按经济活动部门分类

序号	类别
1	农、林、牧、渔业
2	采矿业
3	制造业（其中4～5项重要活动单独分类）
4	电力、煤气、自来水供应
5	建筑业
6	批发和零售、车辆及家庭用品维修、餐饮和住宿
7	交通运输、仓储和邮电通信业
8	金融、房地产、租赁和商业活动
9	公共行政、国防和社会保障
10	教育，卫生和社会工作，其他组织、社会和个人服务

---

① 国家统计局网站：三次产业是怎样划分的. https://www.stats.gov.cn/zs/tjws/tjbz/202301/t20230101_1903768.html.

（四）按地区分类

我国是一个幅员辽阔的大国，在对各地区的生产力布局和经济增长潜力进行考察时，不同地区的资本核算资料就显得十分必要。常用的我国地区分类有两种：一是按大区进行分类，可将全国分为东部地区、中部地区、西部地区和东北部地区；二是按不同的行政区划进行划分，例如，中国可分为 34 个省级行政区。

第二节　资本核算的基本指标及其相互之间的关系

一、资本核算的基本指标

固定资本核算包含以下几个相互联系的基本指标。

（一）总资本存量

总固定资本存量（以下简称总资本存量）是以货币计量的经济主体在某一时点所拥有的按照固定资产最初的全部价值计算的固定资本的总量。对总资本存量进行核算，实质上是假定资产在报废之前总是能够百分之百地保持其生产效率和全部价值，而没有考虑其使用过程中效率降低和价值消耗带来的影响。因此，总资本存量实质上是借助货币计量单位，从物量的角度对固定资产进行考察的一种指标。通过该指标，可以反映一定时点上经济主体所拥有的全部固定资产物量的总规模。

《OECD 资本测算手册 2009》中对总资本存量给出了以下定义：基准期限内，通过对历年投资流量不断给予价格重估并进行加总后得到的资本存量，即总资本存量。在我国，到目前为止官方统计机构尚未公布正式的总资本存量数据，因此也没有关于总资本存量的官方定义。但企业会计核算和经济普查中的"固定资产原值[①]"指标与总资本存量的概念比较接近，实质上是一定时点上所拥有的以购置该固定资产时的原始价格计算的固定资产的全部价值，即按历史价格计算的总资本存量。

---

① 有的文献中称为"固定资产原价"，我们认为称为"原价"容易使人误以为固定资产原来的价格，实质上这是按照购置时的原始价格计算的固定资产价值，因此，还是称为"原值"更恰当一些。另外，目前我国会计核算中的固定资产原值还包含了购置土地使用权的价值，而总资本存量从理论上讲，不包含购置最初土地使用权的价值。

我们认为，按照两种价格（历史价格与重置价格）计算的总资本存量都有特定的经济意义。对此，本书将在第三章中再进行进一步研究。但在最初定义总资本存量时，为了便于理解，暂不讨论其价格重估的问题，只要着重强调总资本存量是在不考虑价值消耗和效率降低的前提下，按其最初购置时的全部价值①计算的固定资本总量即可。

总资本存量是资本核算的最基础指标，其他指标如净资本存量、生产性资本存量等都可利用总资本存量结合其他相关资料进行推算。另外，由于总资本存量与净资本存量和生产性资本存量之间存在一定的关系，而后两项指标的估计相对困难些，所以在以往的研究中，该指标也常常作为后两项指标的替代品，被直接用于生产函数的估计、资本回报率和全要素生产率的计算。

（二）净资本存量

固定资产在使用过程中，实物形态虽然可以长期保持，但其价值仍然会发生损耗。固定资产的损耗包括因使用产生的有形损耗以及由于技术进步带来的无形损耗。从总资本存量中扣除累计的固定资本消耗余下的部分就是净固定资本存量（以下简称净资本存量）。净资本存量是一个"财富性"的概念，实质上反映的是某一时点上经济主体所拥有的固定资产真实价值的总和。

净资本存量的概念与我国会计核算中的"固定资产净值"较为接近，但两者之间又有一定的区别。前者是从总资本存量中扣除累计的固定资本消耗后余下的部分，后者则是从固定资产原值中扣除按照国家财税制度规定的折旧率扣除的累计折旧后余下的部分。

（三）生产性资本存量

固定资产在使用过程中，其生产效率必然会逐渐降低。从总资本存量中，扣除在生产过程中的效率损失后余下的部分称为生产性资本存量②。该指标可以较为准确地反映一定时点上某一经济主体所拥有的固定资产实际的"生产能力"，因此更适合用于全要素生产率的估计。

---

① 但要从中扣除已处置（含出售和报废）的固定资产价值。

② 此处本书沿用了《OECD 资本测算手册 2009》中的术语。但应指出，这里所谓的"生产性资本存量"所对应的并不是"非生产性资本存量"，而是"已失去生产能力的资本存量"。因此准确地讲，将"生产性资本存量"称为"具有生产能力的资本存量"可能更为恰当。

（四）固定资本形成（固定资本流量）

资本存量是通过历年发生的固定资本流量而形成的，《OECD 资本测算手册2009》推荐用国民经济核算中的"固定资本形成"来衡量固定资本流量。

根据《中国主要统计指标诠释》，固定资本形成总额是经济主体在一定时期内获得的固定资产，减去其处置的固定资产价值后的总额。固定资本形成总额可分为有形固定资本形成总额和无形固定资本形成总额。有形固定资本形成总额包括住宅、非住宅建筑物、机器设备、土地改良支出、大牲畜和新增林木价值。无形固定资本形成总额主要包括矿产勘探、计算机软件、新增知识产权价值等。必须指出，在我国以往的有关研究特别是关于分行业固定资本存量的估算中，由于资料的欠缺，常用"固定资本投资"来代表固定资本的流量。但是严格地讲，我国现行统计制度中，"固定资本投资"与"固定资本形成"之间存在不少区别[①]。固定资本投资仅仅是在难以取得固定资本形成数据时，不得已而采用的替代指标。

（五）固定资产报废

经过一段时期，固定资产因各种原因退出生产过程，称为报废或退役。固定资产报废的原因，不仅包括固定资产使用过程中的损坏，也包括因新技术和新设备的应用，使原有固定资产经济寿命缩短。

（六）固定资本消耗

固定资本消耗属于价值变动概念，它是指在核算期内，由于自然退化、磨损等有形消耗或技术进步引起的无形损耗等而导致经济主体所拥有的固定资产存量现期价值的下降。

在现实经济活动中，一般通过从生产经营收入中提取折旧的形式来弥补固定资本的消耗。因此，在对资本进行核算时，也常常用会计核算中得到的折旧作为固定资本消耗的替代数据。

但是严格地讲，资本核算中的固定资本消耗与会计核算中的折旧并不完全相同。联合国的《国民账户体系2008》中，给出了关于固定资本消耗的一般定义：固定资本消耗（consumption of fixed capital，CFC）是指核算期间，生产者所拥有或正在使用的固定资产由于自然变化、正常意外损失所导致的存量现值的减少。

---

① 关于这两项指标的联系和区别，可参见本书第八章第一节中的有关论述。

以上定义中,"正常意外损失"指的是在生产过程中常常会发生的意外。例如,由于交通事故的发生而导致的交通运输工具的提前报废。因此,在估算这类资产的平均使用年限时,必须考虑由于交通事故导致交通运输工具提前报废的可能性。应当指出,上述定义也意味着,由于战争或突发的重大自然灾害而引起的"非正常"或"不可预期的报废"并未包含在固定资本消耗之中。

会计核算中的折旧是根据现行的财税制度与规定的固定资产寿命期提取的用于补偿固定资本消耗的基金,是企业生产成本的组成部分。由于折旧可以摊入成本,从而减少企业账面的利润,并降低企业应缴纳的所得税,因此,为了保证企业既能满足固定资产价值补偿与实物更新的需要,又能防止企业通过不恰当地提高折旧率达到避税的目的,国家根据不同类型企业以及不同类型固定资产的情况,统一规定了相应的折旧方法与计算折旧的年限。

另外,会计核算中的折旧通常是按照购置固定资产时的原始价值提取的,其折旧率是相对于固定资产原值而言的,而资本核算中的折旧率理论上则是相对于净固定资本存量而言的。

由此可见,资本核算中的"固定资本消耗"与会计上的"折旧"之间在理论内涵与实践操作上都有一定的出入。本书将前者称为"理论折旧",后者则称为"实际提取的折旧"(简称"实际折旧")。

(七)生产能力下降

固定资产在使用过程中,由于效率的逐步降低,其实际生产能力也是逐步下降的。如果用ϕ表示平均效率系数(即核算期固定资产实际生产能力相当于全新的固定资产生产能力的百分比),则有

$$生产能力下降 = 总固定资本存量×(1-\phi) \tag{2-1}$$

由式(2-1)可知,式中的"生产能力下降"实际上是指已失去生产能力的资本存量。应当指出,"生产能力下降"与"固定资本消耗"并不一样。两者考察的角度不同,在多数情况下,两者的数值会有所差异。例如,一些建筑物、停车场在整个使用寿命期内能保持与新投入使用时大致相同的效率,也就是说其生产能力几乎不会降低,但是其价值则会随着使用时间的推移而逐年降低。

目前无论在统计核算实践中还是会计核算实践中,我国都未对"已丧失生产能力的固定资产"进行核算。因为不同类型的固定资产以及处于不同使用寿命期的固定资产的效率系数不一样,不同时期的平均效率系数也在不断变动。所以,如何尽可能正确地估算"已丧失生产能力的固定资本存量"是有待研究的难题。对此,在第三节关于永续盘存法的研究中,我们还会进行进一步讨论。

（八）资本服务

资本服务是核算期资本对生产的投入。长期以来，人们一般将资本存量作为资本投入的生产指标。但是，严格地讲，正如劳动投入是劳动者付出的劳动，而不是劳动者本身那样，资本投入也应当是资本提供的服务，而非资本自身的价值（资本存量）。资本服务的测度应在测算出生产性资本存量的基础上进行。从理论上讲，一定区间的资本服务量等于资本单位使用成本与生产性资本存量的乘积。在统计实践中，资本服务应如何测度，还涉及较多的理论和技术问题，对此，本书暂不做进一步探讨，而是将其作为今后需要进一步探讨和解决的另一课题。

二、各项基本指标之间的相互联系

上述各项指标构成了资本核算的完整指标体系。各项指标之间存在密切的联系，其基本关系如下：

$$K_t = K_{t-1} + I_t - R_t \qquad (2\text{-}2)$$

$$W_t = K_t - D_t \qquad (2\text{-}3)$$

$$\mathrm{PK}_t = K_t - E_t \qquad (2\text{-}4)$$

式中，K_t、W_t 和 PK_t 分别为 t 年的总资本存量、净资本存量和生产性资本存量；I_t、R_t、D_t 和 E_t 分别为 t 年的固定资本形成、固定资产报废价值、累计固定资本消耗和已丧失实际生产能力的固定资本存量。

式（2-2）表明：t 年末的总资本存量等于 $t-1$ 年末的总资本存量加上本期形成的总资本存量扣除本期报废的资本存量。

式（2-3）表明：t 年末的净资本存量等于 t 年末的总资本存量减去累计的固定资本消耗。需要指出的是：该式中的累计固定资本消耗并不仅仅是 t 年提取的理论折旧，而是截至 t 年末，仍在服役的固定资产在其使用期间所提取的全部理论折旧的合计。

式（2-4）表明：t 年末的生产性资本存量等于 t 年末的总资本存量减去已失去实际生产能力的固定资本存量。该式中的累计生产能力降低同样不仅仅是本年丧失的实际生产能力，而是截至 t 年末，仍在服役的固定资产在其使用期间丧失的全部生产能力的合计。

综上所述，资本核算的核心指标是三个存量指标。三个存量指标之间可以通过有关流量指标互相联系。总资本存量指标是从物量角度进行考察的基础指标，它可以反映一定时点上经济主体所拥有的全部固定资产物量的总规模。总资本存量的变动受固定资本形成与固定资产报废价值两个流量指标的影响。净资本存量是从财富角度考察的指标，它可以反映一定时点上经济主体所拥有固定资产的实际价值。净资本存量的大小除了受总资本存量大小的影响外，还受固定资产使用期间固定资本消耗累计这一流量指标的影响。生产性资本存量是从生产能力角度考察的指标，它可以反映一定时点上经济主体所拥有的生产能力。生产性资本存量的大小除了受总资本存量大小的影响外，还受丧失生产能力的固定资本累计这一流量指标的影响。为了保持资本核算指标体系的协调与完整，资本核算的存量指标与流量指标在核算范围和计算口径上应保持一致性。

第三节　资本存量估算的永续盘存法

一、永续盘存法的基本思想与基本公式

永续盘存法的基本思想是：资本存量是由资本流量积累而来的，因此，只要可利用的资本流量数据的时间足够长（超过固定资产的服役期），那么就可以利用历年资本流量数据的累计数去逐年递推估计资本存量。

永续盘存法是由 Goldsmith（1951）最早提出的，他与 Christensen 和 Jorgenson（1969）、Jorgenson 和 Griliches（1967）、Jorgenson（1995，1996）的系列研究成果奠定了利用永续盘存法测算资本存量指标方法的基本框架。《OECD 资本测算手册 2009》对应用永续盘存法的细节进行了进一步的探讨，并结合各国的实践，对利用永续盘存法估算各类资本存量指标的方法做了系统的总结。

运用永续盘存法测算总资本存量的基本公式，可由式（2-2）推导而来。为了简明起见，这里暂定固定资产在其耐用寿命期间，保持实物形态不变，超过耐用寿命后一次性全部报废[①]，则由资本存量与资本流量之间的关系，可知：

$$K_1 = K_0 + I_1 - R_1 \qquad (2\text{-}5)$$

$$K_2 = K_1 + I_2 - R_2 = K_0 + I_1 - R_1 + I_2 - R_2 \qquad (2\text{-}6)$$

式中，K_0 为基期的资本存量；K_1 和 K_2 分别为第 1 年和第 2 年的资本存量；I_1 和 I_2 分别为第 1 年和第 2 年形成的固定资产；R_1 和 R_2 分别为第 1 年和第 2 年报废的固定资产。

这样逐年往后递推，当 t 处于固定资产服役寿命期间即 $t < T$ 时，t 年末的总资本存量可用以下基本公式推算：

---

① 当报废模式更为复杂时，公式推导过程较为复杂，此处从略。但无论何种报废模式，最终也可得到与式（2-7）类似的计算总资本存量的基本公式，与式（2-7）的不同之处仅在于要将该式中的平均耐用寿命 T 修改为所设定的设备最长耐用寿命 T^*。

$$K_t = K_0 + \sum_{\tau=0}^{T-1} (I_\tau - R_\tau), \qquad t = 0, 1, 2, \cdots, t-1 \qquad (2\text{-}7)$$

式中，K_t 为 t 年末按可比价格计算的资本存量；K_0 为按可比价格计算的基准年的资本存量；I_τ 为 τ 年按可比价格计算的固定资本形成；R_τ 为 τ 年按可比价格计算报废的固定资产。

随着时间的推移，当 $t \geqslant T$ 时，基期的 K_0 已全部退出生产过程①（退役），t 年的总资本存量可用以下基本公式推算：

$$K_t = \sum_{\tau=0}^{T-1} (I_{t-\tau} - R_{t-\tau}), \qquad t = T, T+1, \cdots \qquad (2\text{-}8)$$

式（2-8）表明，当资本流量数据的时间序列长度超过固定资产的耐用寿命时，总资本存量可以表现为以往 T 年固定资本形成与固定资产报废差额的合计数。

由于条件的限制，目前世界上大多数国家并未进行定期的全社会固定资产调查和国民财富调查，无法直接得到全社会关于资本存量的数据，而资本流量的统计特别是关于固定资本形成的统计则相对比较健全，其数据也比较容易获得。因此，大多数国家采用永续盘存法估算本国的资本存量指标。永续盘存法成为以往开展资本核算的一种主流方法。

永续盘存法的应用除了需要比较健全的资本流量数据外，还必须根据有关信息事先给出一些重要的参数或分布函数。这些参数与分布函数是否符合实际情况，直接关系到利用永续盘存法所估算的资本存量的准确性。

二、固定资产的耐用年限

从式（2-8）可知，利用永续盘存法估算资本存量时，固定资产的耐用年限是一个必须给定的重要参数。

固定资产的耐用年限又称为资产的服务寿命，它是固定资产实际可使用的年数。这里的资产耐用年限是从经济意义上来理解的，它和物理上的使用寿命有所区别。许多情况下，即使资产的物理状态仍可以使用，但是技术的进步或经济社会条件的改变也会导致其在生产过程中服役时间的变化。例如，由于新的计算机技术和计算机软件的出现，一些老式计算机虽然还能使用，但也会提前报废。又如，在发生石油危机时，原有的耗油量较大的运输工具会由于油价的上涨而提前退出运营等。

固定资产的耐用年限与会计和税法上的折旧计算期也有一些差别。固定资产

---

① 这里是将总资本存量考察的范围仅限于固定资产，如果将存货等流动资产也纳入总资本存量考察的范围，则即便 t 大于 T，有一部分 K_0 也不会完全退出生产过程，但随着时间的推移，其在总资本存量中所占的比重也会越来越低，乃至可以忽略不计。

的耐用年限是资产实际使用的时间，会计上的折旧计算期则是根据会计规则和税法以及资产可能的经济寿命事先给定的时间。

在统计核算中，固定资产通常是根据资产的生产特性如折旧方式来分组的，不同类型的资产的耐用寿命有所不同，即使是划分在同一组的资产，其在生产过程中的服务年限也会有所差异，因此永续盘存法中所说的耐用年限实际上是指固定资产的平均服务年限。从宏观角度看，固定资产的耐用年限是全社会各行业、各类固定资产使用寿命的加权平均数。

是否将耐用年限看作一个不变的参数，也是利用永续盘存法估算资本存量需要考虑的重要问题。这是因为，耐用年限实际上还起到一种权数的作用，某一种资产的耐用年限提高，则意味着该资产在总资本存量中的份额增加。某种增长率较高的资产份额的增加会使整个资本存量的增长率提高。而某种增长率较低的资产份额增加会使整个资本存量的增长率降低。

实践中，为了测度上的方便，耐用年限在大多数国家被假设是不变的，但是这种设定被广泛批评。因为，有许多理论与经验上的证据显示资产的耐用年限有可能随时间发生变化。一些学者指出，固定资产的耐用年限应是逐渐下降的。其原因有两个：第一，随着经济的发展，产品循环与更新的加快要求生产者更频繁地更新他们的设备；第二，许多资本面临更快的技术替代，这一点在信息设备如计算机中体现得较为明显。也有一些学者指出：也有一些资产有可能随着技术的进步而变得更为耐用，如商业飞机、道路和桥梁等。

在现实社会经济生活中对固定资产耐用年限的准确估计有一定的难度。在统计实践中常用的估计固定资产耐用年限的方法主要有以下三种。

（一）公司账户法

公司账户作为估计资产耐用年限的信息数据来源被很多国家所采用。国际会计准则委员会建议成员国使用统一的准则并要求定期报告计算折旧的资产耐用年限依据。可以预见，长远看，这种方法有较好的前景。

Atkinson 和 Mairesse（1978）利用公司账户的相关信息估算出了法国相关设备的使用年限。他们编制了法国 1957～1975 年 124 个制造公司资本和投资的时间序列数据，构建了 i 公司总资本存量的估算公式 $K_{i,t*} = \sigma s \phi(s,\sigma) I_{i,t-s}$（$i = 1, 2, \cdots, \phi(s,\sigma)$ 为退役模型，σ 未知，决定了固定资产的平均耐用年限），随后利用计量方法估计了参数 σ，其中函数采用的是非线性函数形式，通过最小化公司账户上的资本存量 $K_{i,t}$ 与构建的资本存量 $K_{i,t*}$ 之间的差异。他们还利用正态、对数正态、温弗瑞曲线（Winfrey curves）等几种残存模式，估算出法国制造业设备平均耐用年限为 16～21 年。

（二）统计调查法

有两种调查方法被用来估计资产的耐用年限。第一种是询问各单位在特定的会计期间的废弃资产状况；第二种是要求被调查者给出资产的购买日期和当前的剩余使用期限。

这类调查的主要问题在于如何根据抽样调查的结果去估计不同类型资产的使用寿命。另外，直接通过被调查单位汇报资产使用的相关信息（一般采取问卷的形式）通常会存在可信度问题。

（三）宏观估计法

以上两种方法主要用于各具体种类固定资产耐用寿命的估计。在国民经济宏观核算时，如果能够通过普查或比较科学的抽样调查得到某些年份的全社会固定资本存量，同时又有比较详细的关于全社会固定资本流量的统计资料，则可以将经济普查年份的固定资本存量与不同年数（如自 1978 年起累计 13 年、14 年或 15 年）的固定资本流量合计数进行对照，从中找出误差最小的年数作为全社会固定资产的平均耐用年限。

另外，在本国或本地区资料欠缺的情况下，其他国家通过调查得出的各类资产的平均耐用寿命，也可以作为估算本国或本地区资本存量的参考。

三、固定资产的报废分布模式与残存分布模式

在目前大多数国家的统计实践中，虽然关于固定资本形成的统计比较健全，但关于固定资产报废的统计则相对不够完善，常常无法及时得到有关固定资产报废的宏观统计数据。因此利用永续盘存法估算总资本存量，一般还必须设定固定资产的报废分布模式或残存分布模式。

固定资产的报废分布模式是一种函数，它反映了已退出生产过程的报废资产在以往投资形成的固定资产中所占的比例系数随着时间推移而变动的情况。所谓残存分布模式，则是反映随着时间的推移，仍在服役的固定资产在以往形成的固定资产中所占比例系数变动的函数。固定资产的服役情况，既可以用残存分布模式来反映，也可以用报废（退役）函数来反映。同一期资产的残存比例系数和报废比例系数相加等于 1。这也意味着，只要给定报废分布模式，就可以方便地推导出残存分布模式。若用 f_τ 表示资产报废比例系数，用 g_τ 表示资产残存比例系数，则有 $g_\tau = 1 - f_\tau$。

引入残存分布模式后，利用永续盘存法估算总资本存量的基本公式如下：

$$K_t = \sum_{\tau=0}^{T-1} g_\tau I_{t-\tau} \qquad (2\text{-}9)$$

式中，K_t 为 t 年末按可比价格计算的总资本存量；$I_{t-\tau}$ 为 $t-\tau$ 年按可比价格计算的固定资本形成；T 为固定资本的耐用年限；g_τ 反映 $t-\tau$ 年形成的资产至 t 年仍未退役的比例，即固定资本残存系数。

现实中设定的资产报废（退役）模式大致可分为以下三类。

（一）线性报废模式

线性报废模式具体又包括以下三种形式（式中的 T 为平均耐用年限）。

第一种是一次性整体报废型，即同一类型的固定资产在其达到该资产平均耐用年限后一起从资本存量中扣除。一次性整体报废模式如下[1]：

$$f_\tau = \begin{cases} 0, & \tau < T \\ 1, & \tau \geqslant T \end{cases} \qquad (2\text{-}10)$$

就单项固定资产而言，一次性整体报废型比较合理，并且在数学上处理起来也最方便。不过，严格地讲，统计核算中的固定资产是一类资产的组合，不同资产报废的时间必然有先后之分，不会同时报废。因此，从全社会来看，一次性整体报废的假定并不一定完全符合实际情况。

第二种是线性报废型。该方式假定从固定资产开始使用之时起，到平均耐用年限 T 的 2 倍期间，每年按照固定资产原值的 $1/(2T)$ 的比例报废，资产使用时间超过 $2T$ 后就全部报废。线性报废型函数的具体形式如下：

$$f_\tau = \begin{cases} 0, & \tau = 0 \\ \dfrac{\tau}{2T}, & 0 < \tau < 2T \\ 1, & \tau \geqslant 2T \end{cases} \qquad (2\text{-}11)$$

第三种是延迟线性报废型（英国线性报废型）。与上一种方式相比，该方式开始报废的时间较迟，结束报废的时间则较早，资产使用时间超过 $1.2T$ 后就全部报废。延迟线性报废型函数的具体形式如下：

$$f_\tau = \begin{cases} 0, & \tau \leqslant 0.8t \\ \dfrac{\tau - 0.8T}{0.4T}, & 0.8t < \tau < 1.2T \\ 1, & \tau \geqslant 1.2T \end{cases} \qquad (2\text{-}12)$$

---

① 《OECD 资本测算手册 2009》（英文版 114 页）。

（二）钟形报废模式

钟形报废模式的特点是固定资产的报废率在平均耐用年限附近上升至最高点，之后以类似的形态逐渐下降。通过偏度和峰度的灵活调整，诸多数学公布可以满足钟形报废模式，如伽马（Gamma）分布、二次型分布、韦布尔（Weibull）分布、温弗瑞（Winfrey）分布和对数正态分布。其中，最常见的钟形分布有以下三种。

（1）温弗瑞分布。Winfrey（1935）收集了美国 176 组工业资产的安装与退出信息，计算出 18 种对所观察到的分布模拟较好的曲线，并给出了偏度与峰度的取值范围：

$$F_T = F_0 \left(1 - \frac{\tilde{T}^2}{a^2}\right)^m \tag{2-13}$$

式中，F_T 为资产在役龄为 T 时退出生产的边际概率，为百分数；F_0 为分布的顶点，参数 a 确定了时间段与平均使用寿命的对应关系（例如，$a = 10$ 表示时间段是平均使用寿命的十分位数）；参数 m 决定了函数的相对平坦程度；$\tilde{T}$ 为役龄 T 经过转换后的数值，其转换公式为

$$\tilde{T} = \frac{T - T^*}{10\% \cdot T^*} \tag{2-14}$$

T^* 为资产所处的年份（以平均耐用年限的百分数反映）；实践中，有两种对称的温弗瑞分布应用较为广泛，分别是：S2（$F_0 = 11.911$，$a = 10$，$m = 3.7$）、S3（$F_0 = 15.61$，$a = 10$，$m = 6.902$）。图 2-2 是这两种分布图形的比较。

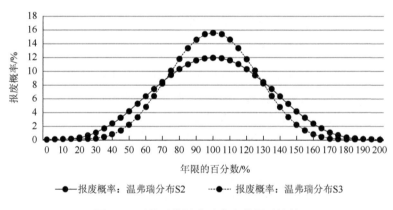

图 2-2　两种对称温弗瑞分布的图示比较

（2）韦布尔分布。该分布由瑞士数学家 Weibull（1951）提出，其分布函数为

$$f_{T^*} = \alpha\lambda(\lambda T^*)^{\alpha-1}\mathrm{e}^{-(\lambda T^*)^\alpha} \tag{2-15}$$

式中，$\alpha > 0$ 为形状参数；λ 为规模参数。韦布尔分布在可靠性工程的检验中应用较为广泛，特别是对用来描述机电相关类产品的磨损累计情况。由于它的分布参数便于估计，所以被广泛应用于各种寿命试验的数据处理中。荷兰统计局曾利用有关资产数据，对形状参数和规模参数做出了如下估计，见表 2-3。

表 2-3　韦布尔分布参数选择

资产	韦布尔分布参数选择	
	λ	α
建筑物	0.021～0.05	0.97～2.21
客车和其他路面运输设备	0.134～0.251	1.13～2.12
计算机	0.066～0.286	1.14～2.84
机械设备	0.02～0.074	1.27～2.5
其他固定资本	0.028～0.108	0.98～2.63

（3）伽马分布。这种分布主要有一些来自车辆观察数据等经验的支持，具体形式如下：

$$f_{T^*} = \frac{\alpha^\rho}{\Gamma(\rho)}T^{*\rho-1}\mathrm{e}^{-\alpha T^*} \tag{2-16}$$

式中，α 为形状参数；ρ 为尺度参数。

（三）对数正态分布函数

对数正态分布函数假设平均耐用年限的对数服从正态分布，具体形式如下：

$$f_{T^*} = \frac{1}{T^*\sigma\sqrt{2\pi}}\mathrm{e}^{-(\ln T^*-\mu)^2/2\sigma^2} \tag{2-17}$$

由以上介绍可知，对于固定资产的报废模式和残存模式可以有不同形式的假定。那么对于宏观核算而言，究竟何种分布函数更加符合客观实际呢？日本经济企划厅出版的《国民经济计算》曾给出过一项实证分析的结果。

表 2-4 是日本经济企划厅研究小组利用不同类型的报废模式，设定不同的平均耐用年限和投资增长情况，对欧洲共同体成员国制造业的资本存量进行仿真模拟的结果。表中数值表示假定各年投资是 100 个单位，在不同报废模式下估算的资本存量分别是多少个单位。在各年投资保持不变的情况下，英国线性报废模式模拟的结果为 100%。

表 2-4 不同报废模式下估算资本存量结果的对比

报废模式	各年投资不变				投资增长率为5%				投资增长率为10%			
	10 年	20 年	30 年	40 年	10 年	20 年	30 年	40 年	10 年	20 年	30 年	40 年
伽马分布	99.8	99.8	99.8	99.8	99.7	99.7	99.8	99.8	99.7	99.8	99.9	100
一次报废	95.2	97.5	98.4	98.7	97.9	101.3	102.4	102.8	99.7	102.3	102.4	101.8
英国线性	100	100	100	100	100.5	102.4	102.8	102.7	102.3	102.7	102.3	101.8
对数正态	166	166	166	166	140.7	125.5	116	110.1	125.7	110.4	104.2	101.5

资料来源：日本经济企划厅《国民经济计算》75 期。

由表 2-4 可以看出，除了对数正态分布型的结果与其他类型估计的结果有较大差异外，另外几种类型报废函数估计的结果差别并不太大。因此，日本在对国家层面的资本存量进行估算时采用了数学上处理最方便并且最容易理解的一次性整体报废模式。

四、固定资产的价值模式和效率模式

（一）固定资产的价值模式

根据永续盘存法估算净资本存量的基本公式如下：

$$W_t = \sum_{\tau=0}^{T-1} g_\tau \theta_\tau I_{t-\tau} \tag{2-18}$$

式中，W_t 为 t 年按可比价格计算的净资本存量；g_τ 为固定资本残存系数，反映 $t-\tau$ 年形成的固定资产至 t 年仍未退役的比例；θ_τ 为价值系数，反映 $t-\tau$ 年形成的固定资产至 t 年仍占该资产原值的比例；T 为固定资本的耐用年限；$I_{t-\tau}$ 为 $t-\tau$ 年按可比价格计算的固定资本形成。

从式（2-18）可以看出，净资本存量实质上是在估算出总资本存量的基础上，进一步考虑不同时期形成的固定资产价值的损耗后估算出来的。

固定资产价值的变化可以分为两部分：一部分与使用年限有关，随着资产的使用，效率降低、自然磨损等因素会导致资产的价值下降；另一部分则与使用年限无关，而与资产价格的变动以及对资产未来可能带来收益的预期变化有关，这一部分称为持有损益。如果把资产的价值表示为 P_{age}^{time}，则资产价值变化可表述为

$$P_{n+1}^{t+1} - P_n^t = \left(P_{n+1}^{t+1} - P_n^{t+1} \right) + \left(P_n^{t+1} - P_n^t \right) \tag{2-19}$$

式中，第一部分 $P_{n+1}^{t+1} - P_n^{t+1}$ 为资产价值变化的理论折旧部分；第二部分 $P_n^{t+1} - P_n^t$ 为资产价值变化的持有损益部分。通常在资本存量的宏观核算中，第二部分被假设为 0。

随着时间的推移，固定资产仍余存的价值占原值比例的变动称为价值模式。实践中常用的价值模式主要有两种：直线型和几何型。

直线型价值模式的计算公式为

$$\theta_\tau = 1 - \frac{\tau}{T}, \qquad \tau = 0, 1, 2, \cdots, T-1 \qquad (2\text{-}20)$$

式中，θ_τ 为 τ 年的价值系数；T 为资产的耐用年限，下同。该式是根据会计核算中的直线型折旧方法得到的价值模式。在资产耐用期间，每年提取的折旧为原值的 $1/T$，因此，经过 τ 年，资产余存的价值仍相当于原值的 $1 - \frac{\tau}{T}$。

几何型价值模式的计算公式为

$$\theta_\tau = (1-\delta)^\tau, \qquad \tau = 0, 1, 2, \cdots, T-1 \qquad (2\text{-}21)$$

式中，δ 为理论折旧率。该式是假定理论折旧率为 δ，并以上一年资产残存的价值作为计算理论折旧的依据。这样，投资一年后资产残余的价值为原价的 $1-\delta$，投资两年后资产的残余价值为 $(1-\delta) - (1-\delta)\delta = (1-\delta)^2$，以此类推，投资 τ 年后的残余价值为 $(1-\delta)^\tau$。这种形式的价值模式最早见于 Matheson（1910）的研究，现已经广泛应用于各种经济分析中（Jorgenson，1995，1996），也逐渐地被统计机构所采用，如美国商务分析局。几何型价值模式在数学处理上也比较方便，而且有多项对固定资产价值变动的模拟分析结果表明，几何型价值模式是对固定资产残存价值分布较好的近似。

（二）固定资产的效率模式

根据永续盘存法估算生产性资本存量的基本公式如下：

$$\mathrm{PK}_t = \sum_{\tau=0}^{T-1} g_\tau h_\tau I_{t-\tau} \qquad (2\text{-}22)$$

式中，PK_t 为 t 年按可比价格计算的生产性资本存量；g_τ 为固定资本残存系数，反映 $t-\tau$ 年形成的资产至 t 年仍未退役的比例；h_τ 为残存效率系数，反映 $t-\tau$ 年形成的资产至 t 年仍相当于该资产全新时生产能力的比例；T 为固定资本的耐用年限；$I_{t-\tau}$ 为 $t-\tau$ 年按可比价格计算的固定资本形成。

效率模式从生产能力角度，刻画了随时间推移而发生的固定资产生产能力的变化。效率模式常用的具体形式主要有以下三种。

1. 双曲线型效率模式

双曲线型效率模式的特点是，资产服役早期效率损失的速率较低，越接近资产经济寿命末期效率下降得越快。其形式为

$$h_\tau = \frac{T - \tau}{T - \beta\tau}, \qquad \tau = 0, 1, 2, \cdots, T - 1 \tag{2-23}$$

式中，$\beta \leqslant 1$ 代表了效率双曲线函数的形态，称为效率损失参数。效率损失参数 β 在应用和研究中根据不同类型的资产给定。例如，机械设备常被设定为 0.5，建筑物则常被设定为 0.75。

Penson 等（1977）利用 745 个农场维修方面的支出数据分析了 1958～1974 年的效率变化，确认了效率在资产服务的早期效率损失较少，在资产服务的晚期效率下降得较快，这在一定程度上支持了资产效率模式服从双曲线形式的假设。效率损失参数和资产耐用年限对双曲线效率形态有一定的影响，因此可以固定其中一个，对另一个变量进行相关研究。目前的实证分析中很少为效率损失参数提供精确值，因此只能根据各资产类型的不同情况进行分析，并辅以一定的计量方法进行估计。

2. 直线型效率模式

直线型效率模式属于双曲线的特殊形式（$\beta = 0$），即

$$h_\tau = 1 - \frac{\tau}{T}, \qquad \tau = 0, 1, 2, \cdots, T - 1 \tag{2-24}$$

该模式假定生产效率以一个常数值在服役期内逐期递减，但这种形式的效率模式在实际应用中并不多见。

3. 几何型效率模式

在经济分析中应用最为广泛的就是几何型效率模式，其形式为

$$h_\tau = (1 - e)^\tau, \qquad \tau = 0, 1, 2, \cdots, T - 1 \tag{2-25}$$

式中，e 为效率损失率，该模式的特点是假定资产的效率损失以一个不变的速率下降。这种效率模式的提出，最早可追溯到 Matheson（1910）的研究。另外，Jorgenson（1995，1996）也对此做了一定的工作。Hulten 和 Wykoff（1981）在对美国的资产进行分类界定后，通过综合研究，推算出了不同役龄固定资产的相对效率。这一研究成果被人们广泛引用，具有较大的影响力；Coen（1975）利用不同的效率模式对建筑物和设备进行模拟对比分析后，也认为几何型效率模式的模拟效果最好。

　　几种效率模式对资产效率损失特点差异的描述，见图 2-3（其中，纵轴为效率留存率，效率留存率 = 1–效率损失率）。

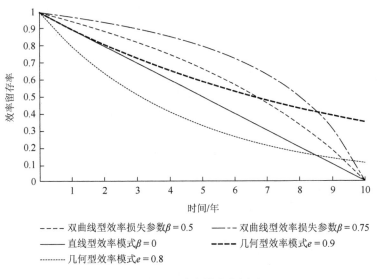

图 2-3　不同效率模式的图示

　　从图 2-3 可以看出，几何型效率模式下，效率留存率在较短的资产服役时期内不会迅速衰减至 0，其特点是起始阶段效率下降得最快，但随着时间的推移，效率损失会越来越平缓；而双曲线型效率模式某种程度上依赖于 β 的取值。综合来看，在双曲线型效率模式下，越临近末期，效率损失程度越大，这一点与几何型效率模式刚好相反。

　　在实证分析中，选择哪种效率模式取决于所要处理问题的性质。无论选择哪一类效率模式，其中需要处理的关键问题都是效率损失参数值的确定，当然，在基础资料较为薄弱的情况下，也可以参照已有国家给出的参数值进行资本存量的估算，但应给出检验的标准。

五、数值示例

　　为了加深理解，下面给出一个利用永续盘存法估算各种资本存量的具体数值例子（表 2-5）。其中，假定固定资产耐用年限为 15 年，表中历年的固定资本流量已统一换算成可比价格[①]，残存模式、价值模式和效率模式均采用简单直线型。

---

① 关于资本存量的可比价格可参见本书的第三章。

表 2-5 资本存量计算示例

年数	资本流量（可比价格）(1)	残存模式（直线型）(2)	调整后投资（残存模式）(3) = (1) × (2)	价值模式（直线型）(4)	调整后投资（价值模式）(5) = (3) × (4)	效率模式（直线型）(6)	调整后投资（效率模式）(7) = (3) × (6)
1	659.74	7.00%	46.18	6.67%	3.08	6.67%	3.08
2	1034.89	13.00%	134.54	13.33%	17.93	13.33%	17.93
3	1268.24	20.00%	253.65	20.00%	50.73	20.00%	50.73
4	746.02	27.00%	201.43	26.67%	53.72	26.67%	53.72
5	609.50	33.00%	201.13	33.33%	67.04	33.33%	67.04
6	836.56	40.00%	334.62	40.00%	133.85	40.00%	133.85
7	937.33	47.00%	440.55	46.67%	205.60	46.67%	205.60
8	1033.82	53.00%	547.92	53.33%	292.21	53.33%	292.21
9	957.24	60.00%	574.34	60.00%	344.60	60.00%	344.60
10	1104.08	67.00%	739.73	66.67%	493.18	66.67%	493.18
11	1136.55	73.00%	829.68	73.33%	608.40	73.33%	608.40
12	1061.21	80.00%	848.97	80.00%	679.18	80.00%	679.18
13	1144.44	87.00%	995.66	86.67%	862.94	86.67%	862.94
14	918.00	93.00%	853.74	93.33%	796.80	93.33%	796.80
15	800.00	100.00%	800.00	100.00%	800.00	100.00%	800.00
			总资本存量 7802.14		净资本存量 5409.26		生产性资本存量 5409.26

第四节　资本存量估算的其他方法

一、直接调查法

所谓直接调查法，是指通过对一个国家或地区所有经济单位的直接调查，从而获得各种资本核算所需的统计数据的一种方法。直接调查既包括普查这一类全面调查，也包括通过抽样方式进行的调查。

直接调查法是资本核算最原始、最基本的方法，该方法具有以下特点。

（1）调查结果相对可靠。只要调查中指标定义准确、统计口径恰当、调查组织得当并有足够的人力和财力的支持，一般来讲，其调查结果比较真实可信。

（2）调查对象覆盖面广，调查涉及境内所有经济单位，应当涵盖一个国家或地区所有的有关资本核算的统计数据。

（3）调查成本相对较高。因为这一调查涉及所有经济单位，所以工作量极其庞大、调查花费的人力与物力较多。

（4）调查时间跨度长，调查结果时效性相对较差，常常无法对固定资本存量数据进行及时有效的更新。

（5）直接调查法获得的资本存量数据一般是按照历史价格计算的，为了开展资本核算，不仅要将其换算成按一定基准时期价格计算的资本存量，而且要对其进行重新估价[①]。

（6）直接调查法主要用于对总资本存量的核算。仅仅依靠直接调查法，一般难以取得可靠的净资本存量和生产性资本存量的数据，通常还需要根据调查的数据，结合永续盘存法才能得到这两种资本存量指标。

直接调查法的关键在于给出资本核算指标的准确定义、计算口径以及获取相关资料的具体途径。如果条件允许的话，通过直接调查法取得资本核算的相关资料是比较理想的。但是，在以往的统计实践中，由于直接调查法成本较高、时效较差等原因，该方法并未被大多数国家采纳。只有荷兰、日本等少数国家曾采用直接调查法对本国的资本存量进行核算。荷兰自 1986 年起，每年对制造业企业的资本存量实施抽样调查。日本曾在 1955～1970 年这 15 年的时期内，每隔 5 年进行一次国富调查，对全国包括资本存量在内的国民财富进行调查与估算；这些国家运用直接调查法得到的有关资本核算的数据为本国国民核算体系的构建特别是完善本国的资产负债核算提供了很好的支撑。

在统计实践中，直接调查法不仅应用于资本存量的估算，在应用永续盘存法估算资本存量时不可缺少的一些参数如基期的资本存量、资产的耐用年限等，也常常需要依靠直接调查法获得。例如，国际会计准则委员会建议成员使用统一的准则并要求定期报告计算折旧的资产耐用年限依据。通过直接调查法获得的某些年份的资本存量数据，也可作为检验永续盘存法估算精度的重要标准。

到目前为止，我国尚未就资本核算的各项指标开展年度的全面调查或抽样调查。但在每五年一次的经济普查中，已经包括了对全社会第二产业和第三产业的固定资产原值和净值的调查。经济普查是一项重大的国情国力调查，经济普查的范围广，涉及对象多。通过经济普查，可以获得开展资本核算所需的第一手基本资料。但是也必须指出，要利用我国现有的经济普查资料去估算有关资本核算指标，还有不少需要进一步研究解决的问题。对此，我们将在本书的第五章中进行详细的讨论。

除经济普查外，我国国有企业和上市企业的会计核算与财务统计报表中也包含了直接从企业获得的关于固定资产原值、固定资产净值和累计折旧的有关数据。

[①] 关于资本存量核算的价格问题，我们将在本书第三章中进行详细的研究。

虽然这些数据与资本核算有关指标的理论含义和计算口径并不完全一致，但也可以成为估算资本存量指标和流量指标的重要依据。

二、基准年份盘存法

基准年份盘存法，是在确定某一基准年份总资本存量的基础上，利用以下递推公式来估算各年总资本存量的一种方法。

$$\begin{cases} K_1 = K_0 + (I_1 - R_1) \\ K_2 = K_1 + (I_2 - R_2) \\ \qquad\vdots \\ K_t = K_{t-1} + (I_t - R_t) \end{cases} \tag{2-26}$$

将其表现为一般公式可有

$$K_t = K_0 + \sum_{t=1}^{n}(I_t - R_t), \qquad t = 1, 2, \cdots, n \tag{2-27}$$

式中，K_0 为基年的总资本存量；K_t 为 t 年的总资本存量；I_t 为 t 年的固定资本形成；R_t 为 t 年报废（退役）的固定资产；n 为每次直接调查资本存量间隔的年份，通常假定 n 小于固定资产的耐用年限 T。

式（2-27）与固定资产耐用年限内永续盘存法估算历年资本存量的公式实质上是一致的。

利用基准年份盘存法估算资本存量需要解决以下两个问题：第一，如何估算基准年份的资本存量？第二，如何估算历年的固定资产报废额？

（一）基准年份的选择与基准年份资本存量的确定

在经济分析中，基准年份（benchmark year）可根据研究的目的确定，一般选择某一具有特定意义的时间节点作为基准年份。例如，在我国，通常选用第一个五年计划开始前一年的 1952 年，或者开始经济体制改革前的 1978 年作为基准年份。另外，在统计实践中，一般还选择有可能获得比较齐全的有关统计数据的年份作为基准年份。

对于基准年份的资本存量数值的确定，主要分为两类方法：第一，直接根据基准年份调查的有关资本存量的统计资料来确定。例如，日本与韩国在利用基准年份盘存法开展资本核算时，就是直接根据开展国富调查年份的数据，来确定基期的资本存量；第二，在获得全面数据有困难的情况下，可利用有可能获得的其他相关资料来估算全社会的资本存量。例如，可在收集基期国有工业企业或上市企业固定资产产出比的基础上,利用全社会的工业增加值与适当调整后的固定资产产出比,来推算基期全社会工业企业的固定资产余额。

(二)历年固定资产报废额的估算

利用基准年份盘存法估算资本存量必须获得历年的固定资本形成与固定资产报废的数据。目前,在统计实践中,固定资本形成的宏观数据比较齐全,而固定资产报废的数据则相对难以获得。

对此,可考虑以下估算方法。

设固定资产的报废率(即本年报废的设备在上一年总资本存量中所占的比重)为 λ,短期内可假定其不变,则有

$$\begin{cases} K_1 = I_1 + (1-\lambda)K_0 \\ K_2 = I_2 + (1-\lambda)K_1 \\ \quad\vdots \\ K_t = I_t + (1-\lambda)K_{t-1} \end{cases} \qquad (2\text{-}28)$$

式中, K_t 为 t 年($t = 1, 2, \cdots, n$)的总资本存量; I_t 为 t 年形成的固定资产。

由以上递推公式可推导出:

$$K_n = (1-\lambda)^n K_0 + \sum_{t=1}^{n} (1-\lambda)^{n-t} I_t, \qquad t = 1, 2, \cdots, n \qquad (2\text{-}29)$$

式(2-29)意味着 n 年的总资本存量可以表现为基期资本存量、各年形成的固定资产(资本流量)和报废率 λ 的函数。基期资本存量、各年形成的固定资产均为已知数据,如果第 n 年可以通过调查得到关于总固定资本存量 K_n 的数据,则可以将其代入式(2-29),求解出 λ,进而还可以利用式(2-28)估算出各年的固定资产报废额($R_t = \lambda K_{t-1}$)与未开展国富调查(或经济普查)年份的总资本存量。

式(2-28)是从基准时点往后逐年递推后面各年的总资本存量。从理论上讲,也可以从基准年份往前倒推以往各年的总资本存量。将式(2-28)整理后可得

$$K_{t-1} = (K_t - I_t) / (1-\lambda) \qquad (2\text{-}30)$$

在利用永续盘存法估算资本存量时,至少需要有前 T 年(耐用年限)的固定资本形成的数据,当历史数据少于 T 年时,也有必要利用式(2-30)对该时段的总资本存量进行估算。

综上所述,基准年份盘存法作为直接调查法和永续盘存法之间的过渡方法,兼具了两类方法的优点。该方法既充分利用了基准时点对资本存量进行调查的信息,又很好地利用了日常统计中关于资本流量(固定资本形成)的信息。而且利用该方法,每过一段时间都会对资本存量进行详细的调查,可以及时修正永续盘

存法可能产生的累计估算误差。其估算结果相对可靠，成本又比直接调查法低，时效性则比直接调查法要高。因此，日本和韩国都曾利用这种方法，根据基准时点进行的国富调查的资料与历年的固定资本形成的资料以及固定资产报废的资料，对本国未进行国富调查年份的资本存量进行估算。

当然，该方法也有一些局限性：一是对基准时点资本存量和报废固定资产的调查仍需花费较多的人力、物力和财力；二是关于报废率不变的假定有时也不一定完全符合实际。另外，单纯利用该方法仍然无法获得生产性资本存量等指标的必要数据。

三、生产函数法

Dadkhah 和 Zahedi（1986）以及 Pyo（2008）在研究中曾提出一种估算资本存量的生产函数法。生产函数法的基本思路是资本存量与产出之间存在一定的数量联系，假定其可以用生产函数来加以描述。在给出特定的生产函数形式与相关产出和劳动的信息后，便可以利用给定的生产函数与这些信息来估算资本存量。

在实证研究中，研究者给出了不同生产函数的具体形式。Dadkhah 和 Zahedi（1986）采用了里昂惕夫型的生产函数。Pyo（2008）则采用了柯布-道格拉斯（Cobb-Douglas，C-D）生产函数对韩国的资本存量问题进行研究。Dadkhah 和 Zahedi（1986）运用常数替代弹性（constant elasticity of substitution，CES）生产函数，假设发展中国家的生产属于资本稀缺型，因此不需要劳动投入的信息。研究者从理论和实证角度对此进行了分析，并运用模拟技术检验了该方法的可行性。

生产函数法存在的最大难题是在未得到确切的资本存量数据的情况下，如何利用计量方法来正确估计生产函数中的具体参数。事先给定的生产函数形式，特别是其中设定的参数值难免带有较大的主观性。因此，该方法在统计实践中并不具有可操作性。不过，这一方法可以为检验资本存量数据的质量提供一种思路。如果在根据所估算的资本存量建立生产函数时，得到的有关参数不能通过一定的经济理论检验与计量经济学检验，则除了要考虑模型设定是否正确、计量方法是否得当外，也要考虑估算的资本存量数据是否可能存在质量问题。

第三章　资本存量核算的价格问题研究

如前所述，本书所讨论的资本存量是以货币计量的一个国家或地区在一定时点上所拥有的固定资产的总量。各类固定资产的实物形态不同，必须借助货币的形式才能加以汇总。也就是说，要开展资本存量的核算，必须解决资本存量核算的价格问题。为此，本章拟在明确各种价格基本概念的基础上，着重探讨如何构建我国资本存量价格指数体系的问题。

第一节　资本存量核算价格指数体系的构建

一、资本存量的计算价格

在估计资本存量的永续盘存法中，资本存量的估计值是以往固定资本形成额累积的结果。在实际工作中，资本存量可按照以下三种价格计算。

（一）获得时点的价格（又称原价或历史价格）

获得时点价格，就是建造或购置该固定资产时的价格。按获得时点价格计算的 t 年末的资本存量 Kh_t 可用以下公式表示：

$$\mathrm{Kh}_t = \sum_{\tau=0}^{T-1} g_\tau \times \mathrm{Ih}_{t-\tau}, \qquad t = T, T+1, \cdots \qquad (3-1)$$

式中，$\mathrm{Ih}_{t-\tau}$ 为按照获得时点价格计算的 $t-\tau$ 年的投资额；g_τ 为 $t-\tau$ 年的残存比例系数（即当初购置的固定资产到 t 年仍在使用的比例）；T 为固定资产的耐用年限，当 $\tau \geqslant T$ 时，$g_\tau = 0$。

按式（3-1）计算的资本存量通常称为固定资产原值，它反映了取得这些固定资产时的总支出。固定资产原值是企业日常进行固定资产核算、计算折旧与固定资产净值的基础数据。

应当指出，某一时点的资本存量中，均包含了不同时期形成的固定资产。因此，按获得时点价格计算的资本存量实际上包含了按不同时期固定资产投资价格计算的固定资本形成额。

（二）重置价格（又称名义价格或现行价格）

重置价格是报告期重新购置同样类型、同样质量的固定资产需要支付的价格。重置价格的变动不仅受到固定资产投资成本变动的影响，而且与资产未来期望收益的变动有关。按照这种价格计算资本存量，需要每年都对现有固定资产的价格进行重新评价。也就是说，t 年的资本存量要按照 t 年新购置固定资产的价格计算，用公式表示，有

$$Kn_t = \sum_{\tau=0}^{T-1} g_\tau \times \frac{Ih_{t-\tau}}{P_t^{t-\tau}}, \qquad t = T, T+1, \cdots \qquad (3\text{-}2)$$

式中，Kn_t 为按照 t 年重置价格计算的 t 年末的资本存量；$Ih_{t-\tau}$ 为按照 $t-\tau$ 年价格计算的 $t-\tau$ 年的投资额；$P_t^{t-\tau}$ 为以 t 年固定资产购置价格为对比基准（100%）的 $t-\tau$ 年的固定资产流量价格指数；T 为固定资产的耐用年限，当 $\tau \geq T$ 时，$g_\tau = 0$。

按重置价格计算的资本存量反映了不同时点资本存量的名义价值。从式（3-2）可以看出，按重置价格计算资本存量，需要利用各期固定资产流量的价格指数将不同时期形成的固定资产流量都统一换算成按 t 年价格计算的获得这些固定资产的总支出。因此，按重置价格计算的资本存量所采用的计算价格都是同一期的，即都是 t 年的固定资产流量的价格。

（三）基准时点价格（又称不变价格或可比价格）

当不同时期固定资产流量的价格发生较大变动时，按原价计算的资本存量和按重置价格计算的资本存量的变动都难以反映真实的固定资产规模、固定资产的实际价值及其生产能力的变动。因此，为了更好地进行宏观经济分析，还需要统一按某一基准时点的价格来计算资本存量。例如，可以统一采用1952年的固定资产流量的价格，也可以采用2000年固定资产流量的价格，作为计算资本存量的基准价格。按基准时点价格计算的资本存量用公式表示为

$$Kr_t = \sum_{\tau=0}^{T-1} g_\tau \times \frac{Ih_{t-\tau}}{P_{t-\tau}^{*}}, \qquad t = T, T+1, \cdots \qquad (3\text{-}3)$$

式中，Kr_t 为按照基准时点价格计算的 t 年末的资本存量；$Ih_{t-\tau}$ 为按照 $t-\tau$ 年价格计算的 $t-\tau$ 年的固定资本形成；$P_{t-\tau}^{*}$ 为 $t-\tau$ 年的固定资产流量价格指数（以基准时点价格为100%）；T 为固定资产的耐用年限，当 $\tau \geq T$ 时，$g_\tau = 0$。

按可比价格计算的资本存量可以消除价格变动对资本存量的影响，从而可以更真实地反映资本存量的变动情况。因此，在利用永续盘存法估算资本存量时，

对残存模式、效率模式、价值模式等的估计应使用按可比价格计算的固定资本的流量与存量。

应当指出，以上三种资产价格中，历史价格是资本存量核算中所特有的价格。其特点是：在某一时点的资本存量中，不同时期获得的资产的计算价格是不同的。以往对于我国资本存量的估算一般采用永续盘存法，即利用过去时期的资本流量的累计去递推估算。由于资本流量的核算只涉及两种价格：一是现行价（相当于存量核算中的重置价格）；二是不变价格。因此，大多数专家对资本存量估算时所涉及的价格指数的研究，主要集中在如何正确估算固定资产流量价格指数方面，对于资本存量价格指数的研究基本未涉及。从进一步健全和完善国民经济核算体系的角度看，今后我国还需要逐步建立全社会的资产负债核算。在资产负债核算中，按历史价格计算的资本存量数据是必不可缺的。另外，日常企业会计核算中关于固定资产原值的数据以及我国经济普查所获得的关于固定资产存量的数据都是按照历史价格计算的。为了利用这些通过直接调查法获得的信息去验证利用永续盘存法估算的资本存量是否准确，也有必要考虑如何将按历史价格计算的资本存量换算成按不变价格计算的资本存量的问题。因此，正确地理解和区分资本存量计算的三种不同价格，不仅在理论上具有重要的意义，在统计实践中也很有应用价值。

二、资本流量价格指数

资本流量价格指数，是指能够反映不同时期形成的固定资产流量价格变动情况的相对数。以上在讨论按重置价格与不变价格计算资本存量时，已经有所涉及。以往对于资本核算如何应用资本流量价格指数的问题，已有不少学者做过研究。例如，贺菊煌（1992）以《国民收入统计资料汇编 1949—1985》为基础，推算了我国历年的固定资本形成的价格指数；何枫等（2003）则以《中国国内生产总值核算历史资料 1952—1995》公布的历年现价资本形成总额及资本形成总额数量指数为基础，对固定资本形成的价格指数进行估算。还有一些研究则主要探讨在获得资料有困难的情况下，如何利用其他相关资料来代替的问题。例如，谢千里等（1995）使用工业品出厂价格、沈坤荣（1999）使用 GDP 平减指数、宋海岩等（2003）使用全国建筑材料价格指数来代替资本流量价格指数等。

目前，我国的统计实践中，可以利用的固定资本流量价格指数有两种。

（1）国家统计局编制并发布的固定资产投资价格指数，它是反映固定资产投资价格变动情况的相对数。我国目前统计的固定资产投资额是由建筑安装工程投资完成额、设备与工器具购置投资完成额和其他费用投资完成额三部分组成的。编制固定资产投资价格指数时，首先分别就上述三部分编制分类价格指数，然后再根据这三部分投资在总投资中所占的比重，采用加权算术平均法求出固定资产投资价格总指数。固定资产投资价格指数可以综合反映固定资产投资中涉及的各类商品和取费项目价格变动趋势与变动幅度。利用该指数可以计算按不变价格计算的固定资产投资额，消除按现价计算的固定资产投资指标中价格变动因素的影响，从而更真实地反映固定资产投资的规模、速度、结构和效益，为国家科学地制定、检查固定资产投资计划，提高宏观调控水平，提供科学、可靠的依据。

（2）固定资本形成价格指数。固定资本形成价格指数是反映固定资本形成价格变动情况的相对数。该指数目前并未正式公布，但可利用有关资料去估算。在《新中国六十年统计资料汇编》中，可以查到1952～2009年当年价固定资本形成总额、按1952年不变价格计算的各年固定资本形成总额的发展速度。利用这些信息可以推导出各年的固定资本形成价格指数。

设 a_t、I_t、P_t 分别为固定资本形成总额在 t 年的不变价格发展速度（已知）、当年价固定资本形成总额（已知）、固定资本形成价格的定基指数，则有

$$a_t = \frac{I_{t+1}}{P_{t+1}} \Big/ \frac{I_t}{P_t} \tag{3-4}$$

利用以上关系式，可以方便地推算出各年环比和定基固定资本形成的价格指数。具体如下：

$$\frac{P_{t+1}}{P_t} = a_t \frac{I_{t+1}}{I_t} \tag{3-5}$$

$$\frac{P_t}{P_1} = \frac{I_t}{I_1} \prod_{n=1}^{t-1} a_n, \quad t \geq 2 \tag{3-6}$$

由于固定资本形成总额作为固定资本流量，在定义和计算口径上与固定资本存量较为一致，大多数专家认为其更适合作为估算资本存量时所利用的资本流量，因此从理论上讲，利用第二种价格指数作为资本流量的价格指数更加合适。

应当指出，目前我国资本流量价格指数编制方法和内容与国际组织的要求对比，仍有不少差距，主要体现在以下两点。

（1）目前官方正式公布的固定资产投资价格指数只是从固定资产投资成本变动的角度来编制的。将其作为对固定资本存量重新估价的基本尺度，尚有一定的局限性。特别是如果考虑到固定资产存量的价格不仅取决于生产成本的高低，而且与其未来可能带来的预期收益的多少密切相关，则还应考虑如何利用预期收益折现法来确定固定资产价格的问题，并着重从固定资产在市场上实际成交的角度来考察固定资本流量价格的变动。

（2）现有的固定资本流量价格指数的分类过于粗略，内容不够完整。只有按

照固定资产投资构成分类（建安工程、设备购置、其他费用）的固定资产投资价格指数，没有按照固定资产具体类型细分类的固定资本形成价格指数；只有全国层面的固定资本流量价格指数，没有按地区与按部门分类的固定资本流量价格指数。因此，在进行分部门或分地区的资本存量核算时，往往没有可以直接利用的固定资本形成价格指数，只能利用全国层面的固定资本流量价格指数作为替代。为了更好地全面开展我国的资本核算，今后很有必要根据我国的实际情况，进一步建立与完善更加全面和详细的固定资本流量价格指数体系。

三、资本存量价格指数体系

如前所述，在对资本存量进行估算时，常常需要设定一定的年份作为基期，并估算出按可比价格计算的基期固定资本存量。在以往一些研究中，曾有一些学者直接将根据直接调查法获得的基期固定资产原值作为按不变价格计算的基期固定资本存量或者利用该年份的固定资产投资价格指数和固定资产原值，去直接估算该年按不变价格计算的资本存量。这些做法实际上都是不正确的。因为按原价计算的固定资产存量是许多不同时期资产流量积累而来的，不同时期的投资分别对应的资本流量价格不一样，仅用其中一年的资本流量价格指数来换算按可比价格计算的资本存量必然会带来相当大的误差。所以，还有必要考虑构建资本存量的价格指数。

下面我们利用按不同价格计算的资本存量，构建三种不同类型的资本存量价格指数。

（一）资本存量价格指数 1

该指数可以反映一定时期内固定资产存量历史价格相对于不变价格的变动趋势和程度。资本存量价格指数 1，即 IKP_t^1，可用按历史价格计算的固定资本存量与按不变价格计算的固定资本存量之比来表示，用公式可表示为

$$\mathrm{IKP}_t^1 = \mathrm{Kh}_t / \mathrm{Kr}_t = \sum_{\tau=0}^{T-1} g_\tau \mathrm{Ih}_{t-\tau} \bigg/ \sum_{\tau=0}^{T-1} g_j \frac{\mathrm{Ih}_{t-\tau}}{P_{t-\tau}^*}$$

$$= \sum_{\tau=0}^{T-1} g_j \times \frac{\mathrm{Ih}_{t-\tau}}{P_{t-\tau}^*} P_{t-\tau}^* \bigg/ \sum_{\tau=0}^{T-1} g_\tau \times \frac{\mathrm{Ih}_{t-\tau}}{P_{t-\tau}^*} = \sum_{\tau=0}^{T-1} w_{t-\tau}^{(1)} P_{t-\tau}^*, \quad t = T, T+1, \cdots \quad （3-7）$$

式中，$w_{t-\tau}^{(1)} = g_\tau \times \dfrac{\mathrm{Ih}_{t-\tau}}{P_{t-\tau}^*} \bigg/ \displaystyle\sum_{\tau=0}^{T-1} g_\tau \times \frac{\mathrm{Ih}_{t-\tau}}{P_{t-\tau}^*}$。从式（3-7）可以看出，资本存量价格指数 1 实际上是以按不变价格计算的各期形成并仍在发挥作用的固定资本形成

额在 t 期固定资产存量中所占的比重为权数的各期（以基准期为 100%）固定资本流量价格指数的加权平均数。这就是说，在实践中编制资本存量价格指数 1，并不一定要按照其定义先分别计算按历史价格计算的固定资本存量与按可比价格计算的固定资本存量，而只需要利用各期的固定资产流量价格指数和以往各期形成的资本流量在资本存量中所占的比重和式（3-7）就可以直接进行编制。

（二）资本存量价格指数 2

资本存量价格指数 2，即 $\mathrm{IKP}^2{}_t$，可用按重置价格计算的固定资本存量与按不变价格计算的固定资本存量之比来表示，用公式可表示为

$$\mathrm{IKP}^2{}_t = \mathrm{Kn}_t / \mathrm{Kr}_t = \sum_{\tau=0}^{T-1} g_\tau \frac{\mathrm{Ih}_{t-\tau}}{P_t^{t-\tau*}} \bigg/ \sum_{\tau=0}^{T-1} g_\tau \frac{\mathrm{Ih}_{t-\tau}}{P_t^{t-\tau*}}$$

$$= \sum_{\tau=0}^{T-1} g_\tau \frac{\mathrm{Ih}_{t-\tau}}{P_{t-\tau}^*} \frac{P_{t-\tau}^*}{P_t^{t-\tau*}} \bigg/ \sum_{\tau=0}^{T-1} g_\tau \frac{\mathrm{Ih}_{t-\tau}}{P_{t-\tau}^*} = \sum_{j=0}^{T-1} w_{t-\tau}^{(1)} \frac{P_{t-\tau}^*}{P_t^{t-\tau*}} = P_t^*, \quad t = T, T+1, \cdots \quad （3-8）$$

由式（3-8）可以看出，资本存量价格指数 2 可以反映资本存量重置价格相对于不变价格的变动情况，它实际上等价于以基准期价格为 100% 的固定资本流量价格指数 P_t^*。

（三）资本存量价格指数 3

资本存量价格指数 3，即 $\mathrm{IKP}^3{}_t$，可用按历史价格计算的固定资本存量与按重置价格计算的固定资本存量之比来表示，用公式可表示为

$$\mathrm{IKP}^3{}_t = \mathrm{Kh}_t / \mathrm{Kn}_t = \sum_{\tau=0}^{T-1} g_\tau \mathrm{Ih}_{t-\tau} \bigg/ \sum_{\tau=0}^{T-1} g_j \frac{\mathrm{Ih}_{t-\tau}}{P_t^{t-\tau}}$$

$$= \sum_{\tau=0}^{T-1} g_\tau \times \frac{\mathrm{Ih}_{t-\tau}}{P_t^{t-\tau}} \times P_t^{t-\tau} \bigg/ \sum_{\tau=0}^{T-1} g_\tau \times \frac{\mathrm{Ih}_{t-\tau}}{P_t^{t-\tau}} = \sum_{\tau=0}^{T-1} w_{t-\tau}^{(2)} P_t^{t-\tau}, \quad t = T, T+1, \cdots \quad （3-9）$$

式中，$w_{t-\tau}^{(2)} = g_\tau \times \dfrac{\mathrm{Ih}_{t-\tau}}{P_t^{t-\tau}} \bigg/ \displaystyle\sum_{\tau=0}^{T-1} g_\tau \times \dfrac{\mathrm{Ih}_{t-\tau}}{P_{t-\tau}}$。

资本存量价格指数 3 可以反映资本存量的历史价格对应于重置价格的变动幅度。从式（3-9）可以看出，资本存量价格指数 3 实际上等于以按重置价格计算的各期形成并仍在发挥作用的固定资本形成额在 t 期固定资产存量中所占的比重为权数的各期（以 t 期为 100%）固定资本流量价格指数的加权平均数。

（四）三种资本存量价格指数之间的联系

从以上给出的关于资本存量价格指数的定义可知：

$$Kh_t/Kr_t = Kn_t/Kr_t \times Kh_t/Kn_t$$

即

$$IKP^1_t = IKP^2_t \times IKP^3_t \tag{3-10}$$

前面，我们已证明了 IKP^2_t 等价于固定资本流量的定基价格指数 P^*_t，因此，在统计实践中，可以先利用式（3-7）编制资本存量价格指数 1，然后再利用固定资本流量的定基价格指数 P^*_t 和式（3-10），推算资本存量价格指数 3。进而还可以利用按历史价格计算的资本存量 Kh_t 和有关资本存量价格指数去推算按重置价格或不变价格计算的资本存量。这就是说，构建资本存量价格指数体系的作用不仅在于可利用其综合反映各种资本存量价格的变动情况，而且可利用该指数体系结合其他相关资料推算按不同价格计算的资本存量。

第二节　关于我国资本存量核算价格指数的实证分析

一、我国资本存量价格指数的估算

根据第一节构建的资本存量价格指数体系和有关统计资料，我们试编了1952～2016 年我国三种资本存量价格指数（表 3-1）。开展这一实证分析的主要目的在于：验证我们所提出的资本存量价格指数编制方法的可行性，同时还可以从中了解我国历年来资本存量价格变动的情况和趋势。

表 3-1 给出了试编我国资本存量价格指数所需的基础与编制过程。

表 3-1　我国资本存量价格指数所需的基础与编制过程

年份	现价固定资本形成额/亿元	不变价格固定资本形成额/亿元	固定资产投资价格指数/%	历史价格总资本存量/亿元	不变价格总资本存量/亿元	重置价格总资本存量/亿元	资本存量价格指数1/%	资本存量价格指数2/%	资本存量价格指数3/%
	（1）	（2）=（1）/（3）	（3）	（4）	（5）	（6）	（7）	（8）	（9）
1952	80.8	80.8	100	—	—	—	—	—	—
1953	115.5	116.9	98.81	—	—	—	—	—	—
1954	141.4	144.0	98.17	—	—	—	—	—	—

续表

年份	现价固定资本形成额/亿元	不变价格固定资本形成额/亿元	固定资产投资价格指数/%	历史价格总资本存量/亿元	不变价格总资本存量/亿元	重置价格总资本存量/亿元	资本存量价格指数1/%	资本存量价格指数2/%	资本存量价格指数3/%
	(1)	(2)=(1)/(3)	(3)	(4)	(5)	(6)	(7)	(8)	(9)
1955	146.4	155.8	93.95	—	—	—	—	—	—
1956	221.5	236.5	93.66	—	—	—	—	—	—
1957	189.4	211.1	89.71	—	—	—	—	—	—
1958	336.7	373.9	90.05	—	—	—	—	—	—
1959	443.1	453.9	97.62	—	—	—	—	—	—
1960	485.6	499.0	97.31	—	—	—	—	—	—
1961	239.3	250.4	95.56	—	—	—	—	—	—
1962	187.6	182.9	102.54	—	—	—	—	—	—
1963	228.1	212.2	107.48	—	—	—	—	—	—
1964	304.9	289.7	105.25	—	—	—	—	—	—
1965	366.0	359.6	101.79	—	—	—	—	—	—
1966	423.5	424.3	99.81	3 909.8	3 991.2	3 983.6	97.96	99.81	98.15
1967	337.5	337.0	100.15	4 166.5	4 247.4	4 253.8	98.10	100.15	97.95
1968	313.9	324.4	96.75	4 365.0	4 455.0	4 310.2	97.98	96.75	101.27
1969	423.0	447.4	94.55	4 646.6	4 758.4	4 499.0	97.65	94.55	103.28
1970	563.7	596.4	94.52	5 063.9	5 198.9	4 914.0	97.40	94.52	103.05
1971	624.4	653.7	95.52	5 466.8	5 616.1	5 364.5	97.34	95.52	101.91
1972	644.1	666.0	96.71	5 921.6	6 071.0	5 871.3	97.54	96.71	100.86
1973	687.4	710.0	96.82	6 272.2	6 407.1	6 203.4	97.89	96.82	101.11
1974	771.6	795.7	96.97	6 600.7	6 748.9	6 544.4	97.80	96.97	100.86
1975	905.8	923.2	98.12	7 021.0	7 173.1	7 038.3	97.88	98.12	99.75
1976	891.9	902.8	98.79	7 673.6	7 825.5	7 730.8	98.06	98.79	99.26
1977	939.5	937.3	100.24	8 425.4	8 579.8	8 600.4	98.20	100.24	97.97
1978	1 108.7	1 099.8	100.81	9 306.0	9 467.4	9 544.1	98.30	100.81	97.51
1979	1 194.1	1 159.4	102.99	10 195.2	10 337.1	10 646.2	98.63	102.99	95.76
1980	1 345.8	1 268.2	106.12	11 175.0	11 245.8	11 934.0	99.37	106.12	93.64
1981	1 381.9	1 261.3	109.56	12 133.4	12 082.8	13 237.9	100.42	109.56	91.66
1982	1 558.6	1 390.5	112.09	13 354.5	13 136.2	14 724.4	101.66	112.09	90.70
1983	1 742.6	1 517.4	114.84	14 783.2	14 329.2	16 455.7	103.17	114.84	89.84
1984	2 192.1	1 834.0	119.53	16 552.2	15 715.8	18 785.1	105.32	119.53	88.11
1985	2 844.1	2 219.7	128.13	18 832.6	17 339.2	22 216.7	108.61	128.13	84.77
1986	3 299.7	2 419.7	136.37	21 507.9	19 105.1	26 053.6	112.58	136.37	82.55
1987	3 821.4	2 663.6	143.47	24 685.2	21 102.6	30 275.9	116.98	143.47	81.53
1988	4 842.0	2 972.0	162.92	28 839.8	23 364.5	38 065.5	123.43	162.92	75.76
1989	4 518.6	2 555.3	176.83	32 586.8	25 124.2	44 427.1	129.70	176.83	73.35
1990	4 636.1	2 486.4	186.46	36 317.0	26 687.4	49 761.3	136.08	186.46	72.98
1991	5 794.8	2 864.7	202.28	41 220.0	28 649.3	57 951.9	143.88	202.28	71.13
1992	8 461.0	3 701.1	228.61	48 741.5	31 413.2	71 813.7	155.16	228.61	67.87

续表

年份	现价固定资本形成额/亿元	不变价格固定资本形成额/亿元	固定资产投资价格指数/%	历史价格总资本存量/亿元	不变价格总资本存量/亿元	重置价格总资本存量/亿元	资本存量价格指数1/%	资本存量价格指数2/%	资本存量价格指数3/%
	（1）	（2）=（1）/（3）	（3）	（4）	（5）	（6）	（7）	（8）	（9）
1993	13 574.4	4 747.9	285.90	61 207.2	35 061.3	100 240.3	174.57	285.90	61.06
1994	17 187.9	5 448.9	315.44	77 201.0	39 350.8	124 128.0	196.19	315.44	62.19
1995	20 357.4	6 088.1	334.38	96 212.6	44 170.6	147 697.8	217.82	334.38	65.14
1996	23 319.8	6 710.7	347.50	118 150.5	49 620.1	172 429.9	238.11	347.50	68.52
1997	25 363.2	7 179.1	353.29	141 955.1	55 408.8	195 753.7	256.20	353.29	72.52
1998	28 751.9	8 136.0	353.38	168 963.9	62 027.4	219 192.4	272.40	353.38	77.08
1999	30 241.4	8 593.3	351.92	197 013.2	68 786.7	242 074.3	286.41	351.92	81.39
2000	33 527.7	9 427.0	355.66	227 696.8	75 993.9	270 280.0	299.62	355.66	84.24
2001	38 064.0	10 659.0	357.11	262 461.1	84 233.3	300 805.4	311.59	357.11	87.25
2002	43 796.9	12 235.8	357.94	302 436.6	93 805.6	335 767.9	322.41	357.94	90.07
2003	53 964.4	14 745.2	365.98	351 559.0	105 578.7	386 397.1	332.98	365.98	90.98
2004	65 669.8	16 891.7	388.77	412 710.2	119 914.9	466 193.3	344.17	388.77	88.53
2005	75 809.6	19 197.2	394.90	483 883.7	136 625.6	539 534.5	354.17	394.90	89.69
2006	87 223.3	21 759.6	400.85	565 312.2	155 520.5	623 403.9	363.50	400.85	90.68
2007	105 052.2	25 220.8	416.53	661 903.4	177 040.2	737 425.6	373.87	416.53	89.76
2008	128 001.9	28 204.2	453.84	772 717.4	206 416.0	936 798.2	374.35	453.84	82.48
2009	156 734.5	35 378.7	443.02	915 877.5	230 425.9	1 020 832.7	397.47	443.02	89.72
2010	185 827.3	40 495.0	458.89	1 081 347.4	264 833.1	1 215 292.7	408.31	458.89	88.98
2011	219 671.0	44 906.9	489.17	1 277 698.6	303 029.6	1 482 329.6	421.64	489.17	86.20
2012	244 600.7	49 457.3	494.57	1 496 936.1	345 307.4	1 707 786.6	433.51	494.57	87.65
2013	270 924.2	54 620.7	496.01	1 737 618.9	387 555.0	1 922 311.7	448.35	496.01	90.39
2014	290 053.1	58 180.5	498.54	1 998 920.6	441 378.9	2 200 450.1	452.88	498.54	90.84
2015	301 503.0	61 590.3	489.53	2 266 895.9	493 542.6	2 416 039.2	459.31	489.53	93.83
2016	318 083.6	65 363.2	486.64	2 546 915.5	548 246.5	2 667 987.0	464.56	486.64	95.46

资料来源：①关于包含固定资本形成（含研发支出形成的部分）的具体资料来源与估算方法，可参见本书第五章第一节。②固定资本形成价格指数根据历年现价固定资本形成和不变价格固定资本形成的发展速度，利用式（3-6）推算。

在本次试算中，我们假定我国固定资产的平均耐用年限为 15 年[①]，并采用了一次性整体退役的残存模式。即假定在资产的平均寿命期（15 年）内，固定资产

[①] 固定资产平均耐用年限的长短对于资本存量估算和存量价格指数的编制都有很大的影响，关于我国固定资产的平均耐用年限的估计，可参见本书第五章的有关论述。

能够正常使用，在其使用年限达到耐用年限（15 年）后再全部报废，一次性从资本存量中全部扣除。根据这一假定，可以用以往 15 年（含 t 年在内）的固定资本形成累计额，作为 t 年的固定资本存量的估算值。

　　估算资本存量所需的基础数据包括：我国各年按现价计算的固定资本形成额（含研发支出形成的部分）[①]和固定资产流量定基价格指数（以 1952 年为 100%）。表 3-1 的第（1）列与第（3）列给出了上述基础数据。用第（1）列的固定资本形成额除以第（3）列的固定资产投资价格指数，可得到第（2）列按不变价格计算的固定资本形成额。表 3-1 中的第（4）、（5）列分别是按式（3-3）和式（3-1）计算得到的按不变价格计算的固定资本存量和按历史价格计算的固定资本存量。表 3-1 中的第（6）列重置价格总资本存量可以有两种计算方法：一是可以按照式（3-2）的定义去计算；二是利用按不变价格计算的固定资本存量乘以固定资本流量的定基价格指数去求得。显而易见，第二种方法更为简便。

　　第（7）、（8）、（9）列分别是按式（3-7）、式（3-8）和式（3-9）的定义计算的 IKP_t^1、IKP_t^2 和 IKP_t^3。

　　图 3-1 给出了几种资本存量价格指数和固定资产流量价格指数的走势图。从图中可以看出，反映我国的资本存量重置价格变动的资本存量价格指数 2 在数值上完全等价于固定资产投资价格指数，在时间趋势上显示出明显的上升趋势与较强的波动性；与其相比，反映资本存量价格历史价格变动的资本存量价格指数 1

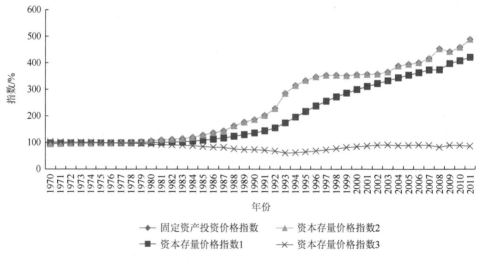

图 3-1　资本存量价格指数与固定资本流量价格指数的走势图

---

　　① 关于包含固定资本形成（含研发支出形成部分）的资料来源与估算方法，可参见本书第五章第一节。

虽然也呈上升趋势，但走势相对平稳，表明固定资产历史价格上涨幅度小于固定资产重置价格的上涨幅度。资本存量价格指数 3 则刻画了历史价格和重置价格之间比例的变化，其呈现出明显下降的趋势。

二、对有关问题的说明

由于资本存量价格指数是一个比较新的概念，我们在有关学术刊物上发表了关于这一方面研究的论文之后，曾有一些学者提出过一些疑问。为了推广与普及资本存量价格指数，我们认为很有必要就其中具有代表性的问题，再做一些必要的说明。

有的学者提出：总资本存量本身是物量的概念，将两个物量指标进行对比是无法得到价格指数的。我们认为，这里其实存在一些误解。总资本存量就其本意来讲，是要反映一个国家或地区在一定时点上所拥有的所有生产手段即固定资产的总量。但是，由于资产的实物形态不同，只能借助资产的价格对其进行汇总，从而表现为一定的价值总量。由于各年的历史价格和重置价格是在不断变动的，按历史价格或重置价格（现行）计算的总资本存量的变动，包含了价格变动的因素，只有统一按照某一年份的可比价格计算，才能真实反映总资本物量的变动。也就是说，各年按历史价格或重置价格计算的总固定资产存量价值的变动可以分解为物量的变动和价格的变动。这一点与 GDP 比较中的物量对比和价格对比是类似的。GDP 就其本意来讲，也是要反映一定时期生产的最终产品的总量。但由于产品种类不同，只能借助产品的价格加以汇总，从而得到按现行价格计算的 GDP，也称名义 GDP。名义 GDP 的变动可分解为 GDP 的物量变动（按不变价格计算的 GDP 对比）和反映价格变动的 GDP 平缩指数（即当年名义 GDP/当年按不变价格计算的 GDP）。以此类推，按不同价格计算的总资本存量之间的对比，并不是两个物量指标的简单对比，而是反映了不同资本存量价格变动的情况。因此，利用按不同价格估算的资本存量之间的对比来编制资本存量的价格指数，在逻辑上是可以成立的。

有的学者对于"用某一年份的固定资产流量价格指数和固定资产原值去直接换算该年份按不变价格计算的资本存量是不正确的"的判断不太理解，认为该判断与我们实证分析中的具体操作存在悖论。对此需要说明两点：第一，固定资产原值是会计核算中或经济普查中得到的存量指标，而不是固定资本形成或固定资产投资这一类流量指标，某一时点的资本存量是由以往若干年的资本流量形成的；第二，利用永续盘存法估算资本存量时，资产的使用年限、资产的退役模式都是假定条件，这些假定是否符合现实，常常需要利用直接调查法获得的数据如经济普查获得的按历史价格计算的固定资产原值的数据去验证。这时就需要利用资本存量指数将其换算成按不变价格计算的总资本存量。然后，再通过变换假定条件，并不断试算，观察在何种情况下，通过两种途径获得的结果会不断收敛，从而判断何种模式和参数假定比较符合现实。为了帮助大家理解，这里再举一个具体例子。例如，为了验证按照永续盘存法得到的按 1990 年价格计算的 2004 年工业总固定资本存量是否准确，有人根据第一次经济普查的资料得到了 2004 年按历史价格计算的工业固定资产原值的数据。由于这两个统计指标的计算价格不同，不宜直接进行对比，因此，用 2004 年的工业固定资产原值除以该年的固定资产投资价格指数，得到 2004 年按 1990 年价格计算的工业总固定资本存量，再进行对比分析。其实，这种做法并不正确。2004 年经济普查中的固定资产原值中只有一部分是当年形成的固定资产，大部分是多年以前形成的固定资产，例如，可能包括了 1995 年形成的资产。因为 1995 年的定基投资价格指数远远小于 2004 年的定基投资价格指数，所以，全部按 2004 年的投资价格指数去换算，会明显低估 2004 年按 1990 年价格计算的总固定资本存量。这时，如果有资本存量价格指数，则可以方便地将任何年份按历史价格计算的总资本存量换算成按不变价格计算的总资本存量。在前面论证的过程中，我们已经证明了资本存量价格指数是历年资本流量价格指数的加权平均，这也表明对于按历史价格计算的总资本存量，不能只利用单独年份的资本流量价格指数去进行换算，而必须利用考虑了多年资本流量价格指数影响的存量价格指数去进行换算。另外，还必须指出，在以上实证分析的过程中，按不变价格计算的总资本存量是利用永续盘存法估算的总资本存量，而不是根据直接调查法得到的按不变价格计算的总固定资本存量。直接调查法在通过调查获得按历史价格计算的固定资产原值的基础上，还必须利用资本存量价格指数才能正确估算总资本存量。另外，在实际操作中，有时也不一定都需要先计算出按不变价格计算的总资本存量，而是可以利用过去各年实际投资完成额在资产使用寿命期完成的总投资中所占比重以及相应的资本流量价格指数，去估计资本存量的价格指数。这与消费者物价指数的编制有类似之处。即可采用适当假定和有关数据确定各年的权重，再利用各年的资本流量价格指数通过加权平均来计算资本存量价格指数。

　　有的学者提出，由于固定资产使用一段时间后会出现效率降低、磨损等现象，因此用重置价格计算总资本存量不太合适，难以真正反映固定资产的总价值。应当指出，这里也存在误解。事实上，无论用何种价格计算的总资本存量都不能反映一定时点全社会固定资产的真正价值。能够反映某一时点固定资产的真正价值的指标应当是按重置价格计算的净资本存量指标。该指标必须在根据重置价格计算的总资本存量的基础上，进一步考虑不同时期形成的现有固定资产的价值模式，通过永续盘存法才能求得①。

还需要说明的是，由于资料的限制，本次估算只给出了严格按照本节公式计算的 1966 年以后我国各年的资本存量和资本存量价格指数。事实上，只要追加一些其他假定，也可以对 1952～1965 年按不同价格计算的资本存量以及相应的资本存量价格指数进行估算②。

三、小结

总结以上分析，我们可以得出以下几点结论。

（1）为了更好地开展固定资本核算，有必要进一步完善我国固定资本核算价格指数体系，包括资本流量价格指数与资本存量价格指数。尽管资本存量价格指数的编制是建立在资本流量价格指数的基础之上的，但二者并不一致，简单地用流量价格指数去代替存量价格指数会造成相当大的误差。

（2）资本存量价格指数可以分为反映历史价格变动趋势的资本存量价格指数 1、反映重置价格变动趋势的资本存量价格指数 2 和反映历史价格与重置价格之间相对比例变动的资本存量价格指数 3。三种指数构成完整的资本存量价格指数体系。利用其相互关系，只要掌握了其中任意两种指数，均可以推算余下的另一种指数。

（3）资本存量价格指数 2（重置价格变动指数）完全等价于固定资产投资价格指数。从我国的实际情况来看，该指数具有明显的上升趋势与较强的波动性；资本存量价格指数 1（历史价格变动指数）虽然也呈上升趋势，但走势则相对平稳。资本存量价格指数 3 刻画了历史价格和重置价格之间的差异，这种差异主要是由价格变动在时间上的累积效应所引起的，并且，该指数所呈现出的波动与资本存量价格指数 1 相对应，二者拐点一致，但方向相反。资本存量价格指数 2 则作为它们的几何平均，在一定程度上抵消了这种差异。

（4）资本存量价格指数的正确编制，依赖于固定资产的使用寿命的准确估计、报废模式的正确设定以及资本流量价格指数和固定资本流量等基础数据资料的完备程度。

（5）在统计实践中，资本存量价格指数的重要作用在于：能够方便地将根据直接调查法得到的按历史价格计算的资本存量换算成按不变价格和重置价格计算的资本存量。

还应当指出，目前我国的统计实践中，国家统计局尚未正式公布固定资本

---

① 关于净资本存量的估算方法，可参见本书第二章的有关论述。

② 可参见本书第五章的有关论述。

形成价格指数。以上在对我国资本存量价格指数开展实证分析时，我们所使用的固定资本流量价格指数是根据现价固定资本形成额的发展速度和不变价格固定资本形成额的发展速度推算的固定资本形成价格指数。从长远来看，为了提高国民经济核算的精度，按照更细的固定资产分类去编制固定资本形成价格指数是很有必要的，这也是进一步完善我国固定资本核算价格指数体系应当抓好的一项基础工作。

第四章　资本存量核算的国际经验考察

由于各国的国情有别、统计基础不一样，其所实施的资本存量核算方法与制度也各有不同。因此，有必要对国际上有代表性国家资本存量核算的实践进行考察，总结其经验和教训，为构建我国资本存量核算方法与制度提供有益的参考。

第一节　资本存量核算国际规范沿革

一、资本存量核算产生的背景

直到 20 世纪初期，人们还普遍相信，在市场经济的条件下，存在一只"无形的手"能够通过价格杠杆对市场活动进行有效调节。但自从 1929 年开始，以美国为起点，出现了世界范围的经济大萧条，欧美各国生产产值大幅下降，大量工厂破产倒闭，失业率急剧上升。截至 1932 年，世界工业生产产值与 1920 年相比下降幅度超过三分之一，世界总失业人数由 1000 万人增至 3000 万人。1932 年，美国总统罗斯福上台后推行"新政"，主张国家干预经济，力图通过宏观经济管理振兴美国经济。1936 年，凯恩斯的名著《就业、利息和货币通论》问世，自此之后，西方宏观经济学开始逐渐形成。凯恩斯主张国家采用扩张性的财政政策和货币政策，通过增加需求以促进经济增长。除经济影响之外，在第二次世界大战期间，各国政府急需筹措战争经费、平衡预算收支，从而进一步加深对系统、完整的国民收入与支出统计资料的迫切需求。在此背景下，世界各国对资本存量核算的需求逐渐形成：其一，国家干预经济的基础在于了解国家经济活动的基本情况，资本存量作为国家财富重要的表现形式之一，是一个完整的国民账户体系需要包含的组成部分；其二，从宏观经济学的角度来看，资本是生产活动中必需的投入要素之一，因此对资本投入的准确估计是进行生产力分析的重要环节，但是，由于对资本投入的测算存在相当大的困难，因此大部分学者在进行研究时选择以资本存量作为替代变量。

二、资本存量核算国际规范的产生与发展

关于资本存量核算的相关国际规范直至 20 世纪 90 年代才逐渐形成。在此之

前，各个国家在进行估算时大都选择参考国内外学者的相关研究以及其他国家的核算实践。其中最重要的一份研究是由 Goldsmith（1951）所提出的永续盘存法，该方法使各国能够间接核算资本存量，由此逐渐成为各国估算资本存量的基本方法。

随着国际上各个学者和研究机构等关于理论和实证研究的推进，在 20 世纪 90 年代围绕资本存量核算发生了三个重要事件。

（1）《国民账户体系》于 1993 年进行了第四次修订（简称 SNA1993）。《国民账户体系》是关于国民经济核算的国际标准核算文件。该文件起源于 1947 年由国际联盟国家统计专家委员会国家收入统计小组委员会在理查德·斯通（Richard Stone）的主持下所撰写的研究报告《国民收入估算与社会账户编制》，此后由经济合作与发展组织（Organisation for Economic Cooperation and Development，OECD）组织修订和发布。1993 年所进行的第四次修订在内容、体系结构以及方法规范上都做出了重大改善，同时还扩展到了人口、劳动力统计以及环境经济综合核算等新的领域，显示出高度的成熟性。其中，SNA1993 指出资本存量是整个账户体系中不可分割的一部分，说明了期初及期末资本存量与资产交易和其他物量变动的关系，同时还对固定资本形成、固定资产存量以及固定资本消耗进行了详细的定义（杨灿，2019）。

（2）OECD 在 1997~1999 年期间组织了关于资本存量核算的讨论会[即非金融资产计量专家组织（ Expert Group on Capital Stock Statistics，Canberra I ）]。虽然相较于之前版本的《国民账户体系》，SNA1993 在关于资本存量方面的认识更加清晰，但是对资本的概念和核算等问题的认识仍旧不足，并由此引发了关于资本核算问题的讨论。包括澳大利亚、加拿大、法国、德国、日本、韩国、英国以及美国等国家，国际货币基金组织（International Monetary Fund，IMF）、OECD 以及欧盟等国际组织，埃尔温·迪埃维特（Erwin Diewert）、查尔斯·赫尔顿（Charles Hulton）以及戴尔·乔根森（Dale Jorgenson）等都参与了 Canberra I 的讨论。通过该会议，与会者对本国资本存量和资本流量估算的经验、资本存量和资本流量的概念、永续盘存法在实践中的问题、不变价格估计等问题进行了交流，并将最终的讨论结果整理形成《OECD 资本测算手册 2001》，并于 2001 年正式发布，成为指导各国进行资本核算的重要国际规范。

（3）美国商务部经济分析局（Bureau of Economic Analysis，BEA）在 1997 年对资本存量和折旧的核算方法进行了一次重大修改。BEA 此次所做出的修改建立在实证研究基础之上，日本及加拿大的学者随后也参考了 BEA 的此次修订，利用本国的数据再次证明美国相关学者研究的结论是符合实际情况的，并且也适用于本国的资本运行情况。正因为存在充分的现实基础，《OECD 资本测算手册 2009》将 BEA 此次修改后的资本存量和折旧的核算方法作为国际范围内的推荐方法。

在 Canberra I 之后，OECD 又在 2003~2007 年针对非金融资产估算问题组织了相关讨论会，即非金融资产计量专家组织（Expert Group on the Measurement of Non-Financial Assets，Canberra Ⅱ）。根据 SNA1993，资产分为两大类：金融资产和非金融资产。非金融资产可以进一步分为两大类：生产资产和非生产资产。生产资产包括固定资产、存货和贵重物品；非生产资产包括自然资源，合约、租约和许可、商誉和营销资产。在 Canberra Ⅰ 以及《OECD 资本测算手册 2001》中主要针对固定资产进行了讨论，但是土地、存货以及除土地外的其他自然资源在生产活动中也扮演了十分重要的角色，因此 Canberra Ⅱ 也对该部分资产进行了讨论，主要讨论的问题包括资产和无形资产的定义问题、租约和合同等，此次会议最终的讨论结果在 2009 年形成了对《OECD 资本测算手册 2001》的修订（简称《OECD 资本测算手册 2009》）。此次修订不仅加入了关于土地、存货以及除土地外的其他自然资源测算的讨论，同时也对固定资本存量的测算方法进行了进一步的梳理和完善。此外，将研发活动形成的产出纳入固定资本的范围，但由于实际价值确定等问题，关于此部分的讨论有限。目前，关于资本存量估算的讨论大部分集中于固定资产，因此下文提到的资本存量均指固定资本存量，如果涉及土地、存货以及除土地外的自然资源时会单独指出。

除了《国民账户体系》和《OECD 资本测算手册》之外，欧盟各国在对资本存量进行估算时还会参考《欧洲账户体系》。从目前已查阅到的资料来看，《欧洲账户体系》最早的版本起始于 1971 年，在进行编制时基本参考国民账户体系所建议的结构和内容，因此随着《国民账户体系》的几次重大修订，《欧洲账户体系》分别在 1995 年和 2010 年进行了两次重大修订。与《国民账户体系》不同的是，《欧洲账户体系》在进行编制时会考虑到各个国家之间的交易账户，以为欧盟整体的账户体系编制做准备。

第二节　主要国家资本存量核算方式简述

一、资本存量核算的基本方式

如前所述，关于资本存量的核算，目前有三种基本指标：总资本存量、生产性资本存量以及净资本存量。在未特别说明的情况下，本章以下所说的资本存量均指净资本存量。当前各国核算资本存量的基本方法分为两种：直接调查法和永续盘存法。直接调查法直接对现存资本的数量进行统计，并乘以该资本的价值累计得到资本存量的值，该方法适用于资本数量有限且统计资料完整、翔实的情况，例如，日本和韩国在早期使用该方法对资本存量进行核算，美国 BEA 目前仍使用该方法核算汽车和房屋存量（Katz，2015）。在理想情况下，通过直接调查法得到的数据是最准确的，但是从实际情况来看，该方法存在工作量过大而无法得到完整统计资料以及部分资本无法计数的问题，因此大部分国家都选择使用永续盘存法作为资本核算的基本方法。自 1951 年提出后，永续盘存法相继被英国、加拿大等国家采用，逐渐成为目前各国核算资本存量的基本方法。永续盘存法属于间接方法，其基本原理在于认为当前的资本存量是由过去的投资流量累计形成的，由此，当期期末资本存量 NKS_{t+1} 的递推公式可以表示为

$$NKS_{t+1} = NKS_t + GFCF_t - COFC_t \qquad (4\text{-}1)$$

式中，$GFCF_t$ 为当期的固定资本形成，也是一般所说的投资；$COFC_t$ 为当期的固定资本消耗，也是一般所说的折旧。此外，该公式中的变量都是以不变价格表示的。在该公式中，固定资本消耗没有直接的统计资料，需要通过估算得到。

实践中，对资本存量的核算可以归结为两种思路、三种方式。思路一是分别对个体资本的效率或价值递减模式和资本整体的退役模式（retirement pattern）进行假设，最后将两个假设结合得到资本总体的价值递减模式；思路二是直接假设资本整体服从某种价值递减模式。根据个体资本价值递减模式的假设方式的不同，思路一可以再进一步分为两类核算方式。第一类是通过假设年限-效率模式（age-efficiency function），将年限-效率模式与退役模式结合后再通过效率现值模型（present value of efficiency model）得到总体资本存量的价值递减模式；第二类是直接假设个体资本的价值递减模式，然后将年限-价值模式与退役模式结合得到资本总体的价值递减模式。为了表达简洁，下面将上述三类核算方式，分别称为方式一、方式二和方式三。

下面将对图 4-1 中所出现的 5 个国家的关于资本存量核算的历史进行简单梳理，并介绍其目前选择相应方法的原因。

二、澳大利亚的资本存量核算方式

澳大利亚整个国家账户体系自 1997 年才开始逐渐成熟。在 1997 年，澳大利亚统计局（Australian Bureau of Statistics，ABS）完全根据 SNA1993 对整个国家账户体系进行了修订，开始使用方式一对基本存量进行估算。ABS 分别于 1966～1967 年以及 1948～1949 年开始公布资本存量和固定资本消耗的数据，而在 1997 年之前，ABS 一直采用方式二进行估计。为了获得更加准确的存量数据，ABS 对 1948～1949 年前很长一段时间的固定资本形成数据进行了估计，所使用的数据来源主要为部分学者和相关机构的研究数据，例如，Butlin（1962）以及 ABS 记录的一些相关数据。

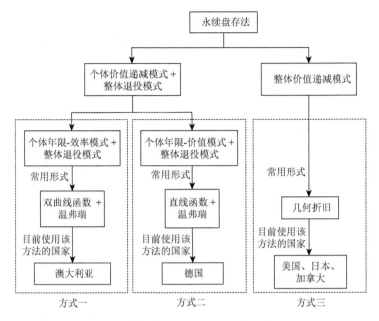

图 4-1　永续盘存法核算实践方式细分

三、德国的资本存量核算方式

德国一直使用永续盘存法对资本存量进行估算。德国经济研究所于 20 世纪 60 年代首次对德国的固定资本存量进行了估算。在此基础上，德国联邦统计局在 20 世纪 70 年代初期开始对固定资本存量进行估计，其估计方法是假设单个资产服从直线折旧模式，资产总体服从伽马分布的退役模式，并一直沿用至今。通过对机动车注册登记数据的观察，研究者发现该类资产的伽马分布最接近此类资产的退役模式，同时由于德国没有此类的关于其他资产类别的数据，因此选择将伽马分布运用于所有类别的资产，分布所涉及的参数全部源于机动车的数据。直线折旧模式也是 1995 年所发布的《欧洲账户体系》推荐的折旧方法（Schmalwasser and Schidlowski，2006）。由于德国在 1990 年才实现统一，因此目前国家账户相关变量的基期都为 1991 年。

四、美国的资本存量核算方式

美国 BEA 和美国劳工统计局（Bureau of Labor Statistics，BLS）都会对固定资本存量进行估算，但两个机构所使用的方式并不相同。其中，BEA 使用方式三进行估计，BLS 使用方式一进行估计。在此主要对 BEA 关于资本存量核算的历史进行简单梳理。BEA 一直使用永续盘存法作为资本存量核算的基本方法，由于固定资本消耗的估算方法经历过两次改变，因此根据固定资本消耗的计算方式不同，BEA 关于资本存量的估计可以分为三个时期。

在 1950～1975 年，BEA 主要参考联邦所得税申报表对固定资本消耗进行估计，即直接对报表收集得到的固定资本消耗进行加总。由于所得税申报表中的信息是基于征税的目的而采集的，因此对于计算固定资本消耗而言会存在信息缺漏的情况，同时所收集到的资料是公司会计核算准则下的固定资本消耗，即该值是基于资本的历史成本核算的，不符合国民核算原则上的固定资本消耗的概念。

由于上述两类方式都存在一些缺陷，BEA 于 1976 年 1 月开始采用方式二对固定资本消耗进行估计，其假设单个资本的年限-价值模式为直线函数，资本总体的退役模式主要为温弗瑞分布 S3[①]。相较于之前，使用方式二使得对固定资本消耗的估计能够脱离所得税申报表的限制，并且是以现时重置成本（current replacement cost）进行估算的，因此更加符合经济意义上的固定资本消耗的价值，但是其缺陷在于缺少现实基础，估算过程中所使用到的假设模式都缺乏实际数据作为支撑。同时有学者指出，估算所使用的退役分布过于陈旧，可能不适用于现在的资本退役模式（Parker and Triplett，1995）。

在此之后，随着美国国内的相关统计资料的完善，研究者通过对美国二手市场的资本价值进行观察，发现某一类资产的价值往往在使用初期下降最多，并随使用时间的增加而减少，因此，实际资本的价值递减模式更加符合几何折旧模式（Hulten and Wykoff，1981）。基于现实基础，BEA 于 1997 年再次对估算方法进行调整，调整后各类资产的固定资本存量计算方法见表 4-1。此次调整舍弃了之前所使用的直线折旧与退役分布结合的模式，而是直接假设资产总体服从几何折旧模式，并一直沿用至今，其中折旧率基本采用 Fraumeni（1997）的研究结果，其数据来自 Hulten 和 Wykoff（1981）的研究结果。但是，导弹和核燃料棒继续沿用之前的计算方法，计算机设备和汽车由于数据充分，因而采用调查数据进行核算（Fraumeni，1997）。

表 4-1　BEA 各类资产的固定资本存量计算方法

资产类别	计算方法
大部分资本	几何折旧
计算机设备和汽车	调查数据
导弹和核燃料棒	直线折旧＋退役分布模式

① 关于温弗瑞分布 S3 可参见式（2-13）及相关内容。

五、日本的资本存量核算方式

日本关于固定资本存量核算的实践可以分为三个时期。

（1）1905～1970 年。在该段时期内，日本通过直接调查法对国家总资本存量进行调查，该调查被称为国家财富调查（national wealth survey，NWS），会直接对在调查期间由公司、政府和住户所拥有的资产的总账面价值（gross book value）进行记录。在 1905～1970 年间，NWS 分别由不同的政府部门及日本银行进行组织，共完成了 12 次调查，大约覆盖了 1%的政府机构以及 0.5%的私营企业。其中，在 1955 年和 1970 年由日本经济计划署（Economic Planning Agency，EPA）所负责进行的两次调查规模最大（Nomura and Momose，2008）。

（2）1970～2012 年。在 1970 年之后，日本开始采取永续盘存法估计固定资本存量，其将资本分为七大类：住宅、其他建筑、其他构筑物、交通设备、其他机器和设备、培育性生物资源以及软件，其中软件和这几类中涉及的基础设施采取直线折旧模式，其他类型资本采取几何折旧模式，几何折旧率通过资本平均使用年限和残值率推算得到。其中资本平均使用年限源于 1970 年 NWS 的调查数据，残值率假定为 10%。最后官方公开的数据仅基于机构部门分类，不包括资本类型分类。

（3）2012 年至今。在 20 世纪 90 年代泡沫经济破裂后，日本很长一段时间都在处理国内无用资产、重塑经济体系，进而无暇顾及国际上关于制度体系的前沿研究，其中便包括《国民账户体系》。经过了十余年的调整之后，日本开始逐渐走出经济危机，也开始意识到在官方资本存量估算方面存在较为明显的问题。由此，经济和社会研究所（Economic and Social Research Institute，ESRI）开始思考如何对资本存量核算进行改进，这也是重塑国家账户的过程中最困难的环节之一。在当时，日本资本存量相关数据核算主要存在以下三个问题：第一，在计算净资本存量时，所使用的固定资本消耗是通过假设资本服从直线折旧模式或几何折旧模式计算所得的，但是生产账户中所记录的固定资本消耗为企业调查数据整合得到的，即这部分数据是基于资本的账面价值计算所得，因此该数据不具有经济意义，账户之间存在不一致的情况；第二，价值递减模式存在问题。美国和加拿大都已经通过实证研究证明了几何折旧是更加符合实际的价值递减模式（Nomura，2005）；第三，几何折旧率需要重新调整。Nomura（2004）通过对日本二手市场的相关数据进行计算，发现目前所使用的折旧率与实际折旧率之间的差异较大。由此，ESRI 于 2005 年开始，每年进行资本支出和处置调查，以完成目前国内经济最新情况的相关数据收集，进一步细化资产分类，通过实证研究对使用年限和价值递减模式进行调整。同时，从计算体系上参考国际标准进行调整，保证相关变量估算的一致性。ESRI 于 2012 年正式对日本的国家账户体系进行了修订。其修订主要包括以下方面：第一，细化了固定资本形成的种类划分，划分为 2300 种产品类别；第二，使用几何折旧来近似各类资产的价值递减模式，折旧率恒定；第三，假设资本的退役模式服从韦布尔分布，并由此计算得到资本的最大可使用年限和平均使用年限；第四，使用二手市场数据估计得到折旧率。

六、加拿大的资本存量核算方式

加拿大自 20 世纪 60 年代起开始使用永续盘存法对固定资本存量进行核算。在估算初期，加拿大分别使用三种方法进行核算，前两种方法源于方式二，其中年限-价值模式分别设为直线折旧模式和双曲线函数模式，退役模式为截断的均值为 $\bar{L}$、方差为 $(\bar{L}/4)^2$ 的正态分布函数，其中截断区间为 $50\%\bar{L} \sim 150\%\bar{L}$。第三种方法为方式三，即假设资本总体服从几何折旧模式。

从 1985 年开始，加拿大统计局每年都开展资本和维修支出调查（capital and repair expenditures survey，CES）[①]，调查范围包括：①资本支出；②已获得资产的预期使用年限；③将要丢弃、销毁或退出生产领域的资本的原始成本以及使用年限；④二手资产的销售价格和购买价格；⑤在年度结束时自行完成的工作。其中，在 1987 年的调查问卷中，还要求受访者报告其所拥有的固定资本的总价值，包括资本的累计成本和累计折旧。该问卷的目的在于为基期资本固定存量估计提供数据基础。根据调查所得数据，Koumanakos 和 Hwang（1998）证明了无论对制造业还是非制造业而言，几何折旧模式都是最符合实际情况的价值递减模式。目前，加拿大使用方式三对固定资本存量进行估算。

在 1961 年之前，加拿大关于固定资本形成部分的数据只有总量数据，分类别固定资本的数据在 1970 年之后通过使用 1961～1970 年间各行业各类资本占总资本投资的平均比例才实现对该部分数据的分解。在 1961～1996 年，各产业分类别的固定资本数据来源于投入产出表。虽然从 1985 年开始，这部分数据其实可以通过 CES 直接获得，但是由于投入产出表中的相关数据与调查所得的数据不一致，为了保证数据的一致性，投入产出表作为固定资本形成的数据来源一直被沿用下来。从 1997 年开始，各个产业各类资本的投资数据才直接取自于 CES。

关于资本平均使用年限的确定方面，在 CES 之前，资本平均使用年限是基于一些行政部门如加拿大贸易和商务部以及美国财政部国税局中的相关数据得到的，并且假设其固定不变。在 1987 年之后，平均使用年限数据基于 CES 进行计

---

① 可参见加拿大统计局网站：Annual capital expenditures survey-Preliminary estimate and intentions-Reporting guide. https://www.statcan.gc.ca/en/statistical-programs/document/2803_D15_V9.

算。加拿大统计局通过对这部分数据进行重新计算后，发现所得到的使用寿命普遍短于之前的估计值，表明资本的平均使用年限在不断缩短。

七、小结

表 4-2 是我们根据有关资料整理的各主要国家在实践中所采用的资本存量核算的基本方式。

表 4-2　截至 2020 年主要国家资本存量核算方式小结

国家	基本方式	折旧模式	退役模式	细分程度	平均使用年限的数据来源	平均使用年限	价格指数类型	物量指数类型
澳大利亚	永续盘存法	双曲线形式的年限-效率模式，资本回报率为 4%	主要为温弗瑞分布 S3	机构部门、行业、资本类型	税收寿命、企业资料、OECD 相关数据	固定	拉氏指数	链式加权
德国	永续盘存法	直线折旧	伽马分布函数	机构部门、行业、资本类型	税收寿命和专家建议	每年调整	—	—
美国	永续盘存法	几何折旧	—	高度细化	税收寿命	—	费希尔指数	链式加权
日本	永续盘存法	几何折旧	—	—	调查、前沿研究	固定	拉氏指数	链式加权
加拿大	永续盘存法	几何折旧	—	高度细化	调查所得	逐年递减	拉氏指数	固定权重
韩国	永续盘存法	双曲线形式的年限-效率模式，资本回报率为 4%	温弗瑞分布 S3	高度细化	调查所得、其他行政部门数据	固定	拉氏指数	链式加权
英国	永续盘存法	双曲线形式的年限-效率模式，资本回报率为 4%	主要为温弗瑞分布 S3	分行业（20个）分资本类型（8 大类）；分机构部门（5个）分资本类型（8 大类）	调查资料、公司财务数据等	可变（无固定调整周期）	拉氏指数	固定权重

资料来源：根据 OECD 所公布的资料整理。

从目前各国的实践情况来看，在 20 世纪 90 年代之前，各国在进行资本存量核算时大都选择方式二，但是随着相关理论研究的深入以及实证研究的完善，除欧洲各国外，其余国家开始倾向于选择方式一和方式三。其中，澳大利亚和英国选择使用方式一；美国、日本以及加拿大都选择使用方式三。

第三节　具有代表性国家资本存量核算实践和数据来源详解

囿于篇幅的限制，本节将针对第二节所述的资本存量核算的基本方式各选择一个国家进行详细的说明。

一、澳大利亚的资本存量核算实践

澳大利亚是采用方式一开展资本存量核算的代表性国家。ABS 严格采用《国民账户体系 2008》的记账模式编制国家账户及其子账户，关于净资本存量的数据记录在资产负债表中，其中按资本类别共分为十大类，关于固定资本消耗及固定资本形成的相关数据记录在资本账户中。澳大利亚采用方式一计算固定资本存量。因此，其估算过程涉及年限-效率模式、退役模式、平均使用年限、固定资本形成以及价格指数，以下将依次对这五个方面的数据来源分别进行梳理，并通过澳大利亚对方式一的计算过程进行简单说明。

（一）年限-效率模式

年限-效率模式是指资本已使用年限和生产效率之间的关系。目前关于年限-效率模式的具体模式并没有现实数据作为支撑，澳大利亚选择使用双曲线函数作为年限-效率模式，该函数也是目前 BLS 所采用的年限-效率模式。双曲线函数可以用公式表示为

$$e_{jt} = \frac{T_j - A_{jt}}{T_j - b_j A_{jt}} \tag{4-2}$$

式中，e_{jt} 为资产 j 在役龄为 t 年的效率；T_j 为由退役模式得到的资产 j 的最大可使用年限；A_{jt} 为资产 j 在 t 年时的役龄（已使用年限）；b_j 为资产 j 对应的效率递减模式的参数。在由年限-效率模式调整为年限-价值模式时，ABS 假设贴现率为 4%，该数值接近澳大利亚的平均十年期国债收益率实际值，也是美国经济普查局在进行相关计算时所使用的贴现率。其中，年限-价值模式指已使用年限和相对新资本价值之间的关系。ABS 针对不同资产类别给予的参数如表 4-3 所示。

表 4-3　各类资本的效率递减参数

资产类别	效率递减参数
住宅类建筑（dwellings）	0.75
非住宅类建筑（non-dwelling construction）	0.75

续表

资产类别		效率递减参数
机器和设备（machinery and equipment）		0.5
武器系统（weapons systems）		—
培育性生物资源（cultivated biological resources）		0.5
知识产权产品（intellectual property products）	研发（research and development）	—
	矿产和石油勘探（mineral and petroleum exploration）	1
	计算机软件（computer software）	0.5
	艺术原创产品（artistic originals）	0

资料来源：2015 年澳大利亚国民经济核算体系。

（二）退役模式

由于缺乏本国的实际统计资料，ABS 所采取的退役模式为温弗瑞分布[①]，其表达式为

$$F_T = F_0 \left(1 - \frac{\tilde{T}^2}{a^2} \right)^m \tag{4-3}$$

式中，$\tilde{T}$ 的转换公式为

$$\tilde{T} = \frac{T - T^*}{10\% \cdot T^*} \tag{4-4}$$

ABS 在进行估算时，除了知识产权产品中的计算机软件和艺术原创产品之外，其余资本均使用温弗瑞分布 S3 函数。ABS 认为，计算机软件的淘汰速度很快，因此右偏分布更适合这类资本的退役模式；相反，艺术原创产品在初期能够获得大规模收入，因此左偏分布更适合该类资本。但 ABS 并未指明其所使用的具体的分布函数形式。

（三）平均使用年限、固定资本形成以及价格指数

ABS 在对资本的使用寿命进行估计时主要使用了 5 个数据来源：隐性税收寿命（implicit tax lives）、企业在计算资产折旧时所假定的资本使用年限、交通工具

---

① 关于温弗瑞分布的详细介绍可参见式（2-13）的相关内容。

登记数据、来自制造商的技术性数据以及其他 OECD 成员国的资本平均使用年限数据。由于缺乏实际的调查数据，平均使用年限数据基本上都假定为恒定不变。其中，由于同一种类的机器设备在不同行业中的平均使用年限不同，因此对于该类资本在类别的基础上又根据所处行业进行了分类。

关于各类资本的固定资本形成，ABS 主要通过调查得到，例如，通过建筑活动调查（building activity survey）获得住宅类和非住宅类建筑的数据、通过新资本支出调查（survey of new capital expenditure）获得机器设备的数据等。价格指数大部分通过基本的消费者价格指数、生产者价格指数和工资价格指数等进行构建。

（四）估算过程

ABS 对固定资本存量估计的基本过程如图 4-2 所示。

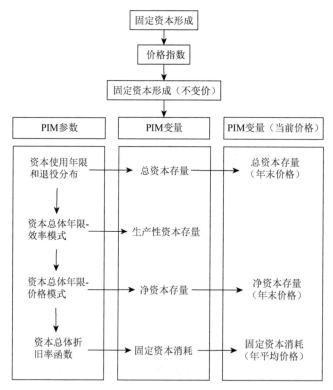

图 4-2　澳大利亚资本存量核算模式

资料来源：2015 年澳大利亚国民经济核算体系

如前所述，在使用方式一计算固定资本存量时，所涉及的待估函数以及待估参数包括退役模式、个体资本的年限-效率模式和年限-价值模式以及资本总体折旧率函数。其中通过将退役模式和个体资本的年限-效率模式结合可以得到资本总体的年限-效率模式，资本总体的年限-效率模式通过效率现值模型（present value of efficiency model）可以得到资本总体的年限-价值模式，该函数可以进一步推出资本总体的折旧率函数。所得到的每一个函数与固定资本形成结合可以分别得到三种类型的资本存量数据以及固定资本消耗，然后通过价格指数可以调整至以当前价格表示的变量。以下将用具体公式对上述过程进行进一步说明。

目前已知资本 j 的退役模式为 F_T，即对于资本 j 而言，在役龄为 T 时退出生产的概率为 F_T，记其在役龄为 T 时未退出生产的概率为 S_T，则有

$$S_T = 1 - \sum_{t=0}^{T} F_T \qquad (4\text{-}5)$$

那么，在 t 时的总资本存量可以表示为

$$\text{GKS}_{tj} = \sum_{m=t-T_j^{\max}}^{t} S_{t-m,j} \text{GFCF}_{mj} \qquad (4\text{-}6)$$

式中，$T_j^{\max}$ 为资本 j 的最大使用年限。要获得生产性资本存量，需要将个体资本的年限-效率模式和总体资本的退役模式结合，记总体资本 j 在使用年限为 n 时的资本效率为 E_{jn}，则有

$$E_{jn} = \sum_{t=n}^{T_j^{\max}} e_{tj} F_{tj}, \quad n = 0, 1, 2, \cdots, \ T_j^{\max} \qquad (4\text{-}7)$$

那么在 t 时的生产性资本存量可以表示为

$$\text{PKS}_{tj} = \sum_{m=t-T_j^{\max}}^{t} E_{t-m,j} \text{GFCF}_{mj} \qquad (4\text{-}8)$$

进一步地，假设贴现率为 r 且恒定不变，则根据效率现值模型，总体资本 j 在使用年限为 n 时的价值为

$$p_{jn} = \sum_{t=n}^{T_j^{\max}} \frac{h_{jt}}{(1+r)^{t-n}}, \quad n = 0, 1, 2, \cdots, \ T_j^{\max} \qquad (4\text{-}9)$$

对所得到的序列 $\{p_{jn}\}_{n=0,1,\cdots,T_j^{\max}}$ 进行归一化处理，每一个元素都除以 p_{j0}，则归一化的总体资本 j 在使用年限为 n 时的价值为

$$P_{jn} = \frac{p_{jn}}{p_{j0}}, \quad n = 0, 1, 2, \cdots, T_j^{\max} \tag{4-10}$$

那么在 t 时刻的净资本存量可以表示为

$$\text{NKS}_{tj} = \sum_{m=t-T_j^{\max}}^{t} P_{t-m,j} \text{GFCF}_{mj} \tag{4-11}$$

由于 ABS 严格采用《国民账户体系 2008》所建议的记账模式，因此没有单独的表格记录细分资本类别的各项数据。在整个账户体系中，固定资本形成和固定资本消耗的数据可以由资本账户获得。数据为季节性时间序列数据，分别以当前价格和不变价格表示。在时间序列数据的基础上，ABS 会对数据进行季节性调整，最终公布的数据包括趋势项数据、经过季节调整的数据以及原始数据（表 4-4）。

表 4-4　澳大利亚固定资本消耗和固定资本形成 （单位：亿澳元）

年-月	固定资本消耗			固定资本形成		
	趋势项	季节调整	原始数据	趋势项	季节调整	原始数据
2015-3	723	723.09	723.09	1062.9	1067.08	968.8
2015-6	733.64	732.95	732.95	1061.01	1065.49	1127.19
2015-9	744.22	744.34	744.34	1054.73	1053.34	1039.9
2015-12	754.01	754.2	754.2	1050.22	1048.58	1096.53
2016-3	761.3	761.64	761.64	1044.54	1054.3	955.31
2016-6	765.67	766.67	766.67	1037.05	1043.32	1110.44
2016-9	768.79	767.66	767.66	1033.69	1019.48	1004.16
2016-12	772.88	772.68	772.68	1041.09	1053.66	1100.85
2017-3	779.39	779.34	779.34	1061.79	1062.37	967.47
2017-6	787.89	787.61	787.61	1084.7	1080.23	1149
2017-9	796.92	797.48	797.48	1103.8	1111.32	1091.29
2017-12	805.75	805.76	805.76	1120.41	1114.14	1164.1
2018-3	814.17	814.07	814.07	1133.51	1133.82	1031.74
2018-6	822.54	822.42	822.42	1141.55	1142.07	1213.48
2018-9	831.05	831.12	831.12	1142.85	1147.08	1124.83
2018-12	839.45	839.46	839.46	1136.02	1133.14	1184.34
2019-3	847.45	847.48	847.48	1130.06	1130.01	1028.06
2019-6	0	855.18	855.18	0	1125.11	1199.77
2019-9	0	862.17	862.17	0	1138.88	1115.42
2019-12	0	869.87	869.87	0	1136.5	1188.39
2020-3	0	877.95	877.95	0	1132.72	1029.07
2020-6	0	886.42	886.42	0	1078.21	1150.13
2020-9	0	895.08	895.08	0	1070.66	1047.94

资料来源：澳大利亚统计局。

关于资本存量的相关数据能够在资产负债表中获得，其中，ABS 将固定资本分为 7 大类，分别为住宅类资本、所有权转移、非住宅类建筑、机械设备、武器系统、培育性生物资源以及知识产权产品，其中知识产权产品进一步细分为研发、矿产和石油勘探、计算机软件以及艺术原创作品，该部分在表 4-5 中没有进一步列示。

表 4-5　澳大利亚以固定价格表示的分类型资本存量　　（单位：亿澳元）

年份	固定资本	住宅类资本	所有权转移	非住宅类建筑	机械设备	武器系统	培育性生物资源	知识产权产品
2011	50.584	18.369	3.12	20.97	5.476	0.403	0.275	1.979
2012	52.62	18.68	3.062	22.23	5.747	0.469	0.275	2.111
2013	54.657	18.971	3.015	23.606	5.974	0.487	0.276	2.23
2014	56.464	19.3	3.007	24.87	6.067	0.502	0.27	2.321
2015	57.974	19.694	3.006	25.833	6.149	0.519	0.258	2.383
2016	59.226	20.155	3.008	26.566	6.172	0.54	0.247	2.411
2017	60.393	20.626	3.011	27.184	6.187	0.569	0.254	2.445
2018	61.687	21.08	2.993	27.91	6.246	0.607	0.254	2.489
2019	62.856	21.511	2.932	28.556	6.333	0.646	0.246	2.52
2020	63.71	21.827	2.876	29.182	6.357	0.682	0.238	2.547

资料来源：澳大利亚统计局。

二、德国的资本存量核算实践

德国使用方式二进行资本存量核算，其核算思路如图 4-3 所示。

由图 4-3 可知，德国在进行资本存量核算时需要分别确定固定资本形成、价格指数、年限-价值模式以及退役模型。

关于固定资本形成的相关数据，德国最早自 1799 年便开始有记录。与建筑类资本相关的数据开始于 1799 年，与机器和设备相关的数据开始于 1899 年，与无形资产相关的数据开始于 1945 年，其中研发等部分数据的最早记录时间要晚于 1945 年。固定资本形成数据按 5 个总的机构部门、7 个子部门、60 个行业、超过 200 种机器和设备种类和 8 种建筑类资本以及 4 种其他类型资本划分。对于价格指数，德国一般针对建筑类资本直接采用建筑价格指数（price indices for construction），对机械设备类资本采用生产者价格指数。

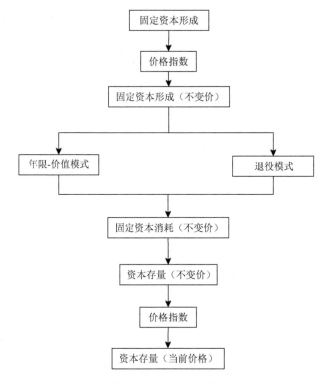

图 4-3 德国资本存量核算的基本模式

通过对德国国内汽车类资本的观察，德国选择使用伽马分布作为退役模式，其具体形式为

$$\varphi(n/a,p) = a^p\Gamma(p)^{-1}n^{p-1}\mathrm{e}^{-an}, \quad n \geqslant 0, a > 0, p > 0 \tag{4-12}$$

式中，n 为资本退出生产时的已使用年限；a 和 p 为该分布函数中的参数。在大部分情况下，德国选择 $p=9$，则分布函数可以表示为

$$f_{\tilde{n}}(n) = 9^9(8!)^{-1}\tilde{n}^{-9}n^8\mathrm{e}^{\frac{9n}{\tilde{n}}} \tag{4-13}$$

式中，$\tilde{n}$ 为资本平均使用年限。根据伽马分布函数的性质，$\tilde{n} = p/a$。在个体资本的年限-价值模式上，德国使用直线折旧模式。与美国相同，德国在进行核算时同样假设每年的固定资本形成于年中投入使用，因此在资本投入使用以及退出生产的当年，资本折旧率是其他生产年份的一半：

$$d_t(n) = \frac{1}{2n}, \quad t = i\text{或}t = i+n \tag{4-14}$$

$$d_t(n) = \frac{1}{n}, \quad i < t < i+n \tag{4-15}$$

式中，$d_t(n)$ 为使用年限为 n 的资本在 t 年的折旧率。那么结合年限-价值模式和退役模式，可以得到在 i 年投入使用的资本在 t 年的固定资本消耗：

$$D_{i,t} = I_i \sum_{n \geq t-i} d_t(n) \cdot f_{\bar{n}}(n) \qquad (4\text{-}16)$$

式中，I_i 为固定资本形成。

那么，第 t 年全部固定资本消耗为

$$D_t = \sum_{i \leq t} D_{i,t} \qquad (4\text{-}17)$$

在资本存量核算过程中，资本使用年限 n 是一个十分重要的因素。表 4-6 是德国各类资本的平均使用年限及其范围。

表 4-6　德国各类资本的平均使用年限及其范围　　（单位：年）

资本类型	平均使用年限	平均使用年限范围
建筑和构筑物	66	15～150
住宅	74	40～95
道路	57	35～116
其他政府构筑物	47	25～150
其他非住宅政府建筑	66	25～68
其他非住宅建筑	53	15～100
机器和设备	12	5～30
交通设备	11	8～25
汽车、拖车、半挂拖车	9	8～15
其他交通设备	21	12～25
其他机器和设备	12	5～30
金属制品制造设备	18	14～22
未列明的机械和设备	13	8～30
办公室和计算机设备	5	5～9
未列明的电力机械和装置	18	8～22
收音机、电视机和通信设备	10	5～17
医疗器械、精密仪器、光学仪器和钟表	15	10～22
未列明的家具和其他制造品	16	8～30
其他机器和设备	13	7～20
培育性生物资源	—	—
葡萄园	20	—
芦笋	8	—
果树	10	—
无形资产	5	5～30

资料来源：Schmalwasser 和 Schidlowski（2006）的研究。

关于机器和设备使用年限的数据大部分来自联邦财政部关于税收寿命的统计，考虑到企业在决定资本的财政使用年限时往往过于谨慎，因此统计局在采用该数据时往往会参考企业和专家建议在其基础上进行 20%～100%的加成以估计资本经济意义上的平均使用年限；关于建筑类资本平均使用年限的相关数据主要来源于德国经济研究所的相关调查以及联邦财政部发布的关于如何确定房产价值的文件；在无形资产方面，资源勘探类资产的数据主要来源于财政部，计算机软件会根据主机和个人机在行业层面上进行划分，艺术类资本会根据电影、电视制作节目等实际情况进行判断，平均使用年限每年都会进行调整，而资本使用年限的范围一般每 10 年或 15 年会进行一次调整（Schmalwasser and Schidlowski，2006）。

目前，德国国家账户固定资产部分自 1991 年起会分别以当前价格和不变价格公布分机构部门、分资本类别的总资本存量和净资本存量（表 4-7）。

表 4-7 德国 2019 年资本存量相关数据

资产类别	总资本存量（当前价格）/亿欧元	净资本存量（当前价格）/亿欧元	总资本存量（不变价格）（2015＝100）	净资本存量（不变价格）（2015＝100）
固定资产	207.971 3	114.439 2	105.31	103.55
建筑物和构筑物	168.861	93.524 66	104.45	102.02
住宅	98.440 05	57.473 25	106.39	104.02
其他建筑物和构筑物	70.420 93	36.051 41	101.82	98.96
除住宅之外的建筑物	47.565 53	23.931 91	101.61	98.19
其他构筑物	22.855 4	12.119 5	102.25	100.53
机器和设备	27.452 29	14.448 9	107.43	108.92
培育性生物资源	0.121 33	0.094 21	96.59	95.61
知识产权产品	11.536 71	6.371 39	112.98	114.42
非金融公司				
固定资产	80.720 13	42.806 08	106.04	105.80
建筑物和构筑物	49.348 17	26.048 4	104.35	102.98
住宅	14.030 76	7.752 31	108.83	110.74
其他建筑物和构筑物	35.317 41	18.296 09	102.65	99.98
除住宅之外的建筑物	26.813 02	13.716 86	102.3	99.46
其他构筑物	8.504 39	4.579 23	103.76	101.58
机器和设备	22.136 98	11.592 72	107.01	108.40
培育性生物资源	0.043 56	0.033 82	96.59	95.60
知识产权产品	9.191 42	5.131 14	112.89	114.62

续表

资产类别	总资本存量（当前价格）/亿欧元	净资本存量（当前价格）/亿欧元	总资本存量（不变价格）（2015＝100）	净资本存量（不变价格）（2015＝100）
金融公司				
固定资产	4.171 26	2.113 65	104.33	101.66
建筑物和构筑物	3.744 08	1.874 79	102.10	99.00
住宅	0.663 7	0.370 29	105.31	103.85
其他建筑物和构筑物	3.080 38	1.504 50	101.43	97.86
除住宅之外的建筑物	3.080 38	1.504 50	101.43	97.86
其他构筑物	—	—	—	—
机器和设备	0.334 64	0.192 34	134.53	132.67
培育性生物资源	—	—	—	—
知识产权产品	0.092 54	0.046 52	102.22	102.46
政府部门				
固定资产	29.234 68	14.874 51	102.60	100.85
建筑物和构筑物	25.387 13	12.743 46	100.71	98.30
住宅	0.409 65	0.204 64	107.39	114.02
其他建筑物和构筑物	24.977 48	12.538 82	100.61	98.08
除住宅之外的建筑物	11.099 97	5.261 82	99.81	95.81
其他构筑物	13.877 51	7.277 00	101.27	99.82
机器和设备	2.038 5	1.166 68	116.50	120.29
培育性生物资源	—	—	—	—
知识产权产品	1.809 05	0.964 37	115.59	115.06
为住户服务的非营利机构部门				
固定资产	93.845 24	54.644 92	105.58	102.62
建筑物和构筑物	90.381 6	52.858 01	105.69	102.59
住宅	83.335 94	49.146 01	105.99	103.00
其他建筑物和构筑物	7.045 66	3.712 00	102.20	97.46
除住宅之外的建筑物	6.572 16	3.448 73	102.03	97.12
其他构筑物	0.473 5	0.263 27	104.71	102.25
机器和设备	2.942 17	1.497 16	102.50	102.75
培育性生物资源	0.077 77	0.060 39	96.59	95.61
知识产权产品	0.443 7	0.229 36	107.43	110.38

资料来源：德国统计局。

三、美国的资本存量核算实践

自 1997 年至今，美国 BEA 采用方式三进行资本存量核算。在假设各类资本总体服从几何折旧的条件下，美国使用永续盘存法计算资本存量的公式为

$$N_{t+1,j} = (1-\delta_j)N_{tj} + I_{tj}\left(1-\frac{\delta_j}{2}\right) \tag{4-18}$$

式中，所有净资本存量都已调整为不变价格，N_{tj} 为资本 j 在第 t 年初的净资本存量；I_{tj} 为资本 j 在第 t 年的新增投资，即固定资本形成；δ_j 为资本 j 的折旧率。下面将对上述公式中所涉及的变量进行简单说明和推导。

BEA 主要采用 Fraumeni（1997）研究得到的各类资本折旧率，见表 4-8。

表 4-8　部分资本折旧率、使用年限以及余额递减率

部分资本	折旧率	使用年限/年	余额递减率
软件			
预包装	0.55	3	1.65
定制	0.33	5	1.65
自产自用	0.33	5	1.65
办公、计算机和会计设备			
1978 年之前	0.27	8	2.1832
1978 年之后	0.31	7	2.1832
通信设备			
商业服务	0.15	11	1.65
其他产业	0.11	15	1.65
仪器	0.14	12	1.6203
影印件及相关设备	0.18	9	1.6203
核燃料	—	4	—
其他金属制品	0.09	18	1.65
蒸汽机和涡轮机	0.05	32	1.65
内燃机	0.21	8	1.65
金属加工机	0.12	16	1.96
未指明的特殊工业器械	0.10	16	1.65
一般工业器械	0.11	16	1.715
电气传输、配电和工业仪器	0.05	33	1.65

资料来源：Fraumeni（1997）的研究。

Fraumeni（1997）对资本 j 的几何折旧率的计算公式为

$$\delta_j = \frac{R_j}{T_j} \tag{4-19}$$

式中，R_j 为资本 j 使用第一年的余额递减率[①]（declining-balance rate，DBR）；T_j 为资本 j 的平均使用年限。其中余额递减率主要采用 Hulten 和 Wykoff（1981）的研究结果，各类资本的平均使用年限基本以美国财政部工业经济办公室（Office of Industrial Economics，OIE）及美国税务分析办公室（Office of Tax Analysis，OTA）的调查资料作为基础，余额递减率则主要采用 Hulten 和 Wykoff（1981）的研究结果。

根据上述假设，第 i 年投入的资本 j 在第 t 年末的净资本存量为

$$N_{t+1,ij} = I_{ij}\left(1 - \frac{\delta_j}{2}\right)(1-\delta_j)^{t-i} \tag{4-20}$$

式中，$N_{t+1,ij}$ 为第 i 年投入的资本 j 在第 t 年末的净资本存量。BEA 在对该变量进行计算时，其假设新的资本于年中开始投入使用，因此在第 i 年末，该资本需要计提 $I_{ij} \cdot \delta_j / 2$ 的折旧。进一步，上述公式可以变形为

$$N_{t+1,ij} = N_{t,ij}(1-\delta_j) \tag{4-21}$$

为了计算在 t 年末资产 j 的净资产总额，需要将 t 年及其之前的投资对应到第 t 年的净投资进行加总：

$$N_{t+1,j} = \sum_{i=1}^{t} N_{t+1,ij} \tag{4-22}$$

进一步对该公式进行推导即可得到最初所总结的净资本存量计算公式：

$$
\begin{aligned}
N_{t+1,j} &= \sum_{i=1}^{t} N_{t+1,ij} \\
&= \sum_{i=1}^{t-1} N_{t+1,ij} + N_{t+1,tj} \\
&= \sum_{i=1}^{t-1} N_{t,ij}(1-\delta_j) + I_{tj}\left(1 - \frac{\delta_j}{2}\right) \\
&= (1-\delta_j)N_{tj} + I_{tj}\left(1 - \frac{\delta_j}{2}\right)
\end{aligned} \tag{4-23}
$$

---

① 即相对直线折旧的效率。例如，假设资产使用年限为 4 年，余额递减率为 1.6，那么按照直线折旧则在第一年的折旧比例为 1/4，几何折旧率为 1.6/4 = 0.4。

在此基础上,可以推导出在第 t 年资本 j 累计折旧的计算公式,并将其记为 D_{tj}:

$$
\begin{aligned}
D_{tj} &= N_{tj} + I_{tj} - N_{t+1,j} \\
&= N_{tj} + I_{tj} - (1-\delta_j)N_{tj} - I_{tj}\left(1-\frac{\delta_j}{2}\right) \\
&= \delta_j N_{tj} + \frac{\delta_j}{2} I_{tj} \\
&= \delta_j\left(N_{tj} + \frac{I_{tj}}{2}\right)
\end{aligned} \tag{4-24}
$$

需要注意的是,净资本存量是年末值,累计折旧是年中值,因此在将净资本存量和累计折旧从不变价格转为现行价格时需要使用不同的价格指数:

$$
C_{t+1,j} = P_{t+1,j} N_{t+1,j} \tag{4-25}
$$

$$
M_{tj} = \overline{P_{tj}} D_{tj} \tag{4-26}
$$

式中, $P_{t+1,j}$ 为第 t 年末资本 j 的价格指数; $\overline{P_{tj}}$ 为第 t 年资本 j 的价格指数的均值; $C_{t+1,j}$ 和 M_{tj} 分别为净资本存量和累计折旧的现行价格。可以看到的是,除折旧率之外,BEA 在计算净资本存量时还涉及两个重要的变量:投资及价格指数。下面进一步对 BEA 如何选取价格指数和新增投资进行简要说明。

（一）价格指数

BEA 在进行净资本存量计算时会包括三种类型的价格:历史价格（historical cost）、当前价格（current cost）以及不变价格（real cost/constant price）。历史价格指数对投资的原始数据序列不用进行任何调整,当前价格在不变价格的基础上经过价格指数调整得到,不变价格对每年的投资序列进行调整,利用价格指数将其表示为以基期价格衡量的形式,因此关键在于核算价格指数。BEA 的价格指数的基本形式是链式费希尔价格指数,其基本公式为

$$
P_{t+1,j}^{F} = \sqrt{P^L P^P} = \sqrt{\frac{\sum p_j(t)q_j(t-1)}{\sum p_j(t-1)q_j(t-1)} \times \frac{\sum p_j(t)q_j(t)}{\sum p_j(t-1)q_j(t)}} \tag{4-27}
$$

式中, $P_{t+1,j}^{F}$ 为资本 j 在第 t 年末的链式费希尔价格指数; P^L 和 P^P 分别为拉氏和帕氏价格指数; $p_j(t)$ 为小类资本 j 在第 t 年的交易价格; $q_j(t)$ 为小类资本 j 在第 t 年的交易数量。在实践过程中,BEA 一般采用现有的价格指数作为调整固定资本形成的价格指数,例如,消费者价格指数（consumer price index,CPI）、生产者价格指数（producer price index,PPI）等。

（二）投资

BEA 将固定资本形成记录为投资（investment），并对其进行三种分类：按产业分类、按资产类型分类以及按资产所属机构分类，三种分类数据分别具有不同的数据来源（图 4-4）。为了保证各账户之间的一致性，首先，各类资本在所有产业分类下加总必须等于国民收入和生产账户（national income and product accounts，NIPA）中各类资本的投资；其次，产业分类的基础必须稳定；最后，各类资本被划分至拥有该资本的产业之中。按产业分类的数据，分类标准是国际标准产业分类（International Standard Industrial Classification，ISIC），除 NIPA 之外，其还有 5 个主要的数据来源：人口普查局（Bureau of the Census）、投入产出表、人口普查局年度制造业调查（the Census Bureau's annual survey of manufactures，ASM）、人口普查局工厂和设备支出调查（Census Bureau's plant and equipment expenditures survey，P&E）以及人口普查局年度资本支出调查（Census Bureau's annual capital expenditures survey，ACES），ACES 于 1994 年代替了 P&E；按资产类型分类的数据，资产类型与 NIPA 的划分相同，在 1929 年之后的数据来源为 NIPA。由于计算期初一段时间的净资本存量时需要涉及 1929 年之前的投资，这段时间的数据来源主要是私人或者机构做的各项研究。按资产所属机构分类是假定一个比例，并将总资产划归到各个机构单位。

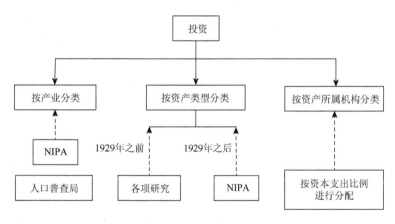

图 4-4　BEA 投资分类

四、加拿大的资本存量核算实践

除美国之外，加拿大同样使用方式三对资本存量进行核算，且和美国一样，加拿大在进行估计时同样假设新资本在每年年中投入使用。因此，相关的核算公式与美国完全相同。在此对加拿大的核算方式做进一步介绍的原因在于从目前查阅的资料来看，加拿大的资料填补了美国相关资料所涉及的一些未给予说明的内容，从而能够更加完整地理解目前在实践中较为常用的方式三。

加拿大在核算时所涉及的基期资本存量和固定资本形成的数据来源于 CES。根据在计算过程中是否使用了预期平均使用年限，加拿大关于各类资本的折旧率和平均使用年限的计算分为事前（ex ante）和事后（ex post）两种计算方式，其中，事后两个变量的估计是通过同时估计模型（simultaneous estimation）得到的，事前的折旧率估计采用余额递减率与平均使用年限之比得到（Statistics Canada，2007）。关于各类固定资本的余额递减率的取值主要参考 Hulten 和 Wykoff（1981）的研究结果，国内的学者通过 CES 得到的数据证明了 Hulten 和 Wykoff（1981）两位学者的研究结果是适用于加拿大的，并且开始利用该数据对本国的余额递减率和平均使用年限进行估计。对于存在充分的二手交易数据的部分资本，事前和事后估计方法得到的结果基本相同；相反，则两种估计方法得到的结果相差较大（Statistics Canada，2015）。Statistics Canada（2015）指出，此时选择事后的计算方法，即将同时估计模型得到的余额递减率和 CES 直接得到的预期使用年限结合所得到的估计结果会更好。

目前，加拿大将资本分为 6 个大类，分别为建筑（building construction）、工程建设（engineering construction）、机器设备（machinery and equipment）、自然资源勘探（natural resource exploration）、研发（research and development）和软件（software），6 个大类进一步分为 21 个中类，各中类资本的折旧率如表 4-9 所示。

表 4-9　加拿大分类别折旧率

资产类别	更新后 （1985~2010 年）	Statistics Canada（2007）
工业建筑	7.3	8.9
商业建筑	7.8	6.9
机构建筑	6.2	6.8
海洋工程建设	7.9	7.7
交通工程建设	7.1	6.9
水厂工程建设	5.7	7.0
污水工程建设	7.4	9.3
电力工程建设	5.8	5.6
通信工程建设	12.8	12.0

续表

资产类别	更新后 （1985～2010 年）	Statistics Canada（2007）
石油和天然气工程建设	7.4	15.3
矿藏开采工程建设	15.7	14.5
其他工程建设	10.9	9.0
卡车、卡车底盘、面包车、运动型多功能车和主要更换零件	20.1	22.7
汽车、面包车、运动型多功能车和主要更换部件	27.9	28.0
各类拖拉机和其他田地设备	17.0	17.1
运输设备	18.5	13.7
工业机械	17.2	17.7
通信设备	24.9	22.0
家具	24.8	22.2
其他机械设备	20.2	18.6
计算机	43.1	46.7

资料来源：Statistics Canada（2015）。

在此基础上进一步细分为 177 个资产类别，表 4-10 以建筑类资产为例列举了目前加拿大关于此类资本的详细分类及其折旧率和调查所得的平均使用年限。

表 4-10　加拿大细分资产类别折旧率及其平均使用年限（建筑类资产）

建筑类资产 资产分类及代码	折旧率		经调查平均使用 年限 （1985～2010 年）
	更新后 （1985～ 2010 年）	Statistics Canada（2007）	
工业建筑			
制造工厂	0.072	0.089	25.4
维修车间、厂房、设备存储设施	0.066	0.084	27.2
铁路车辆检修车间和动力车间	0.056	0.080	37.3
飞机库	0.078	0.096	26.9
农业建筑	0.079	0.095	26.6
其他工业建筑	0.081	0.085	25.8
商业建筑			
实验室和研发中心	0.069	0.066	31.9
仓库、冷藏库和货运码头	0.064	0.068	25.4

续表

建筑类资产	折旧率		经调查平均使用年限（1985～2010 年）
资产分类及代码	更新后（1985～2010 年）	Statistics Canada（2007）	
谷物升降机和码头	0.080	0.071	27.4
加油站（包括自助式加油站和汽车清洗站）	0.080	0.123	17.3
汽车经销商特许经销店	0.100	0.087	22.0
办公建筑群	0.067	0.060	27.0
酒店、汽车旅馆和会议中心	0.081	0.059	27.1
餐馆、快餐店、酒吧和夜总会	0.089	0.087	23.5
购物中心和商店	0.091	0.070	25.8
剧院、表演艺术和文化中心	0.068	0.067	32.1
室内娱乐建筑（如体育馆和俱乐部会所）	0.074	0.069	29.9
简易工棚、集体宿舍和营地简易建筑	0.163	0.161	13.4
其他商业建筑	0.101	0.085	20.7
学生宿舍（不包括住宅）	0.056	0.055	39.4
邮局	0.067	0.118	32.5
客运枢纽（如飞机、船舶、公交车和铁路等）	0.075	0.065	29.5
广播和通信建筑	0.086	0.086	24.7
机构建筑			
学校（包括技术和职业院校）、学院、大学和其他教育类建筑	0.055	0.062	39.6
教堂和其他宗教建筑	0.055	0.047	39.5
医院、保健中心、诊所和其他保健中心（不包括住宅建筑）	0.061	0.061	35.7
养老院和敬老院	0.062	0.060	35.2
日托中心	0.068	0.076	31.9
图书馆	0.055	0.059	39.5
历史遗迹	0.066	0.094	32.9
监狱、拘留中心和法院	0.056	0.060	38.8
博物馆、科学中心和公共档案馆	0.066	0.046	33.1
消防站和消防大厅	0.059	0.081	37.1
军械库、兵营、训练场等军用建筑	0.069	0.096	31.5
其他机构和政府建筑	0.073	0.075	29.6
其他建筑物	0.061	0.071	35.4

资料来源：Statistics Canada（2015）。

加拿大统计局对住宅类资本和非住宅类资本存量的数据分开公布（表4-11）。

表4-11 2019年加拿大住宅类资本投资、损毁、折旧及净资本存量数据（单位：亿美元）

流量和存量	资产	数值
投资	全部住宅	1 433.06
	新建住宅	655.81
	经过翻新的住宅	529.26
	所有权转移费用	247.99
损毁	全部住宅	34.32
	新建住宅	34.32
	经过翻新的住宅	——
	所有权转移费用	——
几何折旧	全部住宅	842.22
	新建住宅	303.26
	经过翻新的住宅	294.43
	所有权转移费用	244.52
几何折旧下年末资本存量	全部住宅	22 542.88
	新建住宅	15 180.57
	经过翻新的住宅	7 334.71
	所有权转移费用	27.6

资料来源：加拿大统计局。

住宅类资本同样以永续盘存法作为基本方法，并使用方式三进行估计：

$$NS_{t+1} = NS_t + GFCF_t - DM_t - DP_t \qquad (4\text{-}28)$$

$$DP_t = \delta NS_t + \delta(GFCF_t / 2) \qquad (4\text{-}29)$$

式中，DM_t 为当年损毁部分住宅类资本存量的价值。与非住宅类固定资本相同，加拿大统计局同样假设每年的固定资本形成于年中投入使用，因此有一半的固定资本形成要记录折旧。固定资本形成的数据有三个主要来源：月度建筑许可证调查、抵押贷款和住房公司的房屋开工和竣工调查、国家账户；损毁资本的价值由建筑许可调查获得，折旧率一般取2%。两类资本的固定资本形成（即投资）、固定资本消耗（即折旧）以及年末净资本存量，都会分别以不变价格和当前价格表示的数据形式公布，同时，统计局每年还会公布各类资本的平均使用年限，见表4-12。

表 4-12　2019 年加拿大非住宅类资本的投资、折旧、净资本存量以及平均使用年限

资产	投资/亿美元	折旧/亿美元	净资本存量/亿美元	平均使用年限/年
全部资产	767.35	588.5	7867.85	14.3
商业建筑	27.96	26.09	310.41	12.3
具有观众容量的体育设施	7.21	4.88	59.03	12.4
室内娱乐设施	11.83	13.9	163.83	12.2
学生宿舍	1.09	0.85	10.21	12.3
机场和其他客运站	5.51	4.7	56.1	12.3
通信建筑	2.32	1.77	21.24	12.4
机构建筑	129.71	97.54	1646	15.8
学校、学院、大学和其他教学建筑	78.24	57.48	1014.27	16.7
医院	29.71	25.86	405.96	13.9
疗养院和养老院	5.03	4.02	63.25	13.8
宗教中心和纪念场所	0.72	0.49	7.76	15.3
博物馆	1.62	1.22	19.27	15.1
历史遗迹	0.8	0.33	5.38	15.1
图书馆	3.99	2.58	41.09	15.3
公共安全设施	9.61	5.57	89.02	15.5
海洋工程基础设施	18.42	6.86	88.44	16.8
海港	8.33	1.85	25.53	16
码头和海港	1.2	0.48	6.15	16.9
运河和水道	2.12	0.73	9.51	16.4
其他海洋工程基础设施	6.77	3.8	47.24	16.9
运输工程基础设施	236.93	176.27	1786.25	9.8
公路、公路构筑物以及交通网络	165.07	135.32	1288.08	9.4
桥	25.29	23.38	220.92	9.5
隧道	0.52	1	9.18	9.2
铁路	40.25	13.59	221.1	14
（飞机）跑道	5.79	2.98	46.97	13.7
水厂基础设施	14.99	30	501.48	15.6
水过滤设备	3.19	9.66	160.75	15.7
其他水厂基础设施	11.8	20.33	340.73	15.5

资产	投资/亿美元	折旧/亿美元	净资本存量/亿美元	平均使用年限/年
污水基础设施	20.81	29.7	459.63	17.4
污水处理设备	5.66	8.22	127.2	17.3
其他污水基础设施	15.15	21.48	332.42	17.4
通信网络	59.15	39.29	299.15	10
电缆和线-同轴电缆、铜、铝等	8.56	7.83	58	10
光纤	2.73	3.81	27.52	10.1
传输支持建筑	37.43	18.89	148.33	9.9
其他通信建筑	10.44	8.76	65.3	10
电力基础设施	168.2	114.57	2046.35	18.5
风能和太阳能发电厂	3.92	8.16	141.75	18.1
蒸汽发电厂	20.34	6.81	126.81	18.1
核能发电厂	7.99	5.13	91.86	18.7
液压发电厂	43.38	18.22	333.79	18.5
输电网络	38.09	27.36	487.69	18.5
配电网络	53.88	33.81	606.04	18.5
其他电力建筑	0.6	15.07	258.42	18.6
石油和天然气工程基础设施	39.4	22.31	304.79	11.8
管道	39.4	22.31	304.79	11.8
其他工程基础设施	20.81	14.18	134.98	9.4
废物处理设施	4.36	3.02	28.68	9
户外娱乐设施	10.31	8.87	83.1	9.5
污染降低与控制设施	6.14	2.29	23.2	9
其他机器和设备	9.27	15	130.27	10.4
涡轮机、涡轮发电机和涡轮发电机组	2.97	3.19	35.47	12.3
核反应堆蒸汽供应系统	0.27	2.1	17.08	10.4
水处理设备	0.78	0.87	3.99	5
配电变压器	5.25	8.84	73.73	10.6
运输机器和设备	21.69	16.68	160.1	9.7
公共汽车	4.01	5.93	53.38	8.7
机车、铁路机车车辆和快速运输设备	17.68	10.76	106.71	10.7

资料来源：加拿大统计局。

五、主要启示

从目前各国的实践情况来看，在 20 世纪 90 年代之前，各国在进行资本存量核算时大都选择方式二，但是随着相关理论研究的深入以及实证研究的完善，除欧洲各国外，其余国家开始倾向于选择方式一和方式三。其中，澳大利亚和英国选择方式一对资本存量进行核算，方式一从理论上而言能够串联起总资本存量、净资本存量以及生产性资本存量这三种资本存量衡量方式。从现有的研究结果来看，方式一是唯一能够对资本服务进行估算的方法。但是，方式一的缺点在于缺少现实基础作为相关变量选择的支撑，尤其是年限-效率模式的选择，现实中很难找到相关的数据可以衡量资本效率，因此目前相关参数的选择大多基于理论推导估计，而没有现实基础作为支撑。

根据实证研究的结果，美国、日本以及加拿大都选择使用方式三，即假定资本总体的价值递减模式服从几何折旧模式。这三个国家都拥有相对而言较完备的统计数据。通过利用各自国家的调查数据进行实证研究，三个国家都证明了几何折旧是最接近现实中资本总体的价值递减模式的，并且由于存在充分的数据，在核算中所需要用到的参数也具有一定意义上的现实支撑。正因如此，《OECD 资本测算手册 2009》也推荐统计资料尚不完善的国家最好选择几何折旧模式作为资本核算过程中的价值递减模式。

第五章 中国国家层面资本存量的估算

本章将根据前几章论述的有关资本存量的基本概念与估算方法，结合我国的实际，对我国的总资本存量、净资本存量和生产性资本存量的历史数据进行估算。

第一节 中国总资本存量的估算

一、问题的提出

如前所述，与发达国家相比，我国在资本存量核算方面仍存在一些差距。就总资本存量核算而言，主要有以下三点。

（1）总资本存量概念的界定和计算口径尚不够明晰。在很长一段时期内，无论在理论上还是在统计实践中，学术界都未明确提出总资本存量的概念。

（2）总资本存量与资本流量的核算口径存在不一致问题，相互之间难以很好地衔接；如前所述，总资本存量是经济主体在某一时点所拥有的、按照构建时的全部价值计算的固定资产的总量。而在以往的研究中，一些研究者曾利用我国现有的"固定资产投资"作为资本流量指标，这两者之间存在明显的口径差异。即使是目前被大多数研究者所认同的"固定资本形成"指标，事实上也包含了一些并不在本期被计入固定资产的在建工程或烂尾工程。

（3）由于缺乏直接调查的全面资料，估算资本存量所需要的一些重要参数的设定带有较多主观色彩。例如，由于缺少直接调查的全社会固定资本存量的资料，张军扩（1991）、何枫等（2003）援引珀金斯（1989）"中国 1953 年资本-国民收入比为 3"的假设，估计我国 1952 年资本存量为 2000 亿元（1952 年价格）；还有的学者假定建安工程的耐用寿命为 40 年、设备的耐用寿命为 20 年等；这些假定均带有较多的主观色彩，未必与现实相符。因此，学者之间资本存量估算的结果常常有较大的差别，并且缺少必要的客观检验标准。

鉴于上述情况，我们拟利用官方已公布的三次经济普查数据与其他相关资料估算 2004 年、2008 年和 2013 年三个基准年份中国的总资本存量，并以上述基准年份的数据为依据，利用其他相关资料，估计中国固定资产的平均耐用寿命和固定资产报废率等基本参数。并在此基础上，利用上述参数和有关数据估算中国历年的总资本存量。

二、基准年份总资本存量的估算与有关参数的估计

改革开放以来，我国已经进行了四次比较全面的经济普查。经济普查是一项重大的国情国力调查。经济普查的范围广，涉及对象多。所有我国境内从事第二产业和第三产业的全部法人单位、产业活动单位和个体经营户，都是被调查的对象。通过经济普查，可以获得关于我国第二产业和第三产业比较齐全、相对可靠的固定资产原值（即按历史价格计算的总资本存量）的数据。这就为我们这次重新估算基准年份的总资本存量提供了良好的基础。

经过查阅有关经济普查的指标解释和统计数据，我们发现要利用已有的经济普查资料估算基准年份的总资本存量，还必须解决以下三个问题。

（1）我国的农业普查与经济普查不在同一年份进行，经济普查中的固定资产原值并不包括农业在内。因此，还需要利用农业普查的资料，结合非农业普查年份对农业投资的数据，去推算三个经济普查年份农业的固定资产原值。

（2）经济普查中第三产业固定资产原值的数据尚不够完整，有可能存在两方面的遗漏：一是未对住户（居民）所拥有的房产的原值进行统计。在新国民经济核算体系中，住户自有住房消费应计算虚拟房租，这同时也是住户部门的生产成果之一。因此，如果遗漏住户拥有的房产原值，就有可能低估全社会的总资本存量。二是由于各种原因，一些本应作为固定资产统计的资产，在实际经济普查时未被统计在内。有些公益性的基础设施如市政道路等，由政府出资建设，无偿供社会使用，目前这些基础设施的价值并未完全纳入政府部门或有关非营利单位的资产负债表，所以在普查时很可能被遗漏。

（3）我国发生在 2013 年以前的三次经济普查，尚未涉及研发支出资本化项目。2016 年中国的新国民经济核算体系借鉴联合国《国民账户体系 2008》的建议，开始将这部分也纳入固定资本形成的核算。为了适应新形势的发展，保持资本存量与流量核算口径的衔接，在估算总资本存量时，也有必要将其纳入。

上述三个问题的根本解决，有待于我国经济普查顶层设计的改进和财务制度的进一步完善。在本次估算中，我们采用以下方法，这一方法不仅可以较好地解决上述问题，而且在估算出基准年份全社会固定资产原值的同时，还可以估算出我国固定资产平均使用寿命。其具体步骤如下。

首先，从两个不同角度给出估算基准年份总资本存量的方式。

方式一：将全社会总资本存量分为四个部分，分别收集资料或进行估算。

$$K_t = K_{2t} + K_{3t} + K_{1t} + K_{Rt} \qquad (5\text{-}1)$$

式中，K_t 为 t 年末全社会的总资本存量；K_{1t} 为 t 年农户所拥有的固定资产原值（包

括农户拥有的住宅和生产性固定资产的原值),这一数据需要利用农业普查和农户历年投资的数据去估算。这里之所以要单独列出 K_{1t},是因为推算其他产业固定资产原值时利用的数据是不包含农户投资在内的分行业固定资产投资数据,如果不将其单独列出,可能会低估全社会固定资产的原值。K_{2t} 为 t 年末第二产业(包括工业与建筑业)的固定资产原值,该数据可以从经济普查资料中获得;K_{3t} 为 t 年末其他产业(包括第一产业但不含农户和第三产业)的固定资产原值;K_{Rt} 为研发支出形成的固定资本存量。

K_{3t} 按下式估算:

$$K_{3t} = K_{2t} \times \frac{\sum_{\tau=0}^{T-1} I_{3,t-\tau}}{\sum_{\tau=0}^{T-1} I_{2,t-\tau}} \tag{5-2}$$

式中,T 为固定资产的耐用年限(平均寿命期);$I_{2,t-\tau}$ 为 $t-\tau$ 年第二产业固定资产投资完成额;$I_{3,t-\tau}$ 为 $t-\tau$ 年其他产业固定资产投资完成额,式(5-2)实质上是假定基准年份其他产业占第二产业固定资产原值的比例基本上等同于其他产业占第二产业在过去 T 年固定资产投资合计数的比例,进而利用已知的 K_{2t} 和这一比例去推算 K_{3t}。表 5-1 给出了本次估算所利用的基础数据。

表 5-1　三个经济普查年度有关的固定资产原值数据　　(单位:亿元)

年度	工业、建筑业固定资产原值 K_{2t}	农村住宅和农户生产性固定资产原值 K_{1t}
2004	111 763.84	58 814
2008	277 581.12	91 860
2013	620 247.20	213 911

注:工业、建筑业固定资产原值数据 K_{2t} 根据三次全国经济普查资料整理汇总。
农村住宅和农户生产性固定资产原值数据 K_{1t} 来自《中国国家资产负债表 2018》(李扬等,2018)。

K_{Rt} 按下式估算:

$$K_{Rt} = K_{2t} \times \left(\sum_{\tau=0}^{T-1} I_{R,t-\tau} \Big/ \sum_{\tau=0}^{T-1} I_{2,t-\tau} \right) \tag{5-3}$$

式中,$I_{R,t-\tau}$ 为 R&D 投资的流量数据,这一数据可从 2016 年国家统计局的相关资料中获取。将 2016 年《中国统计年鉴》中 1978~2015 年的固定资本形成数据视为增加研发支出形成后的数据,2015 年《中国统计年鉴》中 1978~2014 年的固定资本形成数据视为修订前的数据,两者相减可获得 1978~2014 年由于核算口径变动引起的固定资本形成即 R&D 投资的流量数据(当年价)。对于 1952~1977 年、2015~2016 年,这两个时间段的数据推算则采用王华(2017)的处理方式,建立

GDP 修订幅度与固定资本形成总额修订幅度之间的函数关系，并以此为依据，来实现这两个时间段固定资本形成总额数据的补缺处理。

方式二：假定固定资产的退役采用寿命期满一次性报废模式，即假定固定资产在其平均使用期（平均寿命期）T 年内可一直使用，寿命期满则一次性全部报废，在此基础上，根据永续盘存法，利用下式估算全社会总资本存量，即

$$K_{2t} = \sum_{\tau=0}^{T-1} I_{t-\tau} \qquad (5\text{-}4)$$

式中，$I_{t-\tau}$ 为 $t-\tau$ 年包含 R&D 资产在内的全社会固定资本形成总额，该数据可以根据《新中国六十年统计资料汇编》与历年的《中国统计年鉴》中的资料，并利用前面介绍的方法修正后获得。

利用式（5-1）与式（5-4），给定不同的 T 值，可以试算基准年份的全社会总资本存量。表 5-2 给出了在给定不同平均寿命期的条件下，按两种方式估算的三个基准年份的固定资产原值即三个基准年份按历史价格计算的总资本存量。

表 5-2　总资本存量估算

估算方式	项目		$T = 13$	$T = 14$	$T = 15$	$T = 16$
按方式一估算	2004 年	总资本存量/亿元	374 212.2	373 742.1	373 379.4	373 035.6
		R_1	1.767	1.762	1.759	1.756
		R_2	0.055	0.055	0.056	0.056
	2008 年	总资本存量/亿元	800 134.7	799 594.44	799 251.28	799 015.18
		R_1	1.5	1.499	1.498	1.497
		R_2	0.051	0.051	0.051	0.051
	2013 年	总资本存量/亿元	1 712 124.1	1 716 486.9	1 720 303.9	1 722 960.9
		R_1	1.37	1.376	1.382	1.387
		R_2	0.046	0.046	0.046	0.046
按方式二估算	2004 年	总资本存量/亿元	402 279.3	408 074.1	412 710.2	417 228.8
	2008 年	总资本存量/亿元	738 785.6	759 143	776 330.9	789 905.3
	2013 年	总资本存量/亿元	1 675 339.8	1 708 867.5	1 739 108.9	1 767 860.3
总误差率/%			4.37	2.85	2.8	3.39

注：T 是固定资产平均耐用年限，限于篇幅这里只列出给定的部分 T 值条件下试算的结果。

R_1 是过去 T 年第一产业与第三产业固定资产投资合计与第二产业固定资产投资合计之比，该数据根据国家统计局主编的历年《固定资产投资年鉴》中的分行业投资数据整理而来。

R_2 是 R&D 支出与第二产业固定资产投资之比；总误差率是三个基准年份两种方式估计值之间误差的绝对值之和占三个年份总资本存量估计值之和的比重。

经过试算，我们发现当 $T = 15$ 时，按两种方式估算的三个基准年份总资本存量之间的总绝对误差率最小，所以选取 15 年作为中国全社会固定资产的平均使用寿命。

根据表 5-2 中得到的 $T = 15$ 时的有关数据，我们还进一步估计了全社会的报废率。假定短期内固定资产报废率 λ 不变，则根据基准年份盘存法的计算公式，λ 应满足以下约束条件：

$$K_t = K_{t-1} + I_t - \lambda K_{t-1}, \quad t = 2005, 2006, \cdots, 2013 \qquad (5\text{-}5)$$

式中，K_t 为 t 年末的总资本存量；I_t 为 t 年的固定资本形成额，将表 5-2 中估计的两个基准年份即 2004 年末的总资本存量以及 2005～2013 年的固定资本形成额代入约束条件，再利用 Excel 中求数学规划的工具，求解能使按照式（5-5）递推得到的 2013 年的总资本存量与表 5-2 中估计的 2013 年总资本存量之间误差为最小的 λ 作为全社会的固定资产报废率的估计值。我们计算了可使按照历史价格计算的总资本存量的误差为最小的全社会固定资产报废率 $\lambda = 0.0219$，该数值明显低于按不同方式估计的固定资产折旧率 δ[①]。

三、我国历年总资本存量的估算

根据前文估计的基准年份总资本存量和有关参数以及其他相关数据，我们除了利用永续盘存法、基准年份盘存法估算外，还利用折旧倒推法估算了按历史价格计算的我国历年的总资本存量。所谓折旧倒推法，是在估计出全社会的平均折旧率的基础上，利用国民经济核算中的全社会折旧数据，倒推一定时期内全社会平均拥有的总资本存量。该方法的基本公式如下：

$$\overline{K}_t = \frac{D_t}{\delta_t} \qquad (5\text{-}6)$$

式中，$\overline{K}_t = (K_t + K_{t-1}) / 2$；$D_t$ 为 t 年全社会折旧额；δ_t 为 t 年全社会平均折旧率。该方法的难点在于全社会折旧额的取得与全社会平均折旧率的估算。

为了便于直观地比较三种不同方法的估算结果，我们描绘了以下趋势图（图 5-1 和图 5-2）。

---

① 按全社会平均使用寿命倒推的固定资产折旧率为 $\delta = 1/15 = 0.0667$；利用折旧数据估算的 2004 年的折旧率为 $\delta = \dfrac{\text{基准年份全社会折旧}}{\text{基准年份总资本总量}} = 0.0577$。

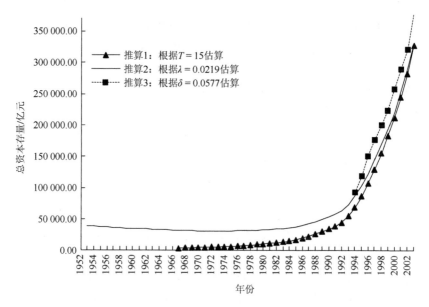

图 5-1　　1952～2003 年三种方法估算的总资本存量趋势图

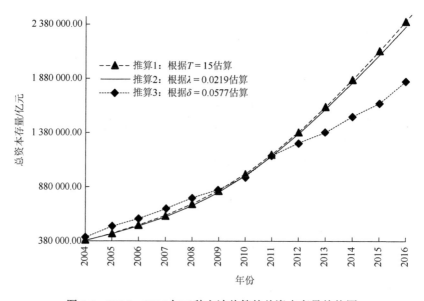

图 5-2　　2004～2016 年三种方法估算的总资本存量趋势图

其中，折旧倒推法所利用的全社会折旧数据是根据历年各省国民经济核算中的折旧汇总而得来的，因为目前官方未公布国家层面的数据，所以只能以此替代全国的折旧。由于资料的限制，利用折旧倒推法求得的总资本存量只包含 1994 年后的数据。永续盘存法用历年前 15 年固定资本形成额的合计作为总资本存量，所以

只包含 1966 年后的数据。基准年份盘存法以 2004 年为基准年，分别向后与向前
递推①。另外，利用永续盘存法和基准年份盘存法估算的总资本存量是期末时点数，
利用折旧倒推法估算的总资本存量则是该年度平均拥有量。为了便于比较，在绘
图时已将前两种也换算成可比的年度平均拥有量。

　　从图 5-2 中可以看出，2004～2016 年永续盘存法与基准年份盘存法估算的结
果非常接近，折旧倒推法估算的结果期初略高，2010 年后则比其他两种方法低。
这是由于估算时假定实际折旧率不变，而事实上，近年来全社会平均实际折旧率
有所下降。从图 5-1 中可以看出，1994 年以前，永续盘存法与基准年份盘存法估
算的结果差异较大。这是由于基准年份盘存法中的报废率实际上是变动的，本次
估算中却假定其长期不变，所以导致了更早年份资本存量更高的奇异结果。因此，
总的来看，三种方法中，利用永续盘存法估算的结果比较合理。下面我们采用永
续盘存法重新估算了 1965～2018 年的总资本存量。同时利用基准年份盘存法结合
另行估算的报废率，向前倒推补上 1952～1964 年的总资本存量。我国历年总资本
存量估算的结果见表 5-3。为了便于对比，本章测算了三种价格下的总资本存量，
有关的数据选取、处理和测算要点如下。

表 5-3　总资本存量测算结果　　　　　　　　（单位：亿元）

年份	历史价格总资本存量	不变价格总资本存量	重置价格总资本存量
1952	692.81	717.51	717.51
1953	793.16	818.71	808.95
1954	917.15	944.77	927.46
1955	1 043.47	1 079.92	1 014.59
1956	1 242.15	1 292.80	1 210.80
1957	1 404.33	1 475.59	1 323.78
1958	1 710.32	1 817.21	1 636.46
1959	2 115.94	2 231.31	2 178.17
1960	2 555.19	2 681.44	2 609.43
1961	2 738.52	2 873.12	2 745.65
1962	2 866.13	2 993.14	3 069.11
1963	3 031.48	3 139.83	3 374.83
1964	3 270.03	3 360.80	3 537.18
1965	3 564.40	3 646.75	3 711.93
1966	3 909.80	3 991.18	3 983.51
1967	4 166.50	4 247.40	4 253.79

---

① 向后递推的公式可参见第二章中的式（2-27）式（2-28），向前倒推的公式参见该章的式（2-29）。

年份	历史价格总资本存量	不变价格总资本存量	重置价格总资本存量
1968	4 365.00	4 454.96	4 310.15
1969	4 646.60	4 758.37	4 498.92
1970	5 063.90	5 198.93	4 914.02
1971	5 466.80	5 616.11	5 364.66
1972	5 921.60	6 071.02	5 871.34
1973	6 272.20	6 407.10	6 203.08
1974	6 600.70	6 748.90	6 544.51
1975	7 021.00	7 173.13	7 037.92
1976	7 673.60	7 825.52	7 730.98
1977	8 425.40	8 579.83	8 600.08
1978	9 306.00	9 467.41	9 543.89
1979	10 195.20	10 337.11	10 646.18
1980	11 175.00	11 245.75	11 933.93
1981	12 133.40	12 082.80	13 237.59
1982	13 354.50	13 136.24	14 724.63
1983	14 783.20	14 329.20	16 455.44
1984	16 552.20	15 715.78	18 784.53
1985	18 832.60	17 339.15	22 215.93
1986	21 507.90	19 105.10	26 053.66
1987	24 685.20	21 102.60	30 276.40
1988	28 839.80	23 364.54	38 066.02
1989	32 586.80	25 124.21	44 426.77
1990	36 317.00	26 687.40	49 760.51
1991	41 220.00	28 649.34	57 952.29
1992	48 741.50	31 413.18	71 813.20
1993	61 207.20	35 061.30	100 240.67
1994	77 201.00	39 350.75	124 127.51
1995	96 212.60	44 170.63	147 698.48
1996	118 150.50	49 620.10	172 427.55
1997	141 955.10	55 408.80	195 753.94
1998	168 963.90	62 027.40	219 194.38
1999	197 013.20	68 786.70	242 071.88
2000	227 696.80	75 993.90	270 277.82
2001	262 461.10	84 233.30	300 803.45

续表

年份	历史价格总资本存量	不变价格总资本存量	重置价格总资本存量
2002	302 436.60	93 805.60	335 765.68
2003	351 559.00	105 578.70	386 399.75
2004	412 710.20	119 914.90	466 197.28
2005	483 883.70	136 625.60	539 536.48
2006	565 312.20	155 520.50	623 402.85
2007	661 903.40	177 040.20	737 425.62
2008	799 251.30	206 416.00	909 931.93
2009	915 877.50	230 425.90	1 020 844.25
2010	1 081 347.40	264 833.10	1 215 281.95
2011	1 277 698.60	303 029.60	1 482 317.31
2012	1 496 936.10	345 307.40	1 707 797.17
2013	1 739 108.90	387 555.00	1 943 344.41
2014	1 998 920.60	441 378.90	2 200 442.59
2015	2 266 895.90	493 542.60	2 416 021.44
2016	2 546 915.50	548 246.50	2 668 001.14
2017	2 852 487.40	603 866.70	3 109 115.28
2018	3 179 294.80	659 287.80	3 577 762.09

（1）按当年价计算的固定资本形成额根据《新中国六十年统计资料汇编》和历年《中国统计年鉴》加工整理。

（2）固定资本流量价格指数1952～2009年的数据根据《新中国六十年统计资料汇编》中历年现价固定资本形成额与按不变价格计算的固定资本形成发展速度资料推算，2010～2016年的数据来自《中国统计年鉴》的固定资产投资价格指数。

（3）1966年以后按历史价格计算的总资本存量利用式（5-4）和按当年价格计算的固定资本形成额计算，但其中2008年和2013年的数据是利用普查资料估算的总资本存量。

（4）1966年以后按1952年不变价格计算的总资本存量利用式（5-4）和按不变价格计算的固定资本形成额计算，但其中2008年和2013年的数据是用普查资料估算的总资本存量除以固定资本存量价格指数后求得。

（5）重置价格资本存量的测算方法是，记第 t 年的资本存量为 K_t（1952年 = 100）、第 t 年的固定资本形成隐含平减指数为 P_t（1952年 = 100）、起始年份1952年的固定资本形成隐含平减指数为 $P_0 = 100$，那么，第 t 年的重置价格资本存量为

$$K_t' = K_t \times \frac{P_t}{P_0} \text{。}$$

四、小结

本节对中国总资本存量进行了重新估算，主要在以下几方面做了具有一定新意的尝试。

（1）对总资本存量的理论概念与计算口径做了明确的界定，同时指出了我国现行经济普查中固定资产原值与总资本存量之间在计算口径上存在的差异，并提出了调整计算口径的具体方法。

（2）指出了固定资产报废率与折旧率的不同之处。利用统计资料实证分析的结果表明：在我国固定资产投资逐年扩大的情况下，固定资产报废率远低于折旧率，而且波动较大。若假定其长期不变，利用基准年份盘存法往前倒推历史数据可能会产生较大的误差。

（3）根据实际统计数据，估计了全社会固定资产平均耐用年限。利用永续盘存法估算资本存量时，对估算结果影响最大的参数是固定资产的耐用年限。本次重新估算，我们第一次以全国经济普查资料为基本依据，估计了经济普查年份的总资本存量，进而利用永续盘存法和历年固定资本形成额的实际数据，得出了我国全社会固定资产的平均使用年限为 15 年的结论。

这一使用年限低于不少发达国家，也低于我们原来的预期。出现这一结果的原因有以下三种可能。

（1）根据经济普查资料估算的固定资产原值偏低。尽管已利用有关方法估算了可能被漏计的公益性固定资产和城镇居民拥有的住房的价值，但由于原始资料的欠缺，对于农户的固定资产投资和自建住房的价值，我们直接引用了李扬等（2018）编制的中国资产负债表的数据，这一数据是否准确，尚有待考证。

（2）历年固定资本形成额统计数据可能偏高。如前所述，我国现有的"固定资本形成"指标包括了在建工程，这部分在建工程尚未交付使用并真正形成固定资产，尤其是其中一部分很有可能变成烂尾工程，因而最终不会被计入各单位的固定资产原值之中。

（3）我国固定资产平均使用寿命可能确实比较短。

上述后两种原因，很可能也是我国的 GDP 增速常常高于全社会固定资产存量实际增长速度的主要原因。对此，今后还有待做进一步的研究与探讨。

还应当指出，由于现有数据的限制，本次对中国总资本存量的估算还有不少需要进一步改进的地方。例如，由于缺少按实物资产分类的详细固定资本形成资料，本次重新估算是直接对国家层面的固定资本存量进行估算，仅仅根据经济普查的资料估算了全部固定资产的平均使用寿命，并假定其长期不变。而这一假定未必符合现实情况，因为不同时期实物资产的构成不同，固定资产平均使用寿命很可能发生变化。今后，如果条件成熟，应在建立固定资产分类核算的基础上，分别就不同类型的固定资本存量进行估算，然后再汇总计算整个国家的总固定资本存量。

第二节　中国净资本存量估算

一、问题的提出

如前所述，净资本存量是从财富视角对固定资本存量的一种测度。测算净资本存量的目的是反映固定资产所有者在特定时点所持有的固定资产财富价值。以往我国学者对资本存量的估算主要是就净资本存量进行估算。估算中所采用的基本方法主要有以下两类。

（一）根据总资本存量和 GDP 收入法核算中的折旧估算

按照净资本存量的定义，在估算出总资本存量的基础上，从中扣除相应的固定资本消耗，便可以得到净资本存量。但是，在具体应用该方法时必须解决以下问题：一是如何获得准确可靠的历年固定资本消耗。在以往的一些研究中，常常利用收入法 GDP 核算中的"折旧"作为"固定资本消耗"的替代处理。然而，从严格意义上来讲，固定资本消耗与 GDP 核算中的折旧并不完全相同。收入法 GDP 核算的折旧，是按照财务和税收制度规定的一定时期内提取的用于补偿固定资产支出的价值。由于各种原因，固定资本的实际损耗与按财务制度提取的折旧之间常常会有一定的出入。二是如何确定应累计的时期数。净资本存量并不是简单地从本期的总资本存量中扣除本期固定资本消耗后获得的。估算时需要扣除的固定资本消耗涉及仍在服役的固定资产具体的服役期，服役越长的固定资产所应扣除的固定资本消耗应越多。

（二）利用基准年份盘存法向后递推估算

基准年份盘存法常用的递推公式如下：

$$W_t = W_{t-1} + (I_t - d_t) \tag{5-7}$$

式中，W_t 为 t 年的净资本存量；I_t 为 t 年形成的固定资产；d_t 为 t 年的固定资本消耗。若假定各年的固定资产损耗占净资本存量的比重（又称理论折旧率）不变，即有

$$\delta = d_t / W_t \tag{5-8}$$

将式（5-8）代入式（5-7）可得

$$W_t = I_t + (1 - \delta)W_t \tag{5-9}$$

在估计出理论折旧率的基础上，利用式（5-9）和基期的净资本存量，也可以递推估算出各年的净资本存量。

从已有的相关文献来看，以往利用该方法对我国净资本存量的估算主要存在三方面的问题。

（1）对净资本存量的理论概念和统计口径界定不够清楚、不够准确。有些研究者未能很好地区分总资本存量和净资本存量的概念。因而未综合考虑固定资产报废与固定资产价值损耗两种因素对净资本存量的影响。

（2）在早期物质产品平衡表体系（the system of material product balance，MPS）下，一些研究者曾以历年的积累作为当年增加的净资本流量。但是随着近年来我国的核算体系向国民账户体系全面转轨，这一做法已失去基础数据的支持。

（3）估算所需要的基本参数如基期的净资本存量和折旧率等时常常以主观设定为主，未开展必要的讨论和客观标准检验。

因此，本节拟根据 OECD 发布的《OECD 资本测算手册 2009》提出的价值-年限模式，结合本章第一节给出的我国总资本存量估算的结果，利用可获得的统计数据和永续盘存法，进行我国净资本存量数据的估算。

二、净资本存量测算

（一）固定资产的价值模式

如第三章所述，根据永续盘存法估算净资本存量的基本公式如下：

$$W_t = \sum_{\tau=0}^{T-1} g_\tau \theta_\tau I_{t-\tau} \tag{5-10}$$

式中，W_t 为第 t 年按可比价格计算的净资本存量；g_τ 为固定资本残存系数，反映 $t-\tau$ 年形成的固定资产至 t 年仍未退役的比例；θ_τ 为价值系数，反映 $t-\tau$ 年形成的固定资产至 t 年仍占该资产原值的比例；T 为固定资本的耐用年限；$I_{t-\tau}$ 为 $t-\tau$ 年按可比价格计算的固定资本形成。

根据我国目前的实际情况，在估算我国的总资本存量时，我们采用了一次性报废残存模式。对于价值模式，则采用直线型与几何型两种形式。

1. 直线型价值模式

在价值模式的选择上，我们采用最常见的直线型价值模式，其数学形式如下：

$$\theta_\tau = 1 - \frac{\tau}{T} \tag{5-11}$$

将式（5-11）代入式（5-10）可得

$$W_t = \sum_{\tau=0}^{T-1}\left(1-\frac{\tau}{T}\right)I_{t-\tau} \tag{5-12}$$

式中，$I_{t-\tau}$ 为第 $t-\tau$ 年的不变价投资；$\left(1-\dfrac{\tau}{T}\right)I_{t-\tau}$ 为第 $t-\tau$ 年的投资对 t 年末净资本存量的贡献；$\displaystyle\sum_{\tau=0}^{T-1}\left(1-\frac{\tau}{T}\right)I_{t-\tau}$ 为历年投资流量对 t 年末净资本存量的贡献额。

2. 几何型价值模式

几何型价值模式因其良好的数学性质和便捷的测算过程而在统计实务和理论研究中应用广泛，其数学形式如下：

$$\theta_\tau = (1-\delta)^\tau \tag{5-13}$$

式中，δ 为重置率。该模式的特点是假定资本品的价值会按照 $1-\delta$ 的固定比例递减，若保持原有价值不变，需要按照 δ 的比率重置资产，此时平均重置率等于重置率，即满足 $\dfrac{R_t}{K_{t-1}} = \delta$。由此，式（5-10）可以写成

$$W_t = I_t + (1-\delta)W_{t-1} \tag{5-14}$$

根据乔根森的研究，在几何递减模式下资本品的平均折旧率等于重置率。因此，式（5-14）中的 δ 也可以表示为折旧率。

在估算出净资本存量的基础上，还可以测算累计的固定资本消耗与固定资本消耗率（也称理论折旧率）。根据总资本存量和净资本存量的定义，可将累计固定资本消耗 D_t 写为

$$D_t = K_t - W_t \tag{5-15}$$

在直线型价值模式下，式（5-15）可表示为

$$D_t = \sum_{\tau=0}^{T-1}\frac{\tau}{T}I_{t-\tau} \tag{5-16}$$

在几何型价值模式下，式（5-15）可表示为

$$D_t = \sum_{\tau=0}^{T-1}[1-(1-e)^\tau]I_{t-\tau} \tag{5-17}$$

式中，$\dfrac{\tau}{T}I_{t-\tau}$、$1-(1-e)^\tau$ 分别表示直线型价值模式、几何型价值模式下第 $t-\tau$ 年的投资在 t 年末固定资本消耗中的贡献。

根据永续盘存法的定义，第 t 年的固定资本消耗 Λ_t 可以写为

$$\Lambda_t = W_{t-1} + I_t - W_t \tag{5-18}$$

在此基础上，定义固定资本消耗率为[①]

$$\delta_t = \frac{A_t}{W_{t-1}} \tag{5-19}$$

式中，固定资本消耗率的分子是当年固定资本消耗，分母则是上年末净资本存量，而不是总资本存量。这是《OECD 资本测算手册 2009》与《OECD 生产率测算手册》推荐的计算方式。

根据上述分析，可将总资本存量、净资本存量、累计折旧、当年折旧和投资流量间的关系归纳为以下几点。

（1）在确定资产平均使用年限的基础上，可通过报废模式、价值模式的选择，利用资本流量数据（固定资本形成）求得总资本存量和净资本存量。

（2）总资本存量与净资本存量之间的差额是累计固定资本消耗。

（3）利用净资本存量和投资流量数据可获得当年的固定资本消耗。理顺这些关系，是开展资本存量核算研究的重要前提。

（二）实证测算结果

开展测算所需的资本流量及其缩减指数、资产平均耐用年限均和总资本存量的测算一致。同时，仍将 1952 年作为初始年份，加上固定资本耐用年限（$T = 15$）后的年份作为基准年份（1966 年），并利用 1952～1966 年的固定资本流量估算 1966 年的资本存量数据。

1. 直线型价值模式下的测算结果

（1）1966～2018 年的测算结果。根据前面给出的资产平均耐用年限和设定的具体残存模式与价值损耗模式，可得到以下各年投资在资产寿命期内的价值残存系数，见表 5-4。

表 5-4　固定资本流量价值残存系数（一）

时间	第 1 年	第 2 年	第 3 年	第 4 年	第 5 年	第 6 年	第 7 年	第 8 年
价值残存系数	0.0667	0.1333	0.2000	0.2667	0.3333	0.4000	0.4667	0.5333
时间	第 9 年	第 10 年	第 11 年	第 12 年	第 13 年	第 14 年	第 15 年	
价值残存系数	0.6000	0.6667	0.7333	0.8000	0.8667	0.9333	1.0000	

注：表中所有时间对应的比例系数是指 1 单位投资在第 15 年的残余价值。例如，第 1 年 1 单位投资到第 15 年时残存的价值为 0.0667 单位，第 15 年 1 单位投资当年的残存价值为 1 单位。

---

① 本书中，固定资本消耗率又称理论折旧率。

　　将历年经过价格调整的固定资本形成和上述残存比例系数代入式（5-12），可求得 1966～2018 年的中国净固定资本存量，结果详见表 5-5。

表 5-5　直线型价值模式下的净资本存量测算结果

年份	净资本存量/亿元	累计固定资本消耗/亿元	固定资本消耗/亿元	资本消耗率/%	净资本存量/亿元
	1952 年价				重置价格
1952	712.67	—	—		712.67
1953	756.05	62.68	73.55		747.04
1954	822.01	122.77	78.02		806.95
1955	893.02	186.91	84.83		839.00
1956	1 037.39	255.42	92.16		971.59
1957	1 141.44	334.17	107.06		1 024.01
1958	1 397.58	419.65	117.80		1 258.57
1959	1 707.24	524.08	144.23	10.35	1 666.58
1960	2 030.05	651.40	176.19		1 975.53
1961	2 070.94	802.18	209.50		1 979.06
1962	2 040.16	952.98	213.72		2 091.94
1963	2 041.85	1 097.97	210.54		2 194.67
1964	2 120.86	1 239.93	210.72		2 232.17
1965	2 261.55	1 385.20	218.87		2 301.97
1966	2 452.45	1 538.73	233.39		2 447.74
1967	2 523.41	1 724.00	266.08	10.85	2 527.21
1968	2 564.72	1 890.23	283.16	11.22	2 481.35
1969	2 715.13	2 043.24	297.00	11.58	2 567.09
1970	2 994.30	2 204.62	317.22	11.68	2 830.21
1971	3 301.42	2 314.69	346.60	11.58	3 153.61
1972	3 593.03	2 477.99	374.41	11.34	3 474.85
1973	3 898.32	2 508.78	404.73	11.26	3 774.19
1974	4 266.86	2 482.04	427.14	10.96	4 137.64
1975	4 740.17	2 432.97	449.93	10.54	4 650.82
1976	5 164.74	2 660.78	478.21	10.09	5 102.34
1977	5 580.29	2 999.54	521.70	10.10	5 593.46
1978	6 108.11	3 359.29	571.99	10.25	6 157.45
1979	6 636.39	3 700.72	631.16	10.33	6 834.81
1980	7 215.44	4 030.31	689.14	10.38	7 656.99

续表

年份	净资本存量/亿元	累计固定资本消耗/亿元	固定资本消耗/亿元	资本消耗率/%	净资本存量/亿元
	1952 年价				重置价格
1981	7 727.07	4 355.73	749.72	10.39	8 465.57
1982	8 312.02	4 824.21	805.52	10.42	9 317.08
1983	8 953.71	5 375.49	875.75	10.54	10 282.31
1984	9 832.41	5 883.36	955.28	10.67	11 752.34
1985	11 004.47	6 334.68	1 047.72	10.66	14 099.57
1986	12 268.19	6 836.92	1 155.94	10.50	16 730.15
1987	13 658.02	7 444.57	1 273.67	10.38	19 595.48
1988	15 223.15	8 141.39	1 406.84	10.30	24 801.89
1989	16 220.87	8 903.34	1 557.64	10.23	28 683.13
1990	17 032.35	9 655.06	1 674.95	10.33	31 758.00
1991	18 117.91	10 531.44	1 779.16	10.45	36 649.16
1992	19 909.04	11 504.14	1 909.96	10.54	45 513.76
1993	22 562.76	12 498.54	2 094.21	10.52	64 507.20
1994	25 674.23	13 676.53	2 337.42	10.36	80 986.47
1995	29 138.92	15 031.72	2 623.38	10.22	97 435.20
1996	32 905.03	16 715.08	2 944.71	10.11	114 343.43
1997	36 776.16	18 632.61	3 308.01	10.05	129 926.67
1998	41 218.28	20 809.10	3 693.92	10.04	145 658.50
1999	45 676.47	23 110.27	4 135.16	10.03	160 743.03
2000	50 517.66	25 476.28	4 585.78	10.04	179 669.63
2001	56 110.36	28 122.88	5 066.26	10.03	200 374.43
2002	62 730.72	31 074.92	5 615.55	10.01	224 536.85
2003	71 222.08	34 356.66	6 253.71	9.97	260 660.37
2004	81 075.04	38 839.89	7 038.58	9.88	315 198.14
2005	92 277.80	44 347.80	7 994.33	9.86	364 406.37
2006	104 929.05	50 591.45	9 108.37	9.87	420 607.37
2007	119 781.82	57 258.39	10 368.03	9.88	498 927.24
2008	136 183.38	64 313.14	11 802.68	9.85	600 329.55
2009	158 195.19	72 230.69	13 366.43	9.82	700 844.24
2010	183 328.78	81 504.34	15 361.73	9.71	841 269.99
2011	210 580.50	92 449.05	17 655.54	9.63	1 030 088.06
2012	239 835.47	105 471.89	20 201.97	9.59	1 186 161.62

年份	净资本存量/亿元	累计固定资本消耗/亿元	固定资本消耗/亿元	资本消耗率/%	净资本存量/亿元
	1952 年价				重置价格
2013	271 435.14	120 356.34	23 020.49	9.60	1 361 076.29
2014	303 496.42	137 882.43	26 119.43	9.62	1 513 045.88
2015	335 661.91	157 880.71	29 425.26	9.70	1 643 153.64
2016	368 121.95	180 124.59	32 902.84	9.80	1 791 438.18
2017	399 428.19	204 438.45	36 549.77	9.93	2 056 527.19
2018	429 336.69	229 951.15	40 257.78	10.08	2 329 884.66

注：重置价格净资本存量的测算采用了第三章的资本存量价格指数。

在此基础上，利用式（5-16）和式（5-19）还可以估算出累计固定资本消耗和各年的固定资本消耗率。

（2）1952～1965 年的倒推法测算。以上估算需要前 15 年的固定资本流量数据，由于缺少 1952 年以前的投资数据，本节转而采用基准年份盘存法向前推算1952～1965 年的净资本存量数据。由式（5-18）和式（5-19）可得

$$W_t = W_{t-1} + I_t - \varLambda_t = W_{t-1} + I_t - \delta_t W_{t-1} \tag{5-20}$$

进而可得

$$W_{t-1} = (W_t - I_t)/(1 - \delta_t) \tag{5-21}$$

对于 δ_t 的选择，限于数据制约，采用 1966～2018 年的平均固定资本消耗率数据（10.32%）。

基于倒推法的测算结果如表 5-5 所示。对于 1952～1966 年的累计固定资本消耗数据，本节主要利用总资本存量与净资本存量的差额来表示，对应年份的总资本存量数据直接采用第一节的测算结果。

2. 几何型价值模式下的测算结果

（1）1966～2018 年的测算结果。几何型价值模式下，资本品的相对效率会按照 $1-\delta$ 的固定比例递减。对于 δ，设定资产到达役龄时残存价值比例为 5%[1]，即 $\theta_{15} = (1-\delta)^{15} = 0.05$，此时，$\delta = 18.1\%$。那么，对应的各年投资在资产寿命期内的价值残存系数见表 5-6。

---

[1] 因几何型价值模式的指数型函数形式，通常需要设定残值率来测算理论折旧率。已有研究多采用此类处理，李京文等（1993）、黄勇峰等（2002）、张军等（2004）是较早的专门研究，后续有关资本存量和资本服务的相关研究，也都采用了相同的处理方式，如王亚菲和王春云（2017）。本节也引入了残值率的处理。

表 5-6 固定资本流量价值残存系数（二）

时间	第 1 年	第 2 年	第 3 年	第 4 年	第 5 年	第 6 年	第 7 年	第 8 年
价值残存系数	0.0611	0.0746	0.0911	0.1112	0.1358	0.1658	0.2024	0.2472
时间	第 9 年	第 10 年	第 11 年	第 12 年	第 13 年	第 14 年	第 15 年	
价值残存系数	0.3018	0.3685	0.4499	0.5494	0.6708	0.8190	1.0000	

注：表中所有时间对应的比例系数是指 1 单位投资在第 15 年的剩余价值。例如，第 1 年 1 单位投资到第 15 年时残存的价值为 0.0611 单位，第 15 年 1 单位投资当年的残存价值为 1 单位。

将历年经过价格调整的固定资本形成和上述残存比例系数代入式（5-14），可求得 1966～2018 年中国的净资本存量，详见表 5-7。在此基础上，利用式（5-17）和式（5-19）还可以估算出累计固定资本消耗和各年的固定资本消耗率。

表 5-7 几何型价值模式下的净资本存量测算结果　（单位：亿元）

年份	净资本存量	累计固定资本消耗	当年固定资本消耗	净资本存量
	1952 年价			重置价格
1952	80.81	636.70	—	80.81
1953	183.10	635.62	14.63	180.92
1954	293.95	650.83	33.14	288.56
1955	396.59	683.34	53.21	372.60
1956	561.33	731.48	71.78	525.73
1957	670.83	804.77	101.60	601.81
1958	923.35	893.88	121.42	831.51
1959	1 210.12	1 021.20	167.13	1 181.30
1960	1 490.08	1 191.37	219.03	1 450.06
1961	1 470.78	1 402.34	269.71	1 405.53
1962	1 387.51	1 605.63	266.21	1 422.73
1963	1 348.61	1 791.21	251.14	1 449.55
1964	1 394.24	1 966.55	244.10	1 467.41
1965	1 501.44	2 145.31	252.36	1 528.28
1966	1 653.97	2 337.21	271.76	1 650.79
1967	1 691.64	2 555.76	299.37	1 694.18
1968	1 709.94	2 745.02	306.19	1 654.36
1969	1 847.85	2 910.52	309.50	1 747.10
1970	2 109.79	3 089.14	334.46	1 994.17

年份	净资本存量	累计固定资本消耗	当年固定资本消耗	净资本存量
	1952 年价			重置价格
1971	2 381.63	3 234.48	381.87	2 275.00
1972	2 616.57	3 454.45	431.07	2 530.51
1973	2 853.00	3 554.10	473.60	2 762.15
1974	3 132.29	3 616.61	516.39	3 037.43
1975	3 488.57	3 684.56	566.94	3 422.81
1976	3 759.92	4 065.60	631.43	3 714.50
1977	4 016.63	4 563.20	680.55	4 026.11
1978	4 389.44	5 077.97	727.01	4 424.90
1979	4 754.38	5 582.73	794.49	4 896.53
1980	5 162.03	6 083.72	860.54	5 477.92
1981	5 489.05	6 593.75	934.33	6 013.66
1982	5 886.00	7 250.24	993.52	6 597.72
1983	6 338.08	7 991.12	1 065.37	7 278.56
1984	7 024.87	8 690.91	1 147.19	8 396.58
1985	7 973.14	9 366.01	1 271.50	10 215.65
1986	8 949.66	10 155.44	1 443.14	12 204.67
1987	9 993.28	11 109.32	1 619.89	14 337.60
1988	11 156.47	12 208.07	1 808.78	18 176.37
1989	11 692.51	13 431.70	2 019.32	20 675.69
1990	12 062.58	14 624.82	2 116.34	22 491.52
1991	12 743.98	15 905.36	2 183.33	25 778.70
1992	14 138.41	17 274.77	2 306.66	32 321.61
1993	16 327.29	18 734.01	2 559.05	46 679.91
1994	18 820.94	20 529.81	2 955.24	59 368.54
1995	21 502.42	22 668.21	3 406.59	71 900.15
1996	24 321.30	25 298.81	3 891.94	84 515.37
1997	27 098.27	28 310.51	4 402.16	95 735.61
1998	30 329.53	31 697.85	4 904.79	107 179.48
1999	33 433.23	35 353.51	5 489.64	117 657.05
2000	36 808.79	39 185.15	6 051.42	130 913.06

续表

年份	净资本存量	累计固定资本消耗	当年固定资本消耗	净资本存量
	1952 年价			重置价格
2001	40 805.37	43 427.88	6 662.39	145 719.13
2002	45 655.50	48 150.14	7 385.77	163 418.21
2003	52 136.93	53 441.81	8 263.64	190 812.06
2004	59 591.69	60 323.24	9 436.78	231 676.60
2005	68 002.68	68 622.92	10 786.10	268 543.57
2006	77 453.82	78 066.68	12 308.49	310 473.10
2007	88 655.48	88 384.73	14 019.14	369 276.69
2008	100 813.07	99 683.45	16 046.64	444 408.60
2009	117 944.16	112 481.72	18 247.17	522 522.11
2010	137 091.58	127 741.54	21 347.89	629 093.98
2011	157 185.26	145 844.29	24 813.58	768 896.74
2012	178 191.67	167 115.69	28 450.53	881 287.99
2013	200 559.15	191 232.34	32 252.69	1 005 677.83
2014	222 438.65	218 940.20	36 301.21	1 108 941.85
2015	243 768.00	249 774.63	40 261.40	1 193 308.70
2016	265 008.88	283 237.66	44 122.01	1 289 646.07
2017	284 898.28	318 968.37	47 966.61	1 466 849.55
2018	303 497.96	355 789.88	51 566.59	1 646 994.67

注: 重置价格净资本存量的测算采用了第四章的资本存量价格指数。

（2）1952～1965 年的倒推法测算。采用与直线型价值模式一致的倒推方法，即利用与式（5-21）相同的原理进行推算。其中，δ_t 采用前文设定的 18.1% 的数值。测算结果列于表 5-7 中。

3. 资本系数视角的测算结果对比

从表 5-5 和表 5-7 的结果对比来看，几何型价值模式和直线型价值模式下净资本存量测算结果存在较大的差异，以 2018 年按不变价格计算的净资本存量为例，前者较后者测算结果高了 12.58 万亿元。对于上述测算结果，很难通过简单的数值比较区分优劣，目前已有文献关于净资本存量的测算结果也存在较大的差异。对此，本节尝试基于资本系数的视角开展对比分析，结合我国经济运行的阶

段特征以及国际比较来进行评价。两种价值模式下的资本系数测算结果如表 5-8
所示，其中，基本测算原理是衡量单位产出所需要的资本数量①，产出 Y_t 采用的是
不变价 GDP 数据（1952 年 = 100）。

表 5-8　几何型价值模式和直线型价值模式对应的资本系数测算结果

年份	几何型价值模式	直线型价值模式	年份	几何型价值模式	直线型价值模式
1952	0.1190	1.0494	1979	1.3714	1.9142
1953	0.2332	0.9631	1980	1.3812	1.9306
1954	0.3590	1.0039	1981	1.3974	1.9672
1955	0.4531	1.0203	1982	1.3748	1.9414
1956	0.5577	1.0306	1983	1.3361	1.8874
1957	0.6341	1.0789	1984	1.2854	1.7992
1958	0.7195	1.0891	1985	1.2866	1.7757
1959	0.8651	1.2205	1986	1.3261	1.8178
1960	1.0653	1.4513	1987	1.3257	1.8118
1961	1.4463	2.0365	1988	1.3309	1.8160
1962	1.4454	2.1253	1989	1.3386	1.8571
1963	1.2737	1.9284	1990	1.3292	1.8768
1964	1.1140	1.6946	1991	1.2848	1.8265
1965	1.0254	1.5445	1992	1.2481	1.7575
1966	1.0204	1.5130	1993	1.2654	1.7487
1967	1.1067	1.6508	1994	1.2909	1.7609
1968	1.1665	1.7496	1995	1.3286	1.8005
1969	1.0783	1.5844	1996	1.3675	1.8501
1970	1.0320	1.4647	1997	1.3952	1.8935
1971	1.0877	1.5078	1998	1.4486	1.9687
1972	1.1513	1.5809	1999	1.4827	2.0256
1973	1.1645	1.5912	2000	1.5045	2.0648
1974	1.2497	1.7024	2001	1.5400	2.1176
1975	1.2805	1.7399	2002	1.5794	2.1700
1976	1.4025	1.9266	2003	1.6396	2.2398
1977	1.3925	1.9345	2004	1.7021	2.3158
1978	1.3623	1.8957	2005	1.7436	2.3660

---

① 资本系数的测算方法详见第十章的介绍。

续表

年份	几何型价值模式	直线型价值模式	年份	几何型价值模式	直线型价值模式
2006	1.7621	2.3872	2013	2.3634	3.1986
2007	1.7662	2.3863	2014	2.4429	3.3331
2008	1.8308	2.4731	2015	2.5044	3.4484
2009	1.9579	2.6260	2016	2.5516	3.5444
2010	2.0576	2.7516	2017	2.5685	3.6010
2011	2.1545	2.8864	2018	2.5667	3.6310
2012	2.2636	3.0467			

从表 5-8 的测算结果可以看出，几何型价值模式对应的资本产出比明显低于直线型价值模式。从我国经济建设的进程来看，中华人民共和国成立以来的一段时期，我国都是资本短缺型经济，劳动密集型经济本身资本投入比例不高，因此，1952～1977 年，我国资本产出比都处于较低水平。1978 年后，随着改革开放进程的不断深入，资本投入的相对比例开始提高，资本产出比也表现为逐渐上升的趋势。张军和章元（2003）依据西方发达国家资本系数为 2.5 左右的经验证据，综合技术因素差异，认为我国资本系数应在 2.5 之上。从本节的测算结果来看，2008 年后直线型价值模式对应的资本系数超过 2.5，而几何型价值模式对应的测算结果则直到 2015 年才超过 2.5。根据我国投资增长的实际判断，我们认为直线型价值模式可能更符合实际情况。

三、与以往研究结果的对比分析

为了验证本节估算的结果，我们将本次重估的结果与以往有代表性的研究做了对比分析。限于篇幅，这里不列出具体的数据和图表，只是给出总体的结论。

（一）净资本存量估计值的对比

对比来看，本节测算的净资本存量数据总体上低于张军和章元（2003）、万东华（2009）的测算数据。早期对于资本存量的估计研究存在诸多严格的假设和主观设定问题，如张军和章元（2003）在投资流量指标缩减时采用的是上海市固定资产投资价格指数，但投资流量指标选择的是固定资产积累数据（由 1993 年后的积累数据推算得到）。固定资产投资价格指数与资本存量测算中投资流量的缩减指数在理论内涵和统计外延上是不一致的，在数值上的表现就是资本存量的高估问题，主要体现在以下两个方面。

（1）关于 1993 年后的固定资产积累数据，张军和章元（2003）以 1993 年以前固定资产投资和固定资产积累间的关系为基准，外推求得。但实际上，1993 年以后我国固定资产投资增速变动较之前发生了较大的变化，增速明显比以往加快，因此，这种外推估算可能导致积累数据被高估。

（2）根据张军等（2004）的研究中的分地区固定资产投资价格指数数据，可以看出上海市的固定资产投资价格指数数据在全国省市中处于低位，这种替代处理进一步导致了资本存量数值被高估。

本节的估算结果与单豪杰（2008）和王华（2017）的结果比较接近，特别是与王华（2017）的测算结果几近重合。不同的是，本节对于净资本存量的估算，并没有事先设定折旧率，而是从价值-年限模式的角度展开实证测算。

（二）固定资本消耗率对比

在净资本存量的测度中，固定资本消耗或者固定资本消耗率（通常称为理论折旧率）是至关重要的，如李宾（2011）的研究所揭示的那样，在其他条件相同时，折旧率相差 1 个百分点会导致资本存量在 25 年后出现大约 10 个百分点的差距，在 40 年后差距仍有约 2 个百分点。就目前关于我国固定资本折旧率的估计结果来看，净资本存量估计值不统一，主要也是折旧率差异所致。目前，有关我国资本存量研究的文献中，较常见的折旧率范围是 4%～10.96%，其中 9.6%（张军等，2004）、10.96%（单豪杰，2008）的折旧率被广泛采用。但根据方文全（2012）对我国上市公司财务数据和 OECD 成员国折旧率的研究情况，10%左右的折旧率存在高估嫌疑，导致资本存量被低估和资本回报率被高估。从本节推算的直线型价值模式折旧率数据来看，平均折旧率为 10.32%，高于张军等（2004）的测算值，低于单豪杰（2008）的测算值。因本节测算中纳入了 R&D 资产，通常情况下会导致折旧率数值高于不含 R&D 资产的折旧率。从折旧率的变动情况来看，它整体上表现为下行趋势。这与发达国家的经验相近（孙文凯等，2010），即随着技术进步和社会发展，全社会资产平均折旧率会经历一个下降的过程。

四、小结

本节按照《OECD 资本测算手册 2009》的相关方法与制度，测算了我国1952 年以来的净资本存量、固定资本消耗以及固定资本消耗率数据。有关分析思路和测算数据，能为资本存量核算理论研究与实践进展提供良好的数据基础和方法借鉴。但是，我们也要看到我国资本存量核算研究的不足以及实践进展的差距所在，提高研究的针对性，加强资本存量制度、方法和国际准则的研究，从改善政府统计能力、提高基础数据质量的角度，进一步完善当前的资本存量理论研究，以期为实践进展提供支撑。对此，结合本节的研究内容，拟从以下几方面提出建议。

（1）强化政府统计视角的净资本存量核算研究。作为重要的宏观经济基础数据，净资本存量在衡量一国财富水平、开展资产负债分析中，具有极为重要的作用。指标数据需要满足可靠性和稳定性，统计过程更应该具备可操作性，这是政府统计的特点。正是基于这样的出发点，有关资本存量的核算研究中，很重要的一点便是国际准则和制度与方法的"中国化"应用问题。对此，应重视对国际组织、发达经济体资本存量核算实践进行深入研究，并结合我国的实际情况，对相关方法与制度进行优化和改进。

（2）净资本存量核算中的年限-价值模式有待进一步验证。限于篇幅和基础数据的制约，本节对净资本存量测算中年限-价值模式的选择，主要是从宏观理论逻辑和现实背景角度出发，未进行微观数据层面的检验。这一问题，既是理论研究的难点所在，也是开展净资本存量核算不可回避的话题。未来，相关研究需要在理论方法、参照数据等方面寻找突破口，也有待我国政府统计公布更多有关资本存量核算的基础数据资料。

（3）净资本存量核算中的资产重估问题值得关注。净资本存量是一个价值的范畴，是对资本的财富衡量，其变动主要来自投资流量和价值重估两个方面。本节基于永续盘存法的测算来看，对资产重估采用了固定资本形成价格指数。这一价格指数主要是根据建设成本的变动编制的，对资产真实价值的重估考虑尚不够充分。特别是在投资流量变动较小，但资产价格波动较大的时期，价值重估是引起净资本存量变动的主要因素。因此，今后还有必要开展专门的资本存量增长分解研究，探讨净资本存量规模增长背后的投资流量贡献和价值重估贡献，以便更好地了解与把握财富的实际增长动力。

第三节　中国生产性资本存量估算

一、问题的提出

生产性资本存量是从生产能力的角度对资产生产特性进行的考察，是测算资本服务、全要素生产率、资本回报率的关键指标。永续盘存法是 OECD 建议的测算生产性资本存量的基本方法。年限-效率模式是生产性资本存量区别于净资本存量的关键。通过对文献的梳理和分析发现，以往我国比较缺少对生产性资本存量的测算研究。值得庆幸的是，近些年来部分国内学者已经开始关注基于政府统计视角开展生产性资本存量核算研究的重要性，并进行了一些理论探讨和数据测算研究。例如，肖红叶和郝枫（2005）对资本存量核算中三种相对效率模式及其参数特征进行了介绍。孙琳琳和任若恩（2005b）、曾五一和任涛（2016）对净资本存量、生产性资本存量之间的区别与联系进行了详细的分析。但总的来看，以往对我国生产性资本存量的测算研究尚存在以下不足之处：一是对资产年限-效率模式具体形式的选择，缺少科学、客观的选择依据；二是对于效率损失参数和资产平均耐用年限一般采用主观设定的方式确定，缺少必要的客观检验；这些问题是生产性资本存量核算的关键问题，对此，本节拟就上述问题开展针对性研究。

（一）基本测算原理

根据《OECD 资本测算手册 2009》的定义，生产性资本存量[①]是指总资本存量扣除在生产过程中的效率损失后的余额。该指标较为准确地反映了资本实际的"生产能力"。其内涵可以用下式反映：

$$PK_t = K_t - E_t = \sum_{\tau=0}^{T-1} \widetilde{h}_\tau I_{t-\tau} = \sum_{\tau=0}^{T-1} h_\tau f_\tau I_{t-\tau} \qquad (5\text{-}22)$$

式中，PK_t、K_t、E_t 分别为 t 年生产性资本存量、总资本存量、累计效率损失价值；$\widetilde{h}_\tau$ 为整体"效率/残存"模式；h_τ 为资产的效率模式[②]，是从生产能力角度刻画资产生产效率的时间序列特性，是估算生产性资本存量和资本服务的基础，被描述为随时间推移而发生的资产生产能力的变化。理论上讲，凡是能够影响资产经济寿命的因素都应在效率模式的构造上得到体现。f_τ 为资产的残存模式，是用来反映随着时间的推移资产残存比例分布情况的函数。

实践中，效率模式常用的具体形式主要是双曲线型和几何型。由于几何型函数操作上比较方便，多数国家的统计机构在估算生产性资本时，采用几何型模式。但也有一些机构如美国、澳大利亚、英国、法国等的统计部门主要采用双曲线型模式，其差异仅在于选取的效率损失参数数值的不同。选择哪一种模式取决于研究者处理问题的差异。几何型模式由于较好的数学处理优势，在实证研究中广受青睐；而双曲线型模式能够更好地对资本的生产能力变化进行描述，因此在实务操作中被广泛推崇。两类模式的基本原理如下。

---

① 注意这里所谓的"生产性资本存量"所对应的并不是"非生产性资本存量"而是"已失去实际生产能力的资本存量"。

② 为了便于表述，如无特别说明，"年限-效率"模式简称"效率模式"，"年限-价值"模式简称"价值模式"。

1. 几何型模式

在经济分析中应用最为广泛的就是几何型效率模式，其形式为

$$h_\tau = (1-e)^\tau \tag{5-23}$$

式中，e 为效率损失率。该模式的特点是假定资产的效率损失以一个不变的速率下降。

2. 双曲线型模式

$$h_\tau = \frac{T-\tau}{T-\beta\tau} \tag{5-24}$$

式中，τ 为资产役龄，即资产的服役年限；$\beta \leqslant 1$，代表效率双曲线函数的形态，称为效率参数。双曲线型效率模式的特点是资产在其服役早期效率损失的速度较低，越接近资产经济寿命末期效率下降得越快。效率参数代表着相应的资产效率损失程度，如在煤矿开采方面，其被设定为 1，表示效率在开采过程中不会有变化；而 0 经常作为艺术原创作品效率损失参数的取值。

整体来看，几何型模式下，效率损失率在较短的资产服役时期内不会迅速衰减至 0，其特点是起始阶段效率下降得最快，但随着时间的推移，效率损失会越来越平缓。而双曲线型模式某种程度上依赖于 β 值的取值。

（二）效率损失参数估计

从式（5-22）的测算原理来看，获得资本流量及其缩减指数、资产平均耐用年限、资产残存模式、年限-效率模式即可开展估算研究。其中，除年限-效率模式外，其他指标、参数和模式均同前文研究一致，本节研究的重点也就落脚于效率损失参数的估计之中。

1. 几何型模式

王亚菲和王春云（2017）的研究指出，在几何型模式下，年限-价值模式即年限-效率模式，此时，效率损失率的值可由固定资本消耗率代替。

2. 双曲线型模式

《OECD 资本测算手册 2009》关于双曲线型模式下 β 值设定的建议是，机械设备和建筑物分别为 0.5 和 0.75，这与美国 BLS 在测算生产性资本存量时的设定相同。杨玉玲和郭鹏飞（2017）在估算我国省际第三产业资本存量时，设定 β 值为 0.6。考虑到基础数据的限制，很难根据固定资产投资相关的统计资料，来确定复合 β 值的加权权重。对此，我们转向其他思路。

在 MPS 下，我国发布了按用途划分的积累总额数据，其中生产性积累指标是测算生产性资本存量的较好选择。《国民收入统计资料汇编 1949—1985》中给出了生产性积累、非生产性积累、固定资产积累、流动资产积累四个维度的数据，考虑到生产性积累指标中包含了固定资产和流动资产部分，而流动资产不是我们开展固定资本存量核算的对象，因此，以固定资产积累数据为基础构建生产性资本存量的参照值 $K_{1,t}$，以不同 β 值设定下永续盘存法求得的各年生产性资本存量为目标值 $K_{2,t}^{\beta}$，当参照值与目标值最为接近时，其所对应的 β 值，即为双曲线型模式下资产的效率损失比例。具体原理如下：

$$\min_{\beta}\left(\frac{\sum\left|K_{1,t}-K_{2,t}^{\beta}\right|}{\sum K_{2,t}^{\beta}}\right) \tag{5-25}$$

$$K_{1,t}=\sum_{\tau=0}^{T-1}\varphi_{t-\tau} \tag{5-26}$$

式中，$\varphi_{t-\tau}$ 为生产性积累。

$$K_{2,t}=\sum_{\tau=0}^{T-1}\frac{T-\tau}{T-\beta\tau}I_{t-\tau} \tag{5-27}$$

式中，$I_{t-\tau}$ 为固定资本形成。

二、生产性资本存量测算

（一）效率损失参数估计

这里采用几何型模式测算生产性资本存量，效率损失参数直接采用本章净资本存量测算中的几何型价值模式的折旧率。

在测算区间上，选择 1966～1985 年，给定不同的 β 值，可以计算得出不同的 $K_{1,t}$ 和 $K_{2,t}$，分别将其代入式（5-22），经过试算，发现当 $\beta=0.57$ 时，按两种方式估算的 1966～1985 年生产性资本存量之间的总绝对误差率最小，见表 5-9。

表 5-9　双曲线型模式下的效率损失参数选择　　　　（单位：亿元）

年份	参照值	不同 β 下的目标值					
		$\beta=0.54$	$\beta=0.55$	$\beta=0.56$	$\beta=0.57$	$\beta=0.58$	$\beta=0.59$
1966	3 159	2 952	2 965	2 978	2 991	3 005	3 019
1967	3 367	3 061	3 075	3 090	3 104	3 119	3 134
1968	3 553	3 134	3 149	3 165	3 180	3 196	3 212
1969	3 762	3 309	3 325	3 341	3 357	3 374	3 391

续表

年份	参照值	不同 β 下的目标值					
		$\beta = 0.54$	$\beta = 0.55$	$\beta = 0.56$	$\beta = 0.57$	$\beta = 0.58$	$\beta = 0.59$
1970	4 170	3 608	3 625	3 642	3 659	3 677	3 695
1971	4 599	3 935	3 953	3 970	3 988	4 006	4 025
1972	5 023	4 251	4 269	4 287	4 305	4 324	4 343
1973	5 293	4 580	4 598	4 617	4 635	4 654	4 674
1974	5 410	4 984	5 003	5 022	5 041	5 060	5 080
1975	5 575	5 514	5 534	5 554	5 574	5 595	5 616
1976	6 074	6 026	6 048	6 070	6 092	6 115	6 139
1977	6 661	6 538	6 563	6 588	6 613	6 638	6 664
1978	7 414	7 165	7 192	7 219	7 247	7 276	7 305
1979	8 069	7 796	7 826	7 856	7 887	7 918	7 950
1980	8 483	8 485	8 517	8 550	8 584	8 618	8 653
1981	8 690	9 117	9 152	9 188	9 225	9 263	9 301
1982	9 012	9 832	9 871	9 911	9 952	9 993	10 035
1983	9 503	10 607	10 650	10 693	10 738	10 783	10 829
1984	10 225	11 616	11 663	11 710	11 758	11 807	11 856
1985	11 242	12 928	12 978	13 029	13 081	13 133	13 186
总误差		8.269 5%	8.219 6%	8.169 1%	8.146 9%	8.160 0%	8.179 7%

（二）测算结果

因几何型价值模式和效率模式下的净资本存量和生产性资本存量测算值相同，在此不再列出几何型效率模式下的生产性资本存量测算结果，具体数值可参见表 5-7。对于双曲线型效率模式，根据前文估算的 β 值，结合资产平均耐用年限，可测算 1966~2018 年的生产性资本存量。对于 1952~1965 年的生产性资本存量，主要以生产性资本存量的定义为切入口，利用 1966 年以后总资本存量与效率损失之间的关系进行估算。

通过建立总资本存量 G_t 和效率损失 E_t 之间的关系[①]，可求得 1966~2018 年资本效率损失比例，见图 5-3。

_____

①总资本存量的估算参见本书第五章第一节。

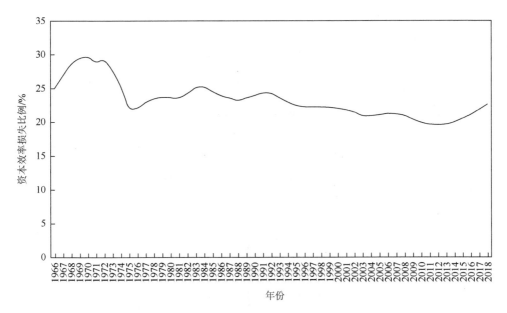

图 5-3　双曲线型效率模式下的资本效率损失比例

从图 5-3 的走势来看，双曲线型效率模式下的效率损失比例自 1978 年以来整体上保持稳定。考虑到改革开放前的实际情况，选择将 1966 年的效率损失比例作为推算 1952～1965 年生产性资本存量的替代性比例指标。以此求得的该模式下1952～1965 年生产性资本存量和效率损失值，详见表 5-10。

表 5-10　双曲线型模式下生产性资本存量和效率损失测算结果（1952 年价）

（单位：亿元）

年份	生产性资本存量	效率损失	年份	生产性资本存量	效率损失
1952	537.76	286.63	1963	2 353.25	1 254.27
1953	613.62	327.06	1964	2 518.86	1 342.54
1954	708.10	377.41	1965	2 733.18	1 456.77
1955	809.39	431.40	1966	2 991.32	999.86
1956	968.94	516.44	1967	3 104.25	1 143.16
1957	1 105.94	589.46	1968	3 180.25	1 274.71
1958	1 361.99	725.93	1969	3 357.45	1 400.92
1959	1 672.34	891.35	1970	3 659.30	1 539.63
1960	2 009.70	1 071.16	1971	3 987.85	1 628.25
1961	2 153.36	1 147.73	1972	4 305.32	1 765.70
1962	2 243.31	1 195.67	1973	4 635.40	1 771.70

续表

年份	生产性资本存量	效率损失	年份	生产性资本存量	效率损失
1974	5 040.96	1 707.94	1997	43 081.70	12 327.07
1975	5 574.09	1 599.05	1998	48 245.21	13 782.16
1976	6 092.33	1 733.19	1999	53 509.83	15 276.91
1977	6 612.73	1 967.10	2000	59 246.51	16 747.43
1978	7 247.36	2 220.05	2001	65 848.87	18 384.37
1979	7 886.77	2 450.34	2002	73 615.48	20 190.16
1980	8 583.95	2 661.80	2003	83 424.67	22 154.08
1981	9 225.20	2 857.60	2004	94 838.28	25 076.64
1982	9 951.70	3 184.53	2005	107 822.46	28 803.14
1983	10 737.75	3 591.45	2006	122 465.27	33 055.23
1984	11 757.81	3 957.96	2007	139 538.50	37 501.71
1985	13 080.53	4 258.62	2008	158 470.64	42 025.87
1986	14 522.38	4 582.72	2009	183 400.24	47 025.64
1987	16 121.30	4 981.29	2010	212 034.00	52 799.12
1988	17 926.45	5 438.09	2011	243 459.34	59 570.22
1989	19 198.48	5 925.73	2012	277 602.41	67 704.95
1990	20 297.64	6 389.76	2013	314 809.76	76 981.73
1991	21 681.50	6 967.85	2014	353 240.63	88 138.21
1992	23 781.74	7 631.44	2015	392 441.47	101 101.16
1993	26 774.13	8 287.17	2016	432 492.60	115 753.94
1994	30 289.27	9 061.48	2017	471 845.02	132 021.62
1995	34 233.54	9 937.09	2018	510 099.04	149 188.80
1996	38 564.98	11 055.13			

（三）结果分析

为了比较不同效率模式下的生产性资本存量测算结果，图 5-4 中还同时给出了直线型效率模式和几何型效率模式下的生产性资本存量测算结果。从图 5-4 中可以看出，不同模式下生产性资本存量测算值存在较大的差异，其中：①1960 年以前，直线型效率模式下的测算值最大，且其与双曲线型效率模式下的测算结果逐渐趋近；②1960 年以后，双曲线型效率模式下的生产性资本存量测算值最大，直线型效率模式下的测算值次之，几何型效率模式下的测算值最小，且双曲线型效率模式下的生产性资本存量与其他模式测算值间的差异逐渐扩大。

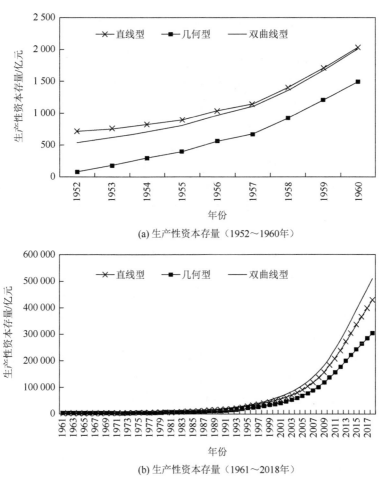

(a) 生产性资本存量（1952～1960年）

(b) 生产性资本存量（1961～2018年）

图 5-4　生产性资本存量测算结果对比

三、小结

本节从国际准则和方法入手，研究了生产性资本存量测算中的效率损失参数估计问题，并以此为出发点测算了我国的生产性资本存量，这一研究规范了我国资本存量核算研究的范式。有关双曲线型模式下我国效率损失参数的估计探索，对于开展我国生产性资本存量核算有着重要的借鉴意义。限于数据资料的制约，本节针对我国实际情况所开展的生产性资本存量测算也存在一定程度的简化处理，未来需要在核算方法、基础资料来源和处理方式上探究符合我国国情的专门研究。

（一）资产平均耐用年限和效率损失参数的确定问题

一方面，确定资产平均耐用年限是开展资本存量核算的首要条件。然而，资本品种类繁多，又涉及行业、地区等多个维度的差异问题，如何确定国家（地区、行业）层面的资产平均耐用年限是研究的难点所在。未来需要从多源数据融合的视角开展研究，重点解决数据缺失、口径衔接、指标匹配等问题。另一方面，效率损失参数的确定是资本存量核算的主要微观研究主题之一，国内相关的理论研究大多直接采用国外的经验数值或者通过主观设定，缺乏必要的科学探讨。尝试从资本品（资本组合）效率分布的角度入手，结合已有宏微观数据开展具体测算研究，提高参数测算的有效性和客观性，是今后理论研究的重要问题之一。

（二）效率模式确定中如何考虑中国经济的转型特征问题

中国经济带有明显的转型结构特征，这是直接套用国外模式和参数无法回避的关键问题。那么，如何划分中国经济发展的阶段，并将其融入生产性资本存量的核算研究当中，是此类研究需重视之处，更是难点所在。在我国经济发展的不同阶段和制度变迁的不同时期，技术进步程度存在差异，资产质量和资产报酬下降的程度也不尽相同。对此，今后还需要着力探索技术进步与资本效率下降之间的理论机理，并通过经济发展和结构转化特征的模型化处理，研究分阶段资产平均耐用年限测算和效率损失参数的估计问题。

（三）生产性资本存量数据的实证分析应用问题

重新测算的生产性资本存量数据，可应用于全要素生产率、资本回报率、资本-产出比等关键指标的再测算。可进一步利用这些指标，考察投资效率和经济运行效率，评价经济增长模式转变的相关政策选择与实施效果，为我国经济发展相关政策的制定和宏观调控提供政策参考和理论支持。

第六章　中国分地区、分部门资本存量的估算

从理论上讲，分地区、分部门资本存量的估算也可以采用与国家层面资本存量估算时所采用的方法类似的方法，即利用经济普查和国民经济核算中的固定资本形成等有关资料进行估算。但是，与国家层面相比，分地区、分部门相关资料的获得较为困难，例如，估算各省区市经济普查年份全社会资本存量需要的数据相对欠缺，分行业只有固定资产投资的历史数据而缺少固定资本形成的数据等。由于资料来源的限制，这次我们只是参照国家层面估算的结果，利用可获得的数据，采用简化的方法，分别估算了中国各省区市（不包含港澳台地区）、工业部门分行业的资本存量的历史数据。另外，为了能够进一步开展关于资本存量数据的应用研究并对各省区市的全要素生产率进行测度与分析，我们还收集和整理了各省区市的地区生产总值、就业人数等其他相关数据。

第一节　各省区市资本存量的估算与相关数据的整理

一、问题的提出

（一）以往研究成果评述

以往，对于我国省际资本存量估算的代表性研究主要是张军等（2004）和单豪杰（2008）等的文章。他们的研究并未涉及总资本存量，而是基于永续盘存法，对各省区市的净资本存量进行估算。其讨论主要涉及以下几个方面。

（1）关于当年投资数据，单豪杰（2008）和张军等（2004）采用的是固定资本形成额。

（2）关于价格指数，张军等（2004）提到《中国国内生产总值核算历史资料1952—1995》虽然提供了固定资本形成总额指数，但书中没有对固定资本形成总额及其指数之间的关系给予说明。因此，张军等（2004）利用书中提供的各年固定资本形成总额（当年价格）、以 1952 年为基期和以上一年为基期的固定资本形成总额指数这三列数据，计算出各省区市各年的以 1952 年为基期和以上一年为基期的投资隐含平减指数；对于 1995 年以后的数据则直接采用《中国统计年鉴》公布的固定资产投资价格指数，然后用这一指数序列平减各年投资，将其折算成以

基年不变价格表示的实际值。单豪杰（2008）也是根据《中国国内生产总值核算历史资料 1952—1995》《中国国内生产总值核算历史资料 1952—2004》提供的 1952～2004 年全国和分省的固定资本形成价格指数，计算出以 1952 年为基期的价格平减指数。2005～2006 年的指数，则采用各省区市的固定资产投资价格指数。

针对张军等（2004）的研究，叶宗裕（2010）认为基于《中国国内生产总值核算历史资料 1952—1995》计算的一些省区市后续各年的固定资本平缩指数偏小，从而导致估算的资本存量偏大。因此造成张军等（2004）、单豪杰（2008）等估算的北京等省市的资本存量偏大。

（3）关于折旧率，张军等（2004）假定各省区市全部建筑和设备的平均耐用年限分别是 45 年和 20 年，其他类型的投资假定为 25 年，三者的理论折旧率分别是 6.9%、14.9%和 12.1%。三类资本品在总固定资产中的比重分别是：建筑安装工程 63%、设备工器具购置 29%及其他费用 8%。基于该比重，在相对效率呈几何递减的模式下，计算得到了各省区市固定资本形成总额的理论折旧率 δ 是 9.6%。单豪杰（2008）与张军等（2004）的方法类似，只是将固定资本形成分为建筑和设备，分别确定折旧率后，进行加权平均得出每年的折旧率 10.96%，并在分省的估算中将折旧率统一取为 10.96%。

上述两篇文献均忽略了这样一个问题，即实际上各省区市三类资产所占的比重并不相同，因此各省区市总体折旧率应该不同。

（4）关于价值模式，张军等（2004）、单豪杰（2008）采用的价值模式是几何型价值模式，折旧率的大小直接影响到净资本存量的估算结果。而前文已提到，折旧率又与固定资本的耐用年限有直接的关系。对建筑和设备的耐用年限假定不同、残值率的选择不同（我国法定残值率为 3%～5%）均会导致计算出的折旧率不同，从而使其估算出来的净资本存量有较大的差异。

（5）关于基期资本存量，张军等（2004）用 1952 年的固定资本形成总额除以 10%估算基期 1952 年的全国及各省区市的资本存量。单豪杰（2008）则采用各省区市 1953 年的资本形成总额比上折旧率与 1953～1957 年固定资产投资形成平均增长率之和来估算各省区市 1952 年的资本存量。但对比基期资本存量估算的相关文献可以发现，由于采用的方法不同，估算结果差异很大。例如，张军等（2004）估算的 1952 年青海省（3 亿元）和福建省（9 亿元）的资本存量分别是单豪杰（2008）估算的 1952 年青海省（0.56 亿元）和福建省（1.54 亿元）的 5.36 倍和 5.84 倍。

（二）本节的研究思路

根据以上分析，参照以往代表性的研究成果，结合我国的统计实践与有可能获得的资料，我们对我国各省区市（由于数据可得性，不包含港澳台地区）总资本存量和净资本存量的估算从以下几个方面展开。

（1）当年各省区市的固定资本流量数据同样采用固定资本形成总额（选取该指标的理由已在第五章做过论述，这里不再赘述）。

（2）在固定资本形成总额不变价的换算中，价格指数是关键。张军等（2004）和单豪杰（2008）利用《中国国内生产总值核算历史资料 1952—1995》和《中国国内生产总值核算历史资料 1952—2004》计算的各省区市固定资本形成的平减指数不太合理。我国国家统计局自 1990 年才开始公布各省区市的固定资产投资价格指数。Young（2003）、张军等（2004）和单豪杰（2008）均发现，大部分省区市的固定资产价格指数仅在 1978 年后才出现明显的变动。因此本节的做法是：在 1990 年前各省区市价格指数统一采用第三章中估算得到的我国固定资本流量价格指数，1990 年后则采用各省区市固定资产投资价格指数，并根据此指数计算各省区市各年不变价格固定资本形成额。

（3）将各省区市固定资产投资中房地产开发投资所占比重与全国固定资产投资中房地产开发投资所占比重进行比较，以区分各省区市的固定资产耐用年限。

（4）在净资本存量的估算中，选择直线型价值模型。不同省区市因固定资产耐用年限不同，固定资本流量价值综合残存比例系数也有所不同。

二、各省区市资本存量数据的估算

（一）各省区市固定资本形成数据的收集、整理与换算

如前所述，利用永续盘存法估算总资本存量，必须首先获得历年按不变价格计算的固定资本形成额。

我国各省区市现价固定资本形成总额，绝大部分都可从国家统计局网站及《新中国六十年统计资料汇编》或《中国国内生产总值核算历史资料 1952—1995》中获得。但由于各种原因，个别省区市的数据在某些历史年份有所缺失。对此，我们参照单豪杰（2008）、张军等（2004）的处理方法，做了必要的补齐。

具体做法如下：西藏 1952～1992 年没有国民经济核算的固定资本形成数据，所以我们利用"全社会固定资产投资"作为替代指标。江西 1978 年前只有包括流动资本形成和固定资本形成在内的资本形成，没有具体的固定资本形成总额。该省 1978～1980 年固定资本形成占资本形成的比例为 0.86，假定固定资本形成占资本形成的比例不变，以此值乘以 1952～1977 年的资本形成额，从而得到江西 1978 年前固定资本形成总额。还有一些省区市如重庆和海南是后来成立的，其成立之前的固定资本形成数据也不齐全。考虑到 1997 年之前重庆属于四川省，所以利用四川

省1952～1995年固定资本形成总额占全部资本形成总额的比例,乘以重庆1952～1995年全部资本形成总额去估算1952～1995年重庆的固定资本形成总额的数据。对于海南省1978年前固定资本形成总额的处理方法是采用1978～1981年的资本形成额与基本建设的平均比例系数0.68乘以海南省1978～1981年的全部资本形成额,估算这段时期海南的固定资本形成额。

收集到各省区市按现价计算的固定资本形成后,还需要利用资本流量价格指数将其换算成以1952年价格计算的不变价格固定资本存量。具体换算时,我们选取的价格指数是各省区市固定资产投资价格指数。由于目前只能查到1990年后各省区市的固定资产投资价格指数,因此1990年以前对于各省区市固定资本形成的换算统一采用全国的固定资本流量价格指数。

(二)各省区市总资本存量数据的初步估算

与全国资本存量估算方法类似,这里采用永续盘存法对1967～2017年各省区市的总资本存量进行初步估算。仍假定固定资产的退役采用寿命期满一次性报废模式,永续盘存法估算各省区市各年份资本存量的公式为

$$K_t = \sum_{\tau=0}^{T} I_{t-\tau} \tag{6-1}$$

式中,$I_{t-\tau}$为$t-\tau$年的全社会固定资本形成总额;T为固定资产的平均耐用年限。曾五一和赵煜昆(2019)曾指出,根据实证分析的结果,中国国家层面总固定资本存量的估算中$T=15$较为合理。但对于不同的省区市而言,由于各省区市固定资产投资的具体内容不同,采用统一的耐用年限并不恰当[①]。例如,各省区市固定资产投资中用于房地产开发投资的比例存在较大的差异,而住房的耐用年限明显长于大多数机器设备的耐用年限,因此在估算各省区市的资本存量时,平均耐用年限T应根据房地产开发投资所占比例的不同而有所调整。

为此,我们计算了不同时间段各省区市固定资产投资中房地产开发投资所占比重,并与全国的比重进行了比较(目前国家统计局网站和统计年鉴中可查到的有关房地产开发投资数据从1994年开始,因此图6-1展示了自1994年起不同时间段全国及各省区市固定资产投资中房地产开发投资所占比重的均值)。

从图6-1中可以看出,全国31个省区市大致可分为3类:第一类是比重高于全国平均水平的地区,如北京、辽宁、上海、江苏、浙江、福建、广东、海南、重庆等;第二类是比重与全国平均水平相当或比全国平均水平稍低的地区,如天

---

① 我们曾利用统一耐用年限估算的各省区市总资本存量进行分省生产函数的拟合与各因素对经济增长贡献的定量分析,发现某些省区市的量化分析结构不太符合实际情况。

津、河北、安徽、山东、河南、湖北、湖南、广西、四川、贵州、云南、陕西、宁夏等；第三类是比重明显低于全国平均水平的地区，如山西、内蒙古、吉林、黑龙江、江西、西藏、青海、甘肃、新疆。

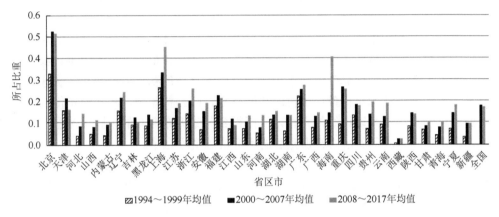

图 6-1　全国及各省区市固定资产投资中房地产开发投资所占比重

我们将固定资产投资中房地产开发投资所占比重高于全国平均水平的地区的平均耐用年限 T 定为 16 年；将比重与全国平均水平相当或比全国平均水平稍低的地区的平均耐用年限 T 定为 15 年；将比重明显低于全国平均水平的地区的平均耐用年限 T 定为 14 年。考虑到我国自 1998 年起实行住房分配货币化，本节在 1998 年前仍基于平均耐用年限为 15 年计算各省区市的总资本存量，1998 年后再分为 14 年、15 年、16 年分别计算各省区市的总资本存量。具体的计算分为以下四步：①按照各省区市确定的平均耐用年限，根据式（6-1）计算各省区市 1997～2017 年的总资本存量；②根据式（6-1），各省区市均按照平均耐用年限为 15 年计算它们 1967～1998 年的总资本存量；③为了使两种计算口径的数据能较好地衔接，将 1997 年和 1998 年两年作为过渡年份，这两年的总资本存量为两种计算口径下计算结果的平均值；④对于 1952～1966 年的总资本存量估算，则是根据基准年份盘存法，从基准年份往前倒推以往各年的总资本存量：

$$K_{t-1} = (K_t - I_t) / (1 - \lambda) \tag{6-2}$$

式中，K_{t-1} 为 $t-1$ 年的总资本存量；λ 为固定资产报废率即报废设备在上一年资本存量中所占的比重，短期内一般可假定其不变。按照平均耐用年限是 15 年，假定 $\lambda = \dfrac{I_{1952}}{\sum\limits_{\tau=1952}^{1966} I_\tau}$。

（三）各省区市总资本存量数据的调整与确定

由于目前我国各省区市的固定资本形成合计数与国家层面的固定资本形成之间的衔接存在一定的问题，前者与后者有一定的差异。这也造成利用各省区市固定资本流量数据初步估算的各省区市总资本存量的合计数并不等于全国的总资本存量。因此，需要对各省区市总资本存量的初步估计数进行必要的调整。我们采用的调整方法如下：计算各省区市历年的总资本存量的初步估计数在各省区市总资本存量初步估计的合计数中所占的比例系数，即结构系数；将相应年份的国家层面的总资本存量乘以该结构系数，从而得到与第五章估算的中国国家层面的总资本存量相衔接的各省区市经调整后的不变价总资本存量。

按上述方法即可求得各省区市的总资本存量。这里展示出了北京 1952～2017 年资本存量估算的具体数据（表 6-1），其他省区市的具体估算结果读者可通过本书第十二章的数据库查询。

表 6-1　北京 1952～2017 年资本存量估算的具体数据

年份	按当年价格计算的固定资本形成额/亿元	按不变价格计算的固定资本形成额/亿元	固定资本流量价格指数（1952 年=100）	按当年价格计算的总资本存量/亿元	按不变价格计算的总资本存量/亿元	固定资本存量价格指数（1952 年=100）
1952	0.79	0.79	100.00	6.40	6.40	100.00
1953	5.36	5.42	98.81	11.87	11.99	98.96
1954	8.19	8.34	98.17	20.52	20.83	98.51
1955	5.25	5.59	93.95	26.14	26.88	97.24
1956	7.71	8.23	93.66	35.04	36.42	96.20
1957	7.10	7.91	89.71	42.21	44.54	94.79
1958	11.80	13.10	90.05	53.34	57.02	93.53
1959	17.70	18.13	97.62	71.37	75.42	94.63
1960	18.40	18.91	97.31	89.73	94.24	95.22
1961	8.70	9.10	95.56	100.67	105.69	95.25
1962	0.70	0.68	102.54	103.32	108.42	95.30
1963	2.30	2.14	107.48	107.34	112.32	95.56
1964	6.20	5.89	105.25	115.99	120.68	96.11
1965	8.30	8.15	101.79	127.15	131.73	96.52
1966	9.00	9.02	99.81	140.76	144.58	97.36
1967	6.30	6.29	100.15	150.60	154.43	97.53
1968	5.90	6.10	96.75	154.65	158.78	97.40
1969	8.70	9.20	94.55	158.50	163.28	97.07
1970	7.10	7.51	94.52	162.90	167.96	96.99

续表

年份	按当年价格计算的固定资本形成额/亿元	按不变价格计算的固定资本形成额/亿元	固定资本流量价格指数（1952年=100）	按当年价格计算的总资本存量/亿元	按不变价格计算的总资本存量/亿元	固定资本存量价格指数（1952年=100）
1971	9.80	10.26	95.52	166.62	171.70	97.04
1972	9.90	10.24	96.71	172.85	177.55	97.35
1973	14.40	14.87	96.82	181.06	185.11	97.81
1974	19.00	19.59	96.97	188.87	193.31	97.70
1975	16.80	17.12	98.12	193.09	197.45	97.79
1976	11.60	11.74	98.79	199.02	203.04	98.02
1977	14.20	14.17	100.24	217.89	221.90	98.19
1978	24.84	24.64	100.81	249.92	253.90	98.44
1979	29.10	28.26	102.99	281.85	285.08	98.87
1980	36.43	34.33	106.12	322.48	322.91	99.87
1981	40.13	36.63	109.56	367.04	362.42	101.27
1982	42.29	37.73	112.09	410.55	400.24	102.58
1983	56.15	48.89	114.84	470.21	450.72	104.33
1984	72.51	60.66	119.53	545.32	510.77	106.76
1985	102.72	80.17	128.13	657.10	595.59	110.33
1986	115.96	85.03	136.37	780.48	682.31	114.39
1987	148.59	103.57	143.47	937.07	787.20	119.04
1988	177.68	109.06	162.92	1 125.77	894.79	125.81
1989	151.94	85.92	176.83	1 269.24	962.90	131.81
1990	195.02	104.59	186.46	1 444.50	1 044.67	138.27
1991	208.78	104.35	200.07	1 636.94	1 130.46	144.80
1992	289.01	128.75	224.48	1 923.81	1 249.83	153.93
1993	326.82	115.00	284.19	2 261.00	1 354.79	166.89
1994	519.01	157.17	330.23	2 783.00	1 498.96	185.66
1995	888.31	236.17	376.13	3 656.26	1 712.37	213.52
1996	922.48	226.67	406.98	4 534.67	1 907.29	237.75
1997	1 001.73	239.67	417.96	5 477.23	2 132.45	256.85
1998	1 171.90	278.16	421.31	6 568.92	2 373.34	276.78
1999	1 233.46	293.06	420.89	7 676.90	2 637.26	291.09
2000	1 400.36	329.42	425.10	8 913.35	2 900.13	307.34
2001	1 602.06	374.62	427.65	10 354.02	3 199.89	323.57
2002	1 951.88	454.61	429.36	12 101.38	3 577.05	338.31
2003	2 437.88	555.58	438.80	14 254.43	4 032.25	353.51
2004	2 844.29	621.47	457.67	16 724.22	4 542.20	368.20
2005	3 204.65	695.34	460.88	19 225.84	5 091.97	377.57
2006	3 551.17	767.46	462.72	21 831.78	5 649.41	386.44

续表

年份	按当年价格计算的固定资本形成额/亿元	按不变价格计算的固定资本形成额/亿元	固定资本流量价格指数（1952 年 =100）	按当年价格计算的总资本存量/亿元	按不变价格计算的总资本存量/亿元	固定资本存量价格指数（1952 年 =100）
2007	4 022.63	845.67	475.67	24 661.78	6 247.38	394.75
2008	3 989.48	778.01	512.78	28 084.26	6 928.62	405.34
2009	4 435.01	890.73	497.91	30 171.01	7 339.27	411.09
2010	5 342.40	1 046.80	510.35	33 400.98	8 037.04	415.59
2011	5 953.86	1 103.70	539.44	37 003.74	8 700.59	425.30
2012	7 032.80	1 286.98	546.46	41 353.68	9 523.00	434.25
2013	7 595.38	1 391.32	545.91	46 010.91	10 306.93	446.41
2014	7 957.20	1 457.60	545.91	50 896.08	11 346.61	448.56
2015	8 155.36	1 530.63	532.81	55 867.63	12 329.81	453.11
2016	9 716.05	1 829.04	531.21	61 849.73	13 524.11	457.33
2017	10 375.27	1 865.46	556.18	68 366.71	14 736.08	463.94

为了进一步说明各省区市总资本存量的变化情况，这里按我国地理区域划分绘制各省区市总资本存量估算结果的动态趋势图，如图 6-2 所示。图中的横坐标是时间轴，纵坐标是按不变价格计算的总资本存量。

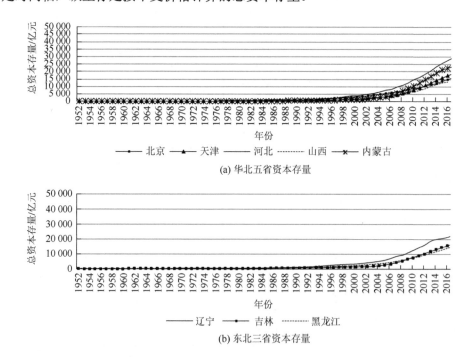

(a) 华北五省资本存量

(b) 东北三省资本存量

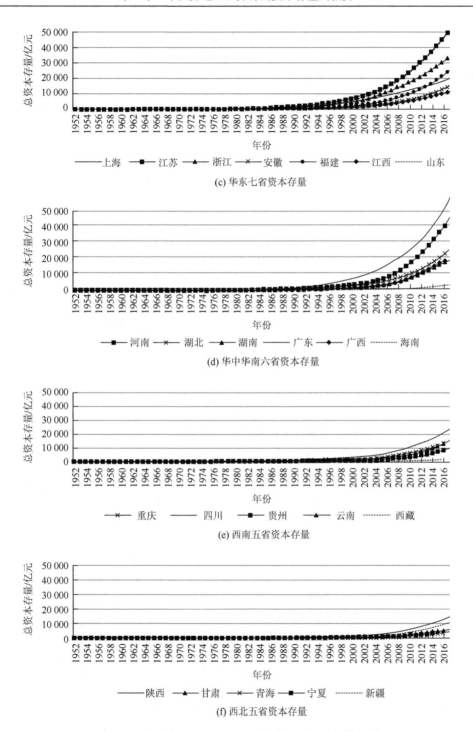

(c) 华东七省资本存量

(d) 华中华南六省资本存量

(e) 西南五省资本存量

(f) 西北五省资本存量

图6-2　各省区市1952～2017年总资本存量的估算结果

从上述动态趋势图可以看出，我国各省区市总资本存量的增长大致存在两个明显拐点，一个是 1993 年，一个是 2008 年。尤其是 2008 年金融危机后，总资本存量的变化趋势呈现出指数曲线的上涨模式。其中，河北、辽宁、江苏和山东、广东和河南、四川和陕西是各区域中总资本存量上涨最快的；而北京、上海、江西、海南、西藏等地区则上涨较为平稳。

（四）各省区市净资本存量的估算

各省区市净资本存量估算的基本步骤如下。

首先，根据第五章所论述的净资本存量的一般计算方法，利用以下公式：

$$W_t = \sum_{\tau=0}^{T-1} \left(1 - \frac{\tau}{T}\right) I_{t-\tau} \tag{6-3}$$

计算 1967~1997 年（耐用年限设定为 15 年）的各省区市历史年份的净资本存量。

其次，根据式（6-3）在耐用年限不同的情况下，分别计算相应省区市 1998~2017 年的净资本存量；不同耐用年限的固定资本流量价值残存系数见表 5-4、表 6-2 和表 6-3。其中，表 5-4 为耐用年限为 15 年时的残存比例系数。表 6-2 和表 6-3 则是耐用年限分别为 16 年和 14 年时的残存比例系数。

表 6-2　耐用年限 16 年的固定资本流量价值残存系数

时间	第 1 年	第 2 年	第 3 年	第 4 年	第 5 年	第 6 年	第 7 年	第 8 年
价值残存系数	0.0625	0.125	0.1875	0.25	0.3125	0.375	0.4375	0.5
时间	第 9 年	第 10 年	第 11 年	第 12 年	第 13 年	第 14 年	第 15 年	第 16 年
价值残存系数	0.5625	0.625	0.6875	0.75	0.8125	0.875	0.9375	1

注：表中与时间对应的残存比例系数是指 1 单位投资在第 16 年的剩余价值。例如，第 1 年 1 单位投资到第 16 年时残存的价值为 0.0625 单位，第 16 年 1 单位投资当年的残存价值为 1 单位。

表 6-3　耐用年限 14 年的固定资本流量价值残存系数

时间	第 1 年	第 2 年	第 3 年	第 4 年	第 5 年	第 6 年	第 7 年
价值残存系数	0.0714	0.1429	0.2143	0.2857	0.3571	0.4286	0.5
时间	第 8 年	第 9 年	第 10 年	第 11 年	第 12 年	第 13 年	第 14 年
价值残存系数	0.5714	0.6429	0.7143	0.7857	0.8571	0.9286	1

注：表中与时间对应的残存比例系数是指 1 单位投资在第 14 年的剩余价值。例如，第 1 年 1 单位投资到第 14 年时残存的价值为 0.0714 单位，第 14 年 1 单位投资当年的残存价值为 1 单位。

再次，利用第五章中介绍的方法，根据式（6-4），倒推各省区市1952～1966年的净资本存量，倒推时对于各省区市的δ_t采用该省区市1967～2017年的平均理论折旧率的数据：

$$W_{t-1} = (W_t - I_t) / (1 - \delta_t) \qquad (6-4)$$

最后，进行各省区市净资本存量数据的调整。按照以上步骤求得的各省区市净资本存量合计与全国的净资本存量并不一致，因此，也需要调整。调整方法与各省区市总资本存量最后确定时采用的方法类似。即首先计算各省区市历年的净资本存量的初步估计值在各省区市净资本存量初步估计值合计数中所占的比例系数，即结构系数。然后，相应年份的直线型价值模式计算的国家层面的净资本存量乘以该结构系数，从而得到各省区市调整后的不变价格净资本存量。按上述方法即可求得各省区市的净资本存量。为了节省篇幅，这里仅展示了五个省区市的估算结果（表6-4），其他省区市的估算结果读者可通过本书第十二章的数据库查询。

表6-4　五个省区市净资本存量　　（单位：亿元）

年份	北京	天津	河北	山西	内蒙古
1952	16.61	11.92	36.81	56.06	27.95
1953	21.04	13.02	40.03	53.30	26.67
1954	28.42	14.72	43.14	52.93	26.68
1955	31.81	15.34	47.97	52.94	25.84
1956	38.55	17.20	53.56	60.47	27.53
1957	42.82	18.98	60.11	66.13	28.35
1958	50.89	25.27	77.97	81.49	38.79
1959	64.34	31.33	94.75	95.47	48.31
1960	76.95	38.20	111.58	110.37	60.74
1961	81.21	39.09	114.76	110.90	60.18
1962	76.25	38.93	111.92	107.27	58.67
1963	72.88	39.47	111.17	104.46	58.36
1964	74.32	41.63	113.07	104.85	60.25
1965	78.31	42.75	118.09	107.54	64.32
1966	83.67	45.68	124.47	113.15	68.26
1967	84.29	44.77	129.79	113.28	67.51
1968	84.24	44.52	134.42	110.82	67.62
1969	87.83	47.28	142.54	111.47	67.16
1970	87.16	53.15	152.43	120.01	69.57
1971	89.33	58.59	166.49	133.65	71.86
1972	91.86	66.37	180.67	146.55	72.85

续表

年份	北京	天津	河北	山西	内蒙古
1973	100.75	80.91	195.71	158.36	75.09
1974	117.09	102.51	218.10	169.90	80.40
1975	129.49	123.74	252.37	183.39	86.74
1976	134.94	139.50	286.01	195.77	95.67
1977	141.96	155.93	316.90	211.65	104.02
1978	162.47	167.60	358.64	228.61	116.45
1979	185.19	183.99	402.54	234.74	128.13
1980	215.33	200.70	432.49	246.38	136.01
1981	246.28	213.68	448.36	252.01	142.15
1982	269.54	228.07	473.78	260.80	150.44
1983	302.76	244.35	497.15	276.96	166.09
1984	345.99	266.87	523.62	313.27	190.06
1985	405.92	299.41	570.23	359.39	216.38
1986	465.54	332.23	615.86	400.62	234.11
1987	538.16	360.67	655.55	438.91	251.21
1988	613.58	391.66	724.54	467.59	276.83
1989	650.92	411.15	762.16	485.49	293.39
1990	694.30	420.01	790.43	497.18	300.60
1991	732.35	449.48	836.85	517.97	321.11
1992	800.14	486.46	913.80	544.84	362.84
1993	859.66	536.06	1 016.16	587.93	421.81
1994	954.08	601.04	1 142.04	632.57	479.58
1995	1 116.35	666.99	1 303.23	665.14	530.98
1996	1 249.01	743.73	1 516.25	698.42	571.06
1997	1 377.68	827.90	1 765.91	748.36	619.19
1998	1 570.66	920.41	2 029.34	786.54	637.95
1999	1 719.41	1 003.64	2 315.14	868.05	685.56
2000	1 891.99	1 097.03	2 573.28	954.59	743.67
2001	2 102.59	1 218.26	2 842.85	1 057.95	818.84
2002	2 377.38	1 364.09	3 115.63	1 188.23	951.64
2003	2 730.01	1 559.20	3 461.08	1 361.88	1 214.38
2004	3 099.18	1 770.69	3 888.31	1 587.02	1 591.99
2005	3 448.95	1 995.54	4 424.56	1 848.69	2 110.91
2006	3 795.46	2 254.66	4 999.58	2 157.72	2 689.35

续表

年份	北京	天津	河北	山西	内蒙古
2007	4 167.59	2 586.07	5 677.74	2 524.40	3 393.68
2008	4 431.71	3 029.60	6 558.63	2 899.21	4 183.57
2009	4 781.10	3 759.98	7 618.57	3 490.86	5 314.92
2010	5 215.41	4 655.18	8 728.12	4 151.22	6 524.94
2011	5 637.94	5 675.04	10 078.59	4 905.62	7 824.20
2012	6 160.65	6 801.50	11 479.34	5 611.16	9 295.78
2013	6 723.21	8 030.47	12 917.69	6 397.67	11 024.23
2014	7 283.34	9 287.36	14 343.16	7 118.36	12 241.03
2015	7 854.26	10 276.57	15 724.50	7 784.55	13 430.55
2016	8 608.49	11 086.86	17 162.83	8 283.52	14 217.38
2017	9 380.96	11 805.24	18 436.27	8 432.70	14 538.15

同样，为了说明各省区市净资本存量的变动趋势，这里按我国地理区域划分绘制各省区市历年净资本存量估算结果的动态趋势图，如图 6-3 所示。

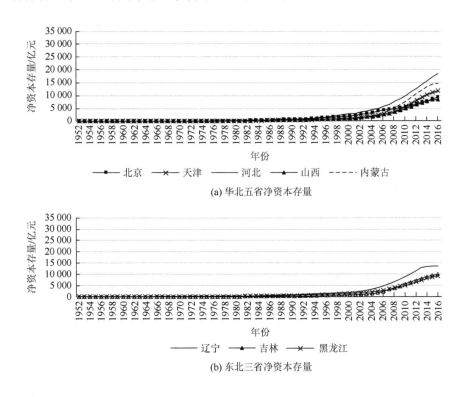

(a) 华北五省净资本存量

(b) 东北三省净资本存量

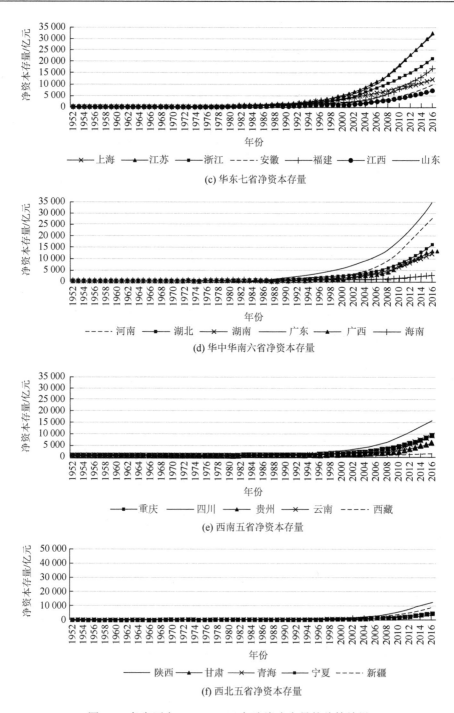

图 6-3　各省区市 1952～2017 年净资本存量的估算结果

三、与以往文献估算的资本存量的对照

以往的研究文献都是对各省区市的净资本存量进行估算。这里仅展示耐用年限不同的部分省区市在代表年份的净资本存量，并与张军等（2004）和单豪杰（2008）的研究进行对比，对比结果见表6-5。其中，"地区＋1"表示张军等（2004）估算的该地区的净资本存量，"地区＋2"表示单豪杰（2008）估算的该地区净资本存量，"地区＋*"表示本节估算的净资本存量。另外，由于张军等（2004）和单豪杰（2008）在文献中展示的各省区市净资本存量的代表年份不尽相同，表6-5中空格所对应的年份表明文献中未列出该年份的数据。

表 6-5　部分地区代表年份净资本存量估算结果及对比　　（单位:亿元）

地区	1952 年	1960 年	1970 年	1978 年	1985 年	1990 年	1992 年	1995 年	1998 年	2000 年	2003 年	2006 年
北京 1	18	72	83	148	443	1 296		2 522	3 884	4 924		
北京 2	15	69	75	137	421		1 501		3 466		5 748	7 697
北京*	17	77	87	162	406	694	800	1 116	1 571	1 892	2 730	3 795
上海 1	23	79	94	242	641	1 184		2 305	3 618	4 410		
上海 2	11	72	85	226	607		1 845		5 519		8 795	12 087
上海*	20	70	95	236	536	912	1 051	1 751	2 809	3 383	4 457	5 788
浙江 1	30	59	79	139	294	590		1 392	2 298	3 007		
浙江 2	15	50	71	127	275		713		2 186		4 376	6 785
浙江*	15	58	115	210	387	707	859	1 532	2 511	3 217	5 085	7 769
江苏 1	51	76	88	163	501	1 157		2 618	4 016	5 176		
江苏 2	31	64	77	150	478		1 519		4 174		8 085	12 870
江苏*	18	81	137	283	736	1 396	1 736	2 615	3 796	4 725	6 743	10 059
辽宁 1	86	194	136	125	178	303		532	683	802		
辽宁 2	46	170	113	106	162		335		581		897	1 463
辽宁*	45	159	188	315	553	970	1 118	1 500	1 794	1 985	2 542	4 090
天津 1	13	36	45	147	324	494		812	1 161	1 414		
天津 2	6	29	33	99	207		371		741		1 302	1 936
天津*	12	38	53	168	299	420	486	667	920	1 097	1 559	2 255
湖南 1	12	65	96	190	328	492		723	1 007	1 253		
湖南 2	5	61	88	176	305		505		955		1 695	2 489
湖南*	24	67	116	222	313	447	539	778	1 099	1 363	1 913	2 724

续表

地区	1952 年	1960 年	1970 年	1978 年	1985 年	1990 年	1992 年	1995 年	1998 年	2000 年	2003 年	2006 年
云南 1	8	17	22	25	30	37		71	103	126		
云南 2	5	15	20	22	27		45		108		182	276
云南*	16	44	92	166	263	348	439	603	817	973	1 260	1 657
青海 1	3.00	19	20	31	50	71		96	138	180		
青海 2	0.56	17	18	29	46		73		121		271	410
青海*	8.83	23	25	52	82	95	99	116	155	202	332	471

在表 6-5 中，北京、上海、浙江、江苏、辽宁均为平均耐用年限为 16 年的地区，天津、湖南和云南为平均耐用年限为 15 年的地区，青海为平均耐用年限为 14 年的地区。

对比表 6-5 中各省区市相应代表年份的估算结果，尤其是自 1978 年往后年份的估算结果可以看出：本节估算的北京和上海的净资本存量比张军等（2004）和单豪杰（2008）的要小很多；浙江、江苏以及天津、湖南、青海的估算结果与这两篇文献的结果相差不大；而辽宁和云南的估算结果却比这两篇文献的大很多。当然，这种情况也同样在其他地区的估算中出现，这里不再赘述。

经过研究发现，这样的差别主要是由固定资本形成额不变价格换算中，平减指数取值大小造成的。当某地区历年的平减指数都很小时，换算的不变价格固定资本形成额很大，由此计算的净资本存量会更大，如北京和上海；反之，净资本存量就会很小，如辽宁和云南。在单豪杰（2008）的研究中，北京和上海历年的平减指数都很小，甚至上海 2006 年的平减指数只有 1.735。而辽宁和云南的平减指数都很大，尤其是 2006 年，辽宁达到了 12.715，云南则达到了 33.152。究其原因，主要是张军等（2004）和单豪杰（2008）是基于《中国国内生产总值核算历史资料 1952—1995》《中国国内生产总值核算历史资料 1996—2002》中提供的固定资本形成额指数以及相关数据计算平减指数的。表 6-6 是单豪杰（2008）和本节代表年份平减指数的对比情况［张军等（2004）没有展示平减指数的具体取值］。

表 6-6 部分地区代表年份平减指数对比结果

地区	1953 年	1960 年	1970 年	1978 年	1985 年	1992 年	1998 年	2003 年	2006 年
北京 2	0.999	1.001	0.763	0.761	0.761	0.854	1.741	2.048	2.573
北京*	0.988	0.973	0.945	1.008	1.281	2.245	4.213	4.388	4.627
上海 2	0.950	0.800	0.716	0.692	0.827	0.968	1.515	1.590	1.735

续表

地区	1953 年	1960 年	1970 年	1978 年	1985 年	1992 年	1998 年	2003 年	2006 年
上海*	0.988	0.973	0.945	1.008	1.281	2.261	3.523	3.574	3.848
浙江 2	1.026	1.065	1.118	1.121	1.331	2.209	3.632	4.342	4.660
浙江*	0.988	0.973	0.945	1.008	1.281	2.286	3.761	3.869	4.171
江苏 2	1.031	1.397	1.261	1.321	1.458	1.873	2.693	2.907	3.287
江苏*	0.988	0.973	0.945	1.008	1.281	2.184	3.759	3.994	4.462
辽宁 2	1.003	0.812	1.496	2.829	3.686	6.641	10.431	11.562	12.715
辽宁*	0.988	0.973	0.945	1.008	1.281	2.441	4.279	4.483	4.931
天津 2	1.085	1.122	1.103	1.107	1.403	2.648	3.958	4.044	4.785
天津*	0.988	0.973	0.945	1.008	1.281	2.415	3.652	3.684	4.028
湖南 2	0.976	0.900	0.838	0.812	0.998	2.750	4.679	4.540	5.668
湖南*	0.988	0.973	0.945	1.008	1.281	2.346	4.141	4.447	5.011
云南 2	1.282	3.615	4.488	7.238	13.931	19.122	26.983	28.649	33.152
云南*	0.988	0.973	0.945	1.008	1.281	2.458	4.400	4.647	5.344
青海 2	1.000	1.000	0.998	1.392	1.790	2.498	5.701	4.304	4.603
青海*	0.988	0.973	0.945	1.008	1.281	2.328	3.513	3.773	4.055

对比表 6-6 中相应年份的平减指数可以发现，在单豪杰（2008）的研究中云南的平减指数到 1978 年时就已达到了 7.238，辽宁也已达到了 2.829。而北京和上海在 1992 年时都还没有达到 1，此时云南和辽宁都已高达 19.122 和 6.641。但实际上，上文也已提到，包括张军等（2004）和单豪杰（2008）等的大部分研究都认为 1978 年前我国各省区市的价格水平变化不大，因此平减指数在 1978 年前在 1 左右波动才是正常的。相比之下，本书各省区市的历年平减指数都要平稳得多，且各省区市之间相应年份下的平减指数虽有差异，但差异没有那么大。

四、各省区市全社会就业人数估算与各省区市地区生产总值调整

（一）各省区市全社会就业人数估算

各省区市的劳动投入指标主要是从业人员数。本节各省区市历年从业人员数来源于《新中国六十年统计资料汇编》《中国统计年鉴》《全国各省、自治区、直辖市历史统计资料汇编（1949—1989）》以及各省区市的统计年鉴。其中，有几个省区市的数据需要做必要说明。

（1）北京 1952～1974 年、广东 1952～1978 年、河北 1952～1978 年的从业人员数来源于《全国各省、自治区、直辖市历史统计资料汇编（1949—1989）》。其他省区市的从业人员数则主要来自《新中国六十年统计资料汇编》《中国统计年鉴》。

（2）重庆和四川的从业人员数在 1980 年前，只有 1952 年、1957 年、1962 年、1965 年、1970 年、1975 年、1978～1980 年等几个年份有数据，其他年份的数据是缺失的。但 1952～1978 年的"四川社会劳动者"数据是齐全的（来源于《全国各省、自治区、直辖市历史统计资料汇编（1949—1989）》，该数据包含四川和重庆）。因此，本节按照已有年份四川从业人员数（来源于《四川统计年鉴》，该数据不包含重庆）占社会劳动者的份额，推算出所缺年份的四川和重庆的从业人员数。根据对 1952～1980 年中已有的 9 个年份的数据分析发现，四川从业人员数占四川社会劳动者的比例基本保持在 0.732 左右（重庆占 0.268 左右），因此以 0.732 为基准，按照四川社会劳动者的人数分别计算出四川和重庆缺失年份的从业人员数。

（3）部分省区市的部分年份数据有缺失，如广西（缺 1968 年）、辽宁（缺 1966～1968 年）、湖北（缺 1966～1969 年）、浙江（缺 1953～1954 年，1964 年，1966～1969 年，1971～1974 年）、海南（缺 1953～1956 年，1958～1961 年，1963 年）、内蒙古（缺 1953～1956 年，1958～1961 年，1966～1969 年，1971～1974 年，1976～1977 年）、安徽（缺 1953～1956 年，1958～1961 年，1963～1964 年，1966～1969 年，1971～1974 年，1976～1977 年）。本节的处理方法如下：①各省区市从业人员数（社会劳动者）和总人口之间有一定的比例关系，且这种比例关系在 1978 年前的各年份比较相似，如浙江省已有年份 1952 年、1955～1957 年的比例均为 0.44，因此可以推断缺失年份 1953～1954 年的比例大致也为 0.44；②若相邻已知年份（二者之间的一些年份缺失数据）的比例有一定上升或下降趋势，则采用平均发展速度的计算方法，计算出中间缺失年份的比例，然后再乘以总人口得出相应年份的从业人员数。

（4）西藏缺失年份比较严重，1977 年前的数据均没有。本节利用已有年份从业人员数与总人口建立回归模型，根据 1952～1977 年的总人口数推算缺失年份的从业人员数。

本节将上述缺失年份的数据填补后，进行多项式回归方程的拟合，发现 R^2 都接近于 1，说明填补的数据比较接近现实情况。另外，由于从业人员数均为时点数据，因此为了将其用于全要素生产率测度，还需通过首末折半法将其处理成年均水平。读者可通过本书第十二章的数据库查询各省区市历年从业人员数的具体数据，这里不再展示。

（二）各省区市地区生产总值数据的收集和整理

各省区市现价地区生产总值以及地区生产总值指数数据来源于《新中国六十年统计资料汇编》《中国统计年鉴》以及国家统计局网站。各省区市地区生产总值的整理步骤如下。

（1）补齐海南 1977 年前的地区生产总值。观察 1978～1984 年海南省的地区生产总值与相应年份广东省的地区生产总值发现，海南省的地区生产总值与广东省的地区生产总值的比值在 0.076～0.088，且 1978～1979 年该比值为 0.083 和 0.088，取二者的平均作为 1977 年前的比例，然后乘以相应年份广东省的地区生产总值，从而得出 1952～1977 年海南省的地区生产总值。

（2）根据各省区市地区生产总值指数将各地区现价地区生产总值换算为以 1952 年为基期的不变价格地区生产总值。

（3）以往各省区市地区生产总值的合计并不等于国家层面的全国 GDP，为了保证各省区市不变价格地区生产总值与全国不变价格 GDP 相衔接，我们采用以下方法进行调整。首先，用各省区市不变价格地区生产总值除以所有省区市不变价格地区生产总值的合计，得到各省区市地区生产总值的结构系数，然后用该系数与全国不变价格 GDP 相乘，从而得到能够与全国不变价格 GDP 相衔接的各省区市的调整不变价格地区生产总值。具体的各省区市调整后的不变价格地区生产总值数据，读者可通过本书第十二章的数据库查询。

第二节　基于核算视角的分行业固定资本存量估算

一、问题的提出

分行业固定资本存量估算是编制部门和国家资产负债表的重要组成部分。一方面，按照《国民账户体系 2008》和《OECD 资本测算手册 2009》的规定，全社会固定资本存量的核算应该在分部门、分资产类型核算的基础上进行。另一方面，随着社会经济的发展，对分行业资本存量的增长变动开展细致的分析，了解资本要素在行业间配置变动的情况也显得越来越重要。但是，由于各种原因，我国在分行业资本存量估算方面仍相对薄弱，存在一些需要进一步研究解决的问题。

从官方统计来看，到目前为止，我国尚未发布正式的关于固定资本存量的官方数据。但是，据许宪春（2002）介绍，关于固定资产存量核算仍存在不少有待研究解决的问题。例如，公布的分类太粗；未按产业部门对固定资产存量进行分类；尚未采用《国民账户体系》建议的重估价方法等，上述问题不但显著降低了固定资产存量核算资料的应用价值，而且对核算结果的准确性和可靠性有着至关重要的影响。

学者以往研究的成果也存在以下三方面的不足。

（一）基于统计核算视角的资本存量估算研究还比较缺乏

对于我国的资本存量，目前已有大量文献从总量、分行业以及分资产类型三个层面进行了估算，内容也比较丰富。但遗憾的是，受固定资产基础统计资料严重缺失所限，以往的研究并没有遵循《国民账户体系 2008》和《OECD 资本测算手册 2009》所倡议的流程，即在对企业开展核算的基础上，先分行业进行核算，然后再加总进行宏观核算，而是从总量层面的指标出发，直接估算全国的固定资本存量。

大多数的已有文献没有按照从企业、政府、住户等部门出发分别估算，然后再汇总的程序进行（贺菊煌，1992；张军和章元，2003；何枫等，2003；林仁文和杨熠，2013；陈昌兵，2014）。行业层面的研究也存在同样的问题，即大多是从各部门的总量指标出发进行估算的，同样没有遵循先分别估算各细分行业，然后再汇总的程序（黄勇峰等，2002；孙琳琳和任若恩，2008，2014；王益煊和吴优，2003；陈诗一，2011）。从现实情况来看，三次产业之间存在明显的差别。第二产业的工业和建筑业几乎全部都是非金融企业，虽然存在个体工商户等非企业形式的主体，但在总体中占比非常小，对此，直接估算行业层面总资本存量的问题还不大。但第一产业和第三产业则并非如此，第一产业虽以农户为主，但也不乏一定规模的国有农场和数量众多的非国有农林牧渔企业；第三产业则更为复杂，非金融企业、金融机构、政府、为住户服务的非营利机构甚至住户都是第三产业中的组成部门，且不同行业的部门构成之间同样存在较大的差别。在这种情况下，对固定资本存量分别进行核算就显得更加必要。

另外，已有文献大多属于纯经济学意义的估算，其主要是为了得到一个估算结果，与统计意义上的资本存量"核算"还存在较大的差距，而且这一结果往往不能反映不同部门资产积累和分布等方面的重要信息，因此，还存在明显的不足。

（二）所利用的资本流量指标与永续盘存法的要求存在一定的出入

由于分行业资本形成基础统计资料的缺失，一些文献所用的资本流量指标与永续盘存法所要求的资本形成总额之间存在不少出入，这是已有文献估算结果之间差异较大最为重要的原因。已有文献所用的资本流量指标具体可分为以下两大类。

（1）以扣除折旧的净投资或资本积累作为流量指标。早期文献多以扣除折旧的净投资或资本积累（对应于旧的 MPS）作为资本流量指标（贺菊煌，1992；张军和章元，2003），由于扣除的折旧来自企业财务记录，与实际处置的固定资产（报废的固定资产）有很大的差别，因此净投资和资本积累与本年新增的固定资产之间的差距较大。

（2）以固定资产投资作为流量指标。例如，黄勇峰等（2002）、孙琳琳和任若恩（2008）、王益煊和吴优（2003）、陈诗一（2011）等直接用固定资产投资作为资本流量指标。如前所述，按照国家统计局的说明，固定资产投资与固定资本形成的概念及所包含的内容之间都有着显著的差异。从数据来看，两个指标之间的差别也非常明显。因此，这种做法也是不太合适的。

（三）对早期固定资产投资价格指数的处理还存在较大分歧

由于我国目前仅有 1990 年以来的固定资产投资总价格指数和分类价格指数，对于缺失年份的指数，有的学者用积累指数对现价资本流量数据进行平减（贺菊煌，1992），但其只是对应于旧的 MPS，对于实行新的国民账户体系后的我国并不适用。为此，学者采用了多种方法。有的根据资本形成总额及其指数估算投资价格指数（何枫等，2003；单豪杰，2008）；有的基于全国与上海固定资产投资价格指数之间的线性回归进行拟合（李治国和唐国兴，2003）；还有的直接用上海固定资产投资价格指数代替全国指数（张军和章元，2003）；等等。还有的文献采用了以其他价格指数替代的做法。例如，用零售价格指数代替建筑价格指数，用工业价格指数代替设备价格指数（黄勇峰等，2002；孙琳琳和任若恩，2008，2014），与其他研究不同，王益煊和吴优（2003）的分类固定资产投资价格指数取自国家统计局城市社会经济调查总队。在数据缺失的情况下，估算或者寻找替代指标的做法可能不一定符合现实，因而估算结果难免会存在较大的偏差。

根据上述情况，为了贯彻落实党的十八届三中全会关于编制国家和地方资产负债表的要求，本节将从统计核算的角度，通过对企业财务资料的深入分析，讨论基于企业财务资料估算企业部门固定资本存量的可行性，并以工业 35 个行业为例，对企业部门的固定资本存量进行分类估算，从而为其他部门及国家资产负债表的编制提供参考。

二、基于企业财务资料估算分行业固定资本存量的可行性分析

固定资本存量核算首先需要分部门、分类型的固定资本形成数据，但我国现行的固定资产投资统计报表制度并未按照投资的权属主体设置相应的统计报表，

而是从城镇固定资产投资完成情况，农村非农户固定资产投资完成情况、部门固定资产投资管理信息综合表，国防、人防固定资产投资完成情况等层面对固定资产投资进行统计①。因此，现有统计体系中没有与《国民账户体系》部门分类体系相一致的固定资本形成指标。分行业固定资本形成数据的缺乏，正是迄今为止鲜有文献从行业层面估算固定资本存量的最直接原因之一。

就行业而言，从现行的国家统计调查制度来看，目前从企业可以获得的固定资产相关的统计资料主要来自企业财务状况调查，主要包括固定资产原值②和固定资产净值两个指标。上述两项指标是目前可以通过直接调查法获得的关于固定资产存量的数据。从建立核算方法与制度的角度来看，宏观核算必须建立在微观核算和基础调查的基础上，离开了微观核算和基础调查的任何宏观核算都只能是"无源之水、无本之木"。因此，很有必要研究固定资产会计核算指标和基础调查数据与固定资产宏观核算指标之间的联系与区别。

首先，会计核算中的固定资产原值是报告时点企业所拥有的按其最初购置时的价格计算的固定资本的全部价值（但已扣除其中已报废或出售部分）。如本书的第二章所述，除个别细节外，它实质上是按历史价格计算的总固定资本存量，也是经济普查时可以获得的基础调查数据。如果今后我国的财务统计能够更加健全，则可以将财务统计中汇总得到的各行业固定资产原值作为基础，并辅以适当的方法去求得不同时点上按历史价格计算的各行业总固定资本存量。然后，还可以通过编制相应的固定资产价格指数去求得按不变价格和重置价格计算的各行业总固定资本存量。

其次，从会计核算中的固定资产净值来看，固定资产净值是指固定资产原值减去历年已提取的累计折旧后余下的净额，它与净固定资本存量的主要区别有以下两点。

（1）会计核算中的固定资产原值是按照历史价格计算的，未进行价格重估，因此从固定资产原值中减去累计折旧得到的固定资产净值并非按照目前固定资产市场交易价格或公允价格计算的价值量的加总，显然不能反映该时点企业固定资产的真实价值。

（2）目前会计核算中的累计折旧，是企业根据国家财税部门的有关规定，对企业所计提固定资产折旧的加总，其与固定资产的实际损耗价值常常并不相同，而且同样有可能存在计算价格不一致的问题。因此，也会影响到净固定资本存量估算的准确性。不过，尽管存在上述问题，但由于该指标是目前唯一可以通过直

---

① 该制度由国家统计局制定，各地区统计局补充、印制。相关内容可参见 http://lwzb.stats.gov.cn/pub/lwzb/ekp/jcbjzs/tjjczs/201707/t20170717_3845.html。

②目前财务统计中称其为"固定资产原价"，这容易使人误以为是固定资产原来的价格，实质上这是按照购置时的原始价格计算的固定资产价值，因此，还是称为"固定资产原值"更恰当一些。

接调查法获得的与净固定资产存量概念比较接近的统计数据,因此,在不少场合,仍可以将它作为衡量固定资本存量的估算是否真实可靠的数量依据之一。

再次,利用固定资产原值可以估算企业乃至分行业的固定资本形成。

如前所述,缺少分行业固定资本形成数据,是我国目前仍未开展分行业固定资本形成核算的直接原因之一。但经分析,基于企业固定资产原值数据,可以推算出企业历年的固定资本形成,进而可以汇总出分行业的固定资本形成。

若以 K_t 表示企业 t 年末固定资产原值,I_t 表示剔除处置的固定资产后企业 t 年净增的固定资产,P_t 表示 t 年固定资产投资的价格指数,则根据企业固定资产原值指标的解释,有

$$K_t - K_{t-1} = I_t \cdot P_t \qquad (6\text{-}5)$$

式(6-5)表明:t 年末的企业固定资产原值与 $t-1$ 年末企业固定资产原值之差为当年净增的固定资产乘以当年的投资价格指数。将上述差分序列记为 $\{N_t\}$。经对比,$\{N_t\}$ 与国民经济核算中的固定资本形成的差异在于前者包含了土地使用权的购置费,而后者原则上是不含土地使用权购置费的。将剔除土地购置费后的 $\{N_t\}$ 序列记为 $\{F_t\}$,则 $\{F_t\}$ 可作为企业 t 年固定资本形成总额的替代。该序列的含义与统计核算中的固定资本形成非常接近,所包含的内容基本一致,并且都是按形成年份的价格水平计价的,该序列未扣减企业计提的折旧,也不存在所扣除折旧与固定资产损耗不一致的问题。基于企业固定资产原值去估算固定资本形成,不仅可以为分行业固定资本存量的估算提供一种新的解决途径,而且,其所依据的固定资产原值数据来自企业财务资料,相对而言更具有准确性和可靠性。在获得比较真实可信的企业固定资本形成数据的基础上,可以很方便地汇总求得分行业固定资本形成数据,进而还可以利用各种方法求得分行业的净固定资本存量,同时也便于编制各种固定资产价格指数。

最后,目前利用企业财务资料估算固定资本存量仍存在一些需要研究解决的问题。

(1)企业财务资料中的固定资产原值缺乏关于固定资产使用形态的分类信息,因此还需要考虑如何进行固定资产分类核算的问题。

(2)目前的企业财务统计范围尚不全面,特别是规模以下民营企业的财务统计资料和住户部门的财务统计尚不够完善,因此,还必须考虑如何利用已有财务统计资料估算全社会固定资本存量的问题。

三、基于固定资产原值对分行业净固定资本存量的估算

下面我们将按照《国民账户体系》的分部门核算原则,基于企业财务资料中

的固定资产原值指标,运用永续盘存法对工业 35 个行业中企业部门的建筑和设备两类固定资本存量进行估算。因我国从 1981 年才开始公布分类固定资产投资数据,本节将估算期限确定为 1980~2016 年。

(一)分行业、分类型固定资本形成数据的估算

1. 部分缺失固定资产原值数据的估算

目前国家统计局公布了 1978 年以来工业企业的固定资产原值合计数据。在行业层面,国家统计局官网数据库提供了 2000 年以来的数据。此外,除 1981~1984 年的数据缺失外,1980~1999 年期间其他年份的数据来自《中国工业经济统计资料 1949—1984》、《中华人民共和国 1985 年工业普查资料》和《中华人民共和国 1995 年工业普查资料汇编》以及相关年份的《中国工业经济统计年鉴》和《中国统计年鉴》。对于缺失的分行业数据,考虑其持续时间相对较短,本节假定其间各行业固定资产原值的增速为常数,以此基于 1980 年和 1985 年各行业的数据进行估算。

2. 数据口径的调整

我国工业统计的口径有过三次调整。1998 年之前为全部工业企业,1998 年变为全部国有及规模以上独立核算工业企业(年产品销售收入在 500 万元以上)。2007 年规模以上工业的统计范围调整为年主营业务收入达到 500 万元及以上的工业法人企业,2011 年则再度调整为年主营业务收入在 2000 万元以上的企业。因上述变化,需要对 1998 年后数据的口径进行调整。

口径调整最适合的办法,是根据规模以上工业企业固定资产原值在各行业中的比重进行推算。但目前仅三次经济普查资料提供了相关数据,其他年份无数据可用。对此,考虑到行业中不同规模企业的比重在短期内变化不大,本节采用与普查年份最接近的原则进行调整,例如,2008 年前后的数据均采用基于 2008 年普查数据计算的比重调整,2012 年之后的数据则统一采用由 2012 年普查数据计算的比重进行调整。

3. 分行业、分类型固定资本形成数据的估算过程

下面将基于工业分行业固定资本形成的估算结果、各行业分类固定资产投资的比重以及估算的分行业工业用地购置费,来推算分行业、分类型的固定资本形成。分行业、分类型固定资产投资的数据来源于国家统计局官网数据库、历年《中国固定资产投资统计年鉴》以及《中国固定资产投资统计资料》,其中《中国固定

资产投资统计资料》中的数据口径为国有工业，存在口径不一致问题（1991年前后），另外，1982～1984年、1992～1995年的数据均缺失。

对于口径不一致问题，可用国有工业各行业分类固定资产投资的比重代替各自行业的比重，理由如下。

（1）国有经济固定资产投资在全社会占据绝对主导地位。见表6-7，除1994年和1995年外，1981～1995年期间，国有经济固定资产投资占全社会的比重很高，少数年份接近70%。

表6-7　国有经济固定资产投资比重及与全社会固定资产投资的构成比较（1981～1995年）

年份	国有经济固定资产投资占全社会的比重/%	全社会固定资产投资构成			国有经济固定资产投资构成		
		建筑安装工程/%	设备工具购置/%	其他费用/%	建筑安装工程/%	设备工具购置/%	其他费用/%
1981	69.5	71.8	23.3	4.9	67.1	25.7	7.2
1982	68.7	70.8	23.7	5.5	67.2	24.9	7.9
1983	66.6	69.5	25.1	5.4	65.3	26.7	8.0
1984	64.7	66.4	27.8	5.8	64.0	27.2	8.8
1985	66.1	65.1	28.2	6.7	61.4	28.9	9.7
1986	66.6	66.0	27.3	6.7	59.3	31.0	9.7
1987	64.6	65.3	27.4	7.3	59.3	31.0	9.7
1988	63.5	65.2	27.5	7.3	59.8	30.3	9.9
1989	63.7	67.9	25.3	6.8	61.1	29.6	9.3
1990	66.1	66.6	25.8	7.6	59.9	29.9	10.2
1991	66.4	65.2	26.1	8.7	58.7	29.5	11.8
1992	68.1	63.9	26.3	9.8	59.5	27.2	13.3
1993	60.6	62.7	25.4	11.9	61.5	24.9	13.6
1994	56.4	63.3	25.4	11.3	62.7	24.6	12.7
1995	54.4	65.8	21.3	12.9	60.6	25.2	14.2

资料来源：根据《中国固定资产投资统计年鉴（1950—1995）》中的相关数据计算得到。

（2）国有经济固定资产投资的构成与全社会投资较为接近，且变化趋势一致。如表6-7所示，建筑安装工程在国有经济固定资产投资构成中的比重略低于在全社会固定资产投资构成中的比重，平均在62%，其他费用在国有经济固定资产投资构成中的比重略高于在全社会固定资产投资构成中的比重，平均在10%，而设备工具购置在国有经济固定资产投资构成中的比重与在全社会固定资产投资构成中的比重最为接近。国有经济固定资产投资构成也与全社会固定资产投资构成的变化趋势比较一致。

（3）国有工业投资在工业总投资中的比重较高。如表 6-8 所示，除 20 世纪 90 年代初国有工业投资在工业总投资中的比重有所下降外，20 世纪 80 年代该比重一直在 35% 以上。

表 6-8　国有工业投资在工业总投资中的比重（1981～1995 年）

年份	比重/%	年份	比重/%
1981	39.6	1989	36.2
1982	38.0	1990	38.7
1983	38.2	1991	37.8
1984	35.7	1992	34.2
1985	35.9	1993	27.3
1986	37.2	1994	23.2
1987	37.1	1995	22.6
1988	36.3		

资料来源：根据《中国固定资产投资统计年鉴（1950—1995）》中的相关数据计算得到。

对于缺失的数据，考虑到投资额数据的波动较大，而各类投资的比重在短期内相对稳定（数据连续缺失的最长期限为 4 年），我们未估算工业分行业分类投资额，而是采用移动平均法，基于相邻年份的比重直接对缺失年份各行业各类投资的比重进行估算。

在以上基础上，我们首先计算出固定资产原值的一阶差分序列，然后根据各行业分类固定资产投资的比重，估算出各行业分类固定资产原值的一阶差分序列。

最后是对土地购置费的剔除。本节首先基于每年新增的工业用地面积和工业用地地价估算出全部工业行业的土地购置费用序列[①]，然后根据各行业建筑类新增固定资产的构成比例，将土地购置费从各行业的建筑类固定资产原值一阶差分序列中剔除，由此得到最终需要的固定资本形成数据。此处需要说明两点。

一是因 1999 年之前我国工业用地供应采取无偿划拨制度，之前企业财务资料中的固定资产并不包含土地购置费，因此本节仅对 1999 年之后的数据进行了剔除处理。

二是将土地购置费从建筑类固定资产中剔除可能引起的偏差。按照企业会计制度，企业购入的土地使用权在尚未开发或建造自用项目前作为无形资产核算，因此并不属于建筑类固定资产，在国家统计局对固定资产投资的分类中，土地出让金也相应地归入其他费用。本节直接将土地购置费从建筑类固定资产中剔除的原因在于，企业利用土地建造自用项目后，需要将土地使用权的账面价值随同建

---

① 相关数据来源于历年《城市建设统计年鉴》、《中国城市建设统计年报》以及《中国国土资源统计年鉴》。

筑物工程成本一同转入固定资产。当然，由于购地与项目建成之间存在一定滞后，这样处理会给购地当年及后续少数年份的数据带来一定偏差，但对总体估算结果的影响不大。

（二）分类固定资产投资价格指数序列的构建

对于缺失的分类固定资产投资价格指数数据，已有文献多用其他指数替代，由于替代指数与固定资产投资价格指数之间可能存在较大的偏差，这种做法也饱受争议。与其他研究不同，王益煊和吴优（2003）的固定资产投资分类价格指数由国家统计局城市社会经济调查总队提供，因此更为可信。鉴于此，本节也部分借鉴该文献的指数，即1981~1989年期间直接采用王益煊和吴优（2003）的指数，而其后则采用官方公布的数据。

（三）分行业、分类基期固定资本存量的确定

以往文献中一般采用两种方法对基期资本存量进行估算，一是基于对早期投资流量的估算，使用永续盘存法进行估算；二是资本产出比方法。因缺乏1980年之前工业分行业的投入产出数据，对基期分行业固定资本存量的估算是研究遇到的最大难题。鉴于此，出于谨慎性的考虑，本节通过三种方案进行了初步估算，并在分析和对比的基础上予以确定，具体如下。

方案一是基于1980年后各行业各类固定资本形成的平均增长率，参照早期年份全国净固定资本形成的增长率，对早期固定资本形成进行估算，在此基础上运用永续盘存法，对1980年分行业、分类固定资本存量进行估算。

方案二是基于代表性文献（表6-9）对1980年全国净固定资本存量的估算结果，计算1980年的资本产出比均值[张军和章元（2003）的估算结果大幅高于其他文献，因此在计算中予以剔除]，据此估算1980年全国层面的净固定资本存量，然后利用《中国工业经济统计资料1949—1984》中1980年工业固定资产原值占各经济部门固定资产原值的比重（65.2%），估算出1980年工业部门的净固定资本存量，再根据1980年各行业固定资产净值的比重，将估算的工业固定资本存量分解到各行业。

表6-9　主要代表性文献对我国1980年净固定资本存量的估算结果（单位：亿元，1990年＝100）

估算	贺菊煌 （1992）	张军和 章元（2003）	单豪杰 （2008）	古明明和 张勇（2012）	陈昌兵 （2014）	林仁文和 杨熠（2013）
估算 结果	18 645	27 567	11 991	14 309	17 040	17 844

　　方案三是参照陈诗一（2011）的做法，将《中国工业经济统计年鉴1990》中工业各行业1980年固定资产净值（口径为乡及乡以上独立核算企业）调整为1990年价格，并利用同年乡及乡以上部分占总体的比例对口径进行调整后，作为1980年工业各行业的固定资本存量。

　　经对比发现，方案一的估算结果最小，方案二最大，方案三则介于前两种之间。结合早期宏观数据及1980年之后固定资本形成数据的进一步分析发现，前两种估算结果存在明显的问题。

　　对于方案一，在建筑40年、设备16年的寿命假定下，为了估算1980年的固定资本存量，需分别估算1940年开始的建筑和1964年开始的设备固定资本形成数据，这首先要对1980年之前至少长达40年间的建筑和16年间的设备投资增长率进行设定。在如此长时期且缺乏早期统计资料的情况下，假设不当可能会带来较大的偏差。实际上，中华人民共和国成立前后及改革开放前后我国经济发展的波动非常大，加上行业之间的差异，工业各行业固定资产投资的增长也绝非平稳。就1949～1980年的情况，以全民所有制单位为例，"一五"时期和1963～1965年期间，固定资产投资增速分别高达36.7%和36.0%，而"三五""四五""五五"期间则分别仅有3.6%、7.2%和5.2%。如果再将估算中因固定资本形成年份错配而导致的折旧扭曲考虑进来，那么此方案估算结果的可靠性更是无从谈起。另外，此方案估算的结果偏低，后续三四年的固定资本形成积累仅与1980年的固定资本存量相当，显然与实际不符。

　　对于方案二，由于总量层面的数据资料较为丰富，期限也较长，且本节的估算基期与相关文献相隔较远（绝大多数以1952年为基期）[①]，因此应该是最可靠的。但此方案估算的结果明显偏高，问题在于，不论工业总体还是大多数行业，最初几年（1981～1985年）固定资本存量的估算结果不但没有逐年增长，反而逐年减少，说明各年新增的固定资产尚不足抵补已有固定资产的折旧，这显然与改革开放初期工业投资及工业产能快速增长的实际情况不符。虽然上述对比不足以质疑已有文献对全国固定资本存量估算结果的准确性，但确实不适合本节的估算。

　　虽然方案三的估算思路相对粗糙，且固定资产净值存在如前所述的各种问题，但在前两种估算方案存在明显问题且无法取得更为详细资料的情况下，采取方案三反而能够避免其他估算途径带来的误差。对结果的分析表明，基于此方案的估算结果介于前两种方案之间，且后续年份绝大多数行业呈逐年增长趋势，更加符合实际情况。

　　综合不同方案的对比，本节最终选择了方案三的估算结果。

---

　　① 已有文献对1980年全国固定资本存量估算结果之间的差异相对较小，而且随着时间的推移，折旧会使不同的估算结果趋同，折旧率越高，趋同速度越快，所估算的年份与基期相隔越远，差异也越小。

（四）对相对效率模式和折旧率的设定

实践中，由于相关基础统计资料的缺乏，以往绝大多数研究采用了在几何效率模式和一定固定资产使用年限的假设下，对折旧率进行推算的做法，少数文献基于投入产出表、企业财务资料数据计算了折旧率（徐杰等，2010；陈诗一，2011），但即使不考虑企业财务资料中折旧与实际折旧的不一致性，投入产出表和企业财务资料提供的都是总折旧而非分类固定资产折旧数据，无法用于计算分类固定资产的折旧率。鉴于此，本节沿用以往文献中的主流做法，假定固定资产的效率服从几何下降模式，将建筑和设备的寿命分别设定为40年和16年，相应的折旧率分别为8%和17%。

（五）分行业、分资产类型工业企业净固定资本存量的估算结果

表6-10和表6-11分别给出了对我国工业企业1980～2016年设备和建筑两类净固定资本存量的估算结果。

表6-10　1980～2016年我国工业企业分行业主要年份设备净固定资本存量估算结果

（1990年=100）　　　　　　　　　　　　　　　（单位：亿元）

行业	1980年	1985年	1990年	1995年	2000年	2005年	2010年	2015年	2016年
煤炭采选	115	123	169	210	249	398	1 019	1 250	1 102
石油天然气开采	16	28	63	143	290	275	410	561	558
黑色金属矿采选	8	6	7	12	25	59	234	319	231
有色金属矿采选	16	18	23	31	31	27	104	149	140
非金属矿采选	11	11	14	42	80	80	145	186	149
农副食品加工	50	54	85	237	212	261	901	1 260	1 139
食品制造	65	104	163	195	152	178	336	560	544
饮料制造	14	35	81	167	220	171	319	438	433
烟草制品	5	14	47	122	151	119	111	105	99
纺织	111	210	396	763	640	654	859	1 014	978
服装鞋帽制造	9	21	37	101	124	127	224	478	486
皮羽制品	9	13	25	66	61	69	110	215	215
木材加工	14	21	26	55	95	113	283	346	325
家具制造	6	8	10	17	25	43	96	172	166
造纸及纸制品	37	43	72	143	242	386	525	512	469

续表

行业	1980年	1985年	1990年	1995年	2000年	2005年	2010年	2015年	2016年
印刷业	22	30	38	90	143	169	195	308	312
文体用品制造	5	7	13	29	35	42	55	360	380
石油加工	29	34	97	184	386	395	873	1 019	965
化学原料及制品	186	165	264	484	613	798	2 089	3 713	3 487
医药制造	15	21	41	96	114	213	345	657	651
化纤制造	28	52	80	164	213	226	193	278	314
橡胶和塑料制品	41	69	120	231	288	425	692	990	903
非金属制品	112	146	214	496	515	652	1 440	2 173	2 091
黑色金属加工	198	147	263	739	718	1 162	2 703	2 519	2 240
有色金属加工	60	46	85	163	196	349	909	1 247	1 215
金属制品	44	48	74	174	228	231	624	1 024	1 019
通用设备制造	218	166	182	287	361	411	1 163	1 310	1 155
专用设备制造	150	114	125	195	213	237	624	1 167	1 084
交运设备制造	111	85	107	355	465	703	1 570	2 126	2 292
电气机械制造	55	59	112	279	316	386	964	1 491	1 540
通信设备计算机制造	54	64	91	241	497	1 060	1 992	1 901	2 425
仪器仪表制造	23	18	20	56	56	92	177	228	232
电力热力生产供应	264	274	385	939	1 817	2 773	5 128	7 565	7 831
燃气生产和供应	6	7	11	21	27	35	91	302	284
水的生产和供应	4	5	9	32	58	81	132	281	286

表 6-11　1980～2016 年我国工业企业分行业主要年份建筑净固定资本存量的估算结果（1990 年 = 100）　　　　　　（单位：亿元）

行业	1980年	1985年	1990年	1995年	2000年	2005年	2010年	2015年	2016年
煤炭采选	205	298	458	644	899	1 275	3 819	7 467	7 203
石油天然气开采	24	55	199	654	2 097	2 881	5 036	11 855	12 770
黑色金属矿采选	13	13	16	26	61	148	790	1 734	1 403
有色金属矿采选	26	39	58	95	131	136	498	1 078	1 132
非金属矿采选	18	24	35	91	196	227	476	900	800
农副食品加工	47	70	123	360	424	637	2 801	6 673	6 638
食品制造	59	122	226	311	306	399	1 025	2 599	2 761
饮料制造	14	45	107	214	301	319	849	2 037	2 157

续表

行业	1980 年	1985 年	1990 年	1995 年	2000 年	2005 年	2010 年	2015 年	2016 年
烟草制品	2	8	27	75	122	135	224	437	456
纺织	63	151	344	609	674	919	1 817	3 155	3 236
服装鞋帽制造	7	19	49	173	234	349	800	2 346	2 506
皮羽制品	7	13	30	77	109	194	428	1 149	1 209
木材加工	6	13	23	47	96	177	727	1 534	1 577
家具制造	6	11	16	31	60	147	406	1 019	1 046
造纸及纸制品	25	39	80	157	221	477	1 037	1 726	1 741
印刷业	8	14	29	72	153	247	463	1 130	1 220
文体用品制造	3	5	12	35	63	117	219	1 783	1 968
石油加工	55	86	222	455	890	1 055	2 388	3 839	3 914
化学原料及制品	188	233	361	672	992	1 561	4 694	12 343	12 655
医药制造	14	25	61	148	236	542	1 110	3 199	3 460
化纤制造	14	33	69	141	196	264	334	718	881
橡胶和塑料制品	14	30	74	179	288	561	1 550	3 405	3 358
非金属制品	112	192	329	729	892	1 289	3 873	9 104	9 582
黑色金属加工	213	228	394	983	1 178	2 010	5 460	8 403	8 205
有色金属加工	61	67	131	243	361	694	2 358	4 488	4 685
金属制品	26	38	74	177	296	471	1 688	4 435	4 677
通用设备制造	141	155	200	328	489	778	3 037	4 983	4 789
专用设备制造	132	144	186	303	408	563	1 919	5 028	5 021
交运设备制造	119	130	181	448	653	1 138	3 601	7 511	8 471
电气机械制造	26	39	100	241	351	667	2 485	5 805	6 360
通信设备计算机制造	24	37	66	201	425	1 096	3 270	5 701	7 565
仪器仪表制造	18	20	27	71	106	171	448	959	1 039
电力热力生产供应	313	443	737	1 931	3 995	6 953	14 928	30 420	33 470
燃气生产和供应	15	22	40	84	128	205	519	2 011	2 079
水的生产和供应	37	58	93	272	497	704	1 394	3 755	4 134

1. 与代表性文献估算结果的对比

在行业层面，孙琳琳和任若恩（2014）、陈诗一（2011）、黄勇峰等（2002）、田友春（2016）等的研究都比较具有代表性，但孙琳琳和任若恩（2014）仅给出了当年价的估算结果，田友春（2016）使用的行业分类与本节不一致，均无法与本节的结果进行对比。

从工业整体及分行业的对比看，本节的估算结果介于陈诗一（2011）与黄勇峰等（2002）之间[①]，且差异明显，主要原因可归结为三个方面。

（1）对基期固定资本存量估算的差异。与本节和陈诗一（2011）的估算不同，黄勇峰等（2002）采用复杂的估算程序，先估算分行业固定资产投资，然后估算出基年分行业固定资本存量。

（2）固定资产投资价格指数的差异。与本节借鉴王益煊和吴优（2003）构造早期（1980～1990年）价格指数的方法不同，黄勇峰等（2002）以建筑业的价格指数来估计建筑投资的价格指数，以全部工业产品出厂价格指数表示设备投资价格指数，但黄勇峰等（2002）并没有给出最终估计的价格指数，因此无从与其对比。陈诗一（2011）构建的1979～1992年固定资产投资价格指数明显低于本节的指数。

（3）对折旧的处理不同。与本节和黄勇峰等（2002）使用固定的折旧率不同，陈诗一（2011）采用了《中国工业经济统计年鉴》中给出的部分年份分行业折旧率，而其他年份则基于分行业固定资产原值和净值等相关数据估算。

2. 估算结果分析

从本节的估算结果来看（表6-10和表6-11）[②]，净固定资本存量的行业分布及其增长表现出以下特征。

从行业分布来看，设备类固定资本存量中，煤炭采选、专用设备制造、通用设备制造、化学原料及制品、非金属制品、黑色金属加工、交运设备制造、电气机械制造、通信设备计算机制造以及电力热力生产供应等十个行业是设备类固定资本存量的大户，这些行业设备类净固定资本存量在所有行业中的比重基本在58%～68%的区间内，且总体呈逐年提高趋势。其中又以电力热力生产供应的比重最高，大多数年份呈增长状态，2016年在所有行业中的比重达到20.7%。

建筑类净固定资本存量中，煤炭采选、石油天然气开采、化学原料及制品、非金属制品、黑色金属加工、通用设备制造、专用设备制造、交运设备制造、通信设备计算机制造以及电力热力生产供应等十个行业建筑类固定资本存量的比重最高，这些行业固定资本存量的合计在所有行业中的比重在1980年高达70.3%，此后有所下降，2016年下降至58.6%，其中仍以电力热力生产供应的比重最高，2003～2007年期间接近所有行业的四分之一。

---

① 黄勇峰等（2002）给出的工业行业分类较粗，本书就其与本节中可比的行业进行了对比。

② 限于篇幅，此处仅给出了间隔5年的经济固定资本存量数据，详细的历年数据可通过本书第十二章数据库查询。

就增长率及其变动而言，总体来看，1981~2016年，工业建筑类固定资本存量年均增长率为13.1%，显著高于设备类固定资本存量的平均增长率（8.3%）。分时期来看，除1997年亚洲金融危机后几年（1998~2002年）和2008年全球经济萧条后几年（2012~2016年）两类固定资本存量的增速明显降低外，其他年份基本都保持平稳较快地增长。分行业来看，设备类固定资产中，1981~2016年期间，石油天然气开采、饮料制造、服装鞋帽制造、文体用品制造、石油加工、通信设备计算机制造、燃气生产和供应7个行业的增长最快，年均增速都在10%之上；建筑类固定资产中，1981~2016年期间，所有行业的年均增速都在10%以上，而石油天然气开采、服装鞋帽制造、文体用品制造、通信设备计算机制造等行业的年均增速最高，接近20%。

四、小结

当前国家有关部门正在加紧研究和编制国家资产负债表，就其中固定资本存量的核算而言，由于我国固定资产统计调查制度的不足，现有固定资产相关统计资料的基础还非常薄弱，当前从分部门、分行业角度对分类固定资本存量进行核算还面临诸多比较突出的困难，包括缺乏分类别、分部门、分行业的固定资本形成数据；固定资产的分类过粗，与《国民账户体系2008》建议的资产分类相差较远；固定资产投资价格指数序列过短；缺乏与分类固定资产使用寿命和折旧等相关的基础统计资料等，这都充分揭示了对国家固定资产统计调查体系进行改进任务的艰巨性和紧迫性。

针对国内资本存量估算文献普遍未遵循先微观估算后宏观加总核算流程的问题，本节充分挖掘了企业财务资料中可用的固定资产信息，发现可以基于固定资产原值指标估算企业部门的固定资本形成，在此基础上，以工业35个行业为例，运用永续盘存法对企业部门设备和建筑两类净固定资本存量进行了估算，并对已有文献一些关键细节处理所存在的问题做了尽可能的改进，包括对固定资本形成指标的构建、早期固定资产投资价格指数的构造、基年净固定资本存量的估算等。

本节基于企业财务资料对工业企业固定资本存量估算的方法不但适用于所有企业，而且可以推广至除家庭之外的所有其他机构部门。具体而言，对于金融机构，虽然《国民账户体系》将其与非金融企业划分为两类不同的部门，但金融机构同属以追逐利润为目的的企业，执行规范的财务制度，因此获取金融机构固定资产相关财务资料的难度不大。对于政府和为住户服务的非营利机构，虽然这两类部门与企业的性质不同，但作为独立法人，一般对其固定资产的投资和变动情况都有大量的记录信息可用，可能的问题在于没有直接可用的总量层面的统计资料，对此，可以基于两类部门固定资产变动情况的行政记录，通过一定的方法推算得到。

必须指出的是，由于早期年份固定资产原值数据的缺乏、没有可靠的更为详细的固定资产分类信息等，本节对工业企业分行业、分类型固定资本存量的估算仍然是比较粗糙的，但这并不影响本章研究的价值，我们期望本章的研究能够引发对分部门固定资本存量核算问题的深入讨论，更期望能够激发更多高质量分部门固定资本存量估算文献的出现，以起到抛砖引玉的效果。

第七章　R&D 资本存量测算研究

近年来，联合国制定的《国民账户体系2008》进一步扩大了固定资本形成的概念，将 R&D 等也列为投资。我国最新的国民经济核算体系也开始将以往作为中间消耗处理的研发支出，作为固定资本形成的一部分纳入 GDP 核算。因此，本章将在永续盘存法的基础上，结合研发资本的特征，以纳入内生技术进步因素的折旧率估算为切入点，从改进基期 R&D 资本存量的估计、优化 R&D 支出转化为资本的滞后期选择等方面入手估算我国的R&D 资本存量。同时，提出推算分地区R&D 资本存量的一种新思路，并就R&D 价格指数的生产率调整问题开展专题研究。

第一节　R&D 资本存量估计

一、问题的提出

长期以来，R&D 活动对技术进步以及经济增长的促进作用得到了人们的普遍认同。以罗默和卢卡斯为代表的内生增长理论更是将 R&D 活动所推动的技术进步视为经济增长的源泉。实际研究中，由于 R&D 活动所推动的技术进步很难做到直接量化表示，以 R&D 资本存量表示的投入指标也就成了常用的替代指标。与《国民账户体系1993》相比，《国民账户体系2008》的一个主要变化便是 R&D 支出的资本化问题，即将原本计入中间消耗的研发支出调整为资本形成，并作为固定资产形式纳入GDP。这一变动不仅仅是官方统计核算制度的变革，更重要的是对当前知识经济快速发展的回应，是经济向高质量发展的必然要求。目前，包括美国、加拿大、澳大利亚、荷兰、芬兰等在内的诸多国家均已在国民经济核算中纳入了 R&D 支出资本化测算。尽管我国也已开始将 R&D 资本计入 GDP 中，但现阶段有关 R&D 资本存量的规模，特别是长时间的 R&D 投资数据以及详细的核算细节尚未系统披露。因此，开展R&D 资本存量估计研究仍然十分必要。

现有研究中，R&D 资本存量估算方法尽管存在差异，但大多基于一个共同的原理，即对以往购置的并估算使用年限的资产进行累加来完成，其中，永续盘存法最为典型。国外开展 R&D 活动统计的时间较长，相关数据资料相对完备，开展 R&D 资本存量的研究也相对丰富，较具代表性的研究有 Griliches(1980,1998)、Kwon 和 Inui（2003）、Goto 和 Suzuki（1989）、Coe 和 Helpman（1995）、Kim 和

Park（2003）等的研究，基本上采用永续盘存法进行资本存量的估算，并在 R&D 初始资本存量、折旧率、价格指数等方面进行了诸多探索，对后来的 R&D 资本存量估算有很强的借鉴意义。当然，也有研究另辟蹊径，从创新产出的角度衡量 R&D 资本存量，如 Han（2007）利用科技论文数量和专利发明数对韩国新兴制造业和传统产业 R&D 资本存量进行了衡量。我国长期以来受制于数据资料不足，关于 R&D 资本存量估算的专门研究不多，从事此类研究的主要有李小平和朱钟棣（2006）、吴延兵（2006）、李小胜（2007）、王俊（2009）、江永宏和孙凤娥（2016）、陈宇峰和朱荣军（2016）、杨林涛等（2015）。

在研究方法上，基本以永续盘存法为主，但具体估算过程中，相关指标、参数处理等方面却存在较大的差异，主要表现在以下几个方面。

（1）R&D 资本折旧率的选取（处理）问题。国外研究中，常利用摊销法、专利法、生产函数法以及市场估价法开展折旧率研究，但国内因数据资料的限制，现有研究中大多直接设定 R&D 资本折旧率，10%、12%、15%等均是较常用的折旧率。主要的选取依据为：一是直接使用国外文献中的相关折旧率；二是采用基于相对效率和残值率计算得来的折旧率；三是跳过折旧率的估计，直接采用各省折旧汇总全国折旧规模；四是估计时变折旧率，Esposti 和 Pierani（2003）将折旧率设定为科技进步年平均增速的函数，纳入了折旧率的时变性。

（2）R&D 投入转化为资本的滞后期问题。已有研究的主要争议在于滞后期选 0 还是选 1 方面，多数研究选择的滞后期为 1，也有研究从中外对比的角度出发，根据基础研究支出占比相对较高的情况，将滞后期选择为 0。

（3）R&D 价格指数的设定问题。同样，因数据资料不足，国内研究主要采用相关价格指数进行替代处理，如直接采用固定资产价格指数（王英和刘思峰，2008）、采用 CPI 和固定资产价格指数的加权指数（朱平芳和徐伟民，2003）、采用原材料购进指数与固定资产价格指数的加权指数（吴延兵，2006）、采用 GDP 平减指数和 PPI 指数的加权指数等（李小胜，2007），总体上价格指数的设定存在分歧。

（4）R&D 资本存量测算方法问题。利用 Goldsmith（1951）、Griliches（1980，1998）以及 BEA 等方法开展的测算研究结果均存在一定的差异，且这种差异会随着时间的推移逐渐变大。

（5）初始资本存量的影响。在估算时序较短的情况下，初始资本存量的影响较为明显，主要受估算方法、R&D 投资增长率以及折旧率的影响。正因为上述问题的存在，现有研究的测算结果存在一定的差异。

基于此，本节将在永续盘存法的基础上，结合研发资本的特征，以纳入内生技术进步因素的折旧率估算为切入点，从改进基期 R&D 资本存量的估计、优化 R&D 支出转化为资本的滞后期选择、采用更加合理的 R&D 支出价格指数等方面入手估算我国 1995～2017 年的 R&D 资本存量。

二、测算方法、指标设定与数据处理

（一）测算方法

对于 R&D 活动而言，其产出是能够带来未来收益的新知识，具备资本的形式和一般性质，因此，永续盘存法对于研发资本的估算同样适用。根据 Goto 和 Suzuki（1989）、吴延兵（2006）、王孟欣和王俊霞（2016）的研究，将第五章几何型模式下的标准永续盘存法应用到研发资本存量的测算中[①]，其基本测算公式可写为

$$RK_t = RI_t + (1 - \delta_R)RK_{t-1} \tag{7-1}$$

式中，RK_t 为第 t 年的 R&D 资本存量；RI_t 为第 t 年的 R&D 实际投资；δ_R 为 R&D 资本折旧率[②]。对于式（7-1），开展 R&D 资本存量估算主要依赖于基期资本存量 RK_0、投资流量 RI、折旧率 δ_R。考虑到投资流量需采用实际值，因而还会涉及对投资流量进行价格调整的指数。

综合来看，基于上述方法开展 R&D 资本存量估算需要注意以下几方面问题。

（1）R&D 支出的滞后期问题。从 R&D 活动的类型来看，主要是基础研究、应用研究和试验发展研究，不同 R&D 活动转化为资本的滞后期存在差异。基础研究主要是创造新知识，滞后期相对较长，而应用研究和试验发展主要是对基础研究成果的推广应用等，滞后期相对较短。从全社会 R&D 活动的平均情况来看，基础研究的占比可以作为一个滞后期选择标准，通过与国外情况的对比，直接采用基础研究占比相近的国家（地区）对应的滞后期。

（2）初始资本存量的确定问题。采用永续盘存法估算 R&D 资本存量，初始资本存量重要与否，关键在于待估计序列的长短，序列涵盖时间范围越广，初始资本存量的重要性越弱。在数据资料相对欠缺的情况下，如何确定估算时间起点以及采取何种方法估算初始资本存量也就成了关键。

（3）折旧率的选择问题。折旧率对于资本存量的估算是至关重要的。特别是 R&D 资本折旧率的估计，除了一般物质资本折旧率所要考虑的问题外，还要兼顾 R&D 活动的特征，同时又要注意我国经济结构变迁对知识创新的影响，这才是折旧率选择的难点所在。

---

① 几何型价值模式和几何型效率模式的表达式是相同的，所测算同一资本的净资本存量和生产性资本存量在数值上也相同。王亚菲和王春云（2017）的研究认为，几何型价值模式即效率模式，这里我们按照净资本存量测算，但结果以及测算过程同样适用于几何型模式下的生产性资本存量测算。

② δ 为资产的重置率，乔根森构建了资本投入数量、价格核算之间的联系框架，证明了在几何递减模式下资本品的平均折旧率等于重置率。因此，δ 也可以表示为折旧率。对此的简要推导可见李小平和朱钟棣（2006）的分析。

（4）价格指数的选取（构造）问题。这里的价格指数主要涉及投资流量的价格平减问题。根据《国民账户体系 2008》的说明，对于那些有市场交易的研发资本，主要采用其交易价格进行定价，而对于无市场交易的研发资本，则采用投入成本进行测度。从这个角度来看，采用 R&D 支出代替 R&D 投资并无不可，但问题在于获取实际 R&D 支出。

（二）关键指标、参数的处理

1. 投资流量数据

从我国官方统计数据来看，与投资数据更为贴合的指标是固定资本形成总额。对于改革研发支出核算方法，国家统计局并未专门说明资本形成的变动情况，但按照国家统计局的相关数据，2016 年的修订主要是将能够带来经济利益的研发支出从中间消耗调整为固定资本形成。因 2017 年《中国统计年鉴》中固定资本形成数据在 R&D 资本化修订的基础上，还涉及常规修订。对此，将 2016 年《中国统计年鉴》中 1978～2015 年的固定资本形成数据视为修订后的数据，2015 年《中国统计年鉴》中 1978～2014 年的固定资本形成数据视为修订前的数据，两者相减可获得 1978～2014 年的固定资本形成变动数据（当年价）。对于 2015～2017 年的数据推算则采用王华（2017）的相关处理方法，建立 GDP 修订幅度与固定资本形成总额修订幅度之间的函数关系，并利用其估计系数来实现 2015～2017 年资本形成总额数据的补缺处理。

2. 投资流量缩减指数

本节在缩减指数的选择方面遵循与固定资本形成数据相对应的原则，根据《中国国内生产总值核算历史资料 1952—2004》的相关数据资料，推算了 1978～2004 年的隐含固定资本形成总额平减指数。对于 2005～2017 年的数据，在相关基础数据资料无法获取的情况下，利用对应年份的固定资产投资价格指数数据代替。考虑到两类指数的衔接问题，均采用上年＝100 的不变价指数，固定资产投资价格指数主要选取 2017 年《中国统计年鉴》中 1990 年＝100 的固定资产价格定基指数，并换算为不变价的环比指数。上述缩减指数序列最终调整为 1978 年＝100 的定基指数。

3. 折旧率的选取

现阶段，在有关我国 R&D 资本折旧率的选取和处理上，多数研究基本上还停留在主观设定的层面。对此，本节尝试采用 Esposti 和 Pierani（2003）的处理方法，将折旧率设定为科技进步年平均增速的函数，进而估计内生的 R&D 资本折旧率，主要方法如下：

$$\delta_s = \begin{cases} \delta^*(1+\Psi_t)^{s-\phi-1}, & \delta^*(1+\Psi_t)^{s-\phi-1} < 1 \\ 1, & \delta^*(1+\Psi_t)^{s-\phi-1} > 1 \end{cases} \qquad (7\text{-}2)$$

式中，δ_s 为投资年 s 的折旧率；ϕ 为 R&D 投资的平均滞后年限，即当年投入需要经过 ϕ 年才能转化为投资；记第 ϕ 年的折旧率为 δ^*；Ψ_t 为科技进步的年均增长速度。考虑到 R&D 活动中，基础研究占比较低、应用研究和试验发展占比较高[①]，而后者从支出到实际投资的转化时滞较低，进而将 ϕ 设置为 0。此时，式（7-2）可写为

$$\delta_s = \begin{cases} \delta^*(1+\Psi_t)^{s-1}, & \delta^*(1+\Psi_t)^{s-1} < 1 \\ 1, & \delta^*(1+\Psi_t)^{s-1} > 1 \end{cases} \qquad (7\text{-}3)$$

对于 δ^* 的取值，界定在 1978 年的折旧率数据。考虑到改革开放之初，经济发展的阶段特征和科技事业的发展实际，将其折旧率设定为等同于有形资产的情形。根据第五章几何型价值模式下的净资本存量测算，设定 $\delta^* = 18.1\%$。对于 Ψ_t，主要借鉴了程华和吴晓晖（2006）的方法：

$$\Psi_t = y_t - \alpha k_t - \beta l_t \qquad (7\text{-}4)$$

式中，α 为资本的产出弹性系数；β 为劳动的产出弹性系数；y_t、k_t、l_t 分别为产出的年均增速、生产性资本存量的年均增速、就业人员的年均增速。

（1）劳动收入份额主要基于劳动收入在当年名义 GDP 中的占比来表示。对于2013～2016 年的数据，劳动收入指标直接由全国城乡一体化住户调查资料中的工资性收入和经营净收入计算得来。1979～2012 年的数据则采取了与李宾和曾志雄（2009）相同的处理思路，分别计算城镇人均劳动收入（由城镇居民家庭年人均总收入扣除财产性收入和转移性收入求得）和乡村人均劳动收入（采用工资性纯收入、经营性纯收入之和来表示），进而计算劳动收入份额。对于个别年份的缺失数据，采用线性插补模型进行补缺处理。

（2）对于生产性资本存量的估计，本节主要采用前文所指的包含 R&D 资本化处理的固定资本形成数据，在固定资产耐用年限 15 年[②]和一次性报废模式、双曲线型效率模式设定下基于永续盘存法计算而来。

（3）劳动投入采用年中就业人口数表示。结合上述数据，根据陈宇峰和朱荣军（2016）在应用这一方法时的测算思路，本节也以每个五年计划为时间段，计算每个时间段的平均科技进步增长率，进而计算对应的折旧率。

---

① 1995～2017 年间，我国 R&D 经费内部支出中，约有 95% 发生在应用研究和试验发展方面。

② 对此的具体处理可见王俊（2009）的研究。

4. 初始资本存量的估计

在对应的初始资本存量计算中，现有研究大多假定资本存量增长率与真实投资增长率相等（Goto and Suzuki，1989）。本节通过回归估计法确定 R&D 资本存量平均增长率，采用 Reinsdorf 和 Cover（2005）的计算方法：

$$RK_0 = RI_0(1+\varsigma)/(\varsigma+\delta^*) \tag{7-5}$$

式中，ς 为 R&D 资本存量的增长率，采用 Sliker（2007）的计算方法：

$$\varsigma = e^m - 1 \tag{7-6}$$

对于斜率系数 m 的估计如下：

$$\ln RI_t = -221.07 + 0.113\,27t \tag{7-7}$$

$$(11.269)\ (0.06)$$

$$\overline{R^2} = 0.9136$$

式中，RI_t 为 R&D 投资，主要采用前文的固定资本形成总额变动数据。根据式（7-6）求得的 $\varsigma = 0.1199$，在 $\delta^* = 18.1\%$ 的设定下，1978 年的初始 R&D 资本存量为 129.51 亿元。

三、R&D 资本存量测算结果与分析

结合前述分析，本节所测算的 1978～2017 年 R&D 资本存量数据如表 7-1 所示。

表 7-1　R&D 资本存量测算结果　　　　　　（单位：亿元）

年份	R&D 资本存量（折旧率 20.6%）	R&D 资本存量（可变折旧率）	年份	R&D 资本存量（折旧率 20.6%）	R&D 资本存量（可变折旧率）
1978	119.5763	129.51	1998	380.5167	384.93
1979	135.0773	146.2	1999	427.2819	430.83
1980	148.4751	160.96	2000	499.5193	502.39
1981	157.0836	170.07	2001	583.8328	584.11
1982	165.5557	179.11	2002	694.1942	692.09
1983	179.1169	193.3	2003	822.7232	818.29
1984	197.1211	212.07	2004	981.1233	974.34
1985	213.2417	229.15	2005	1182.242	1172.97
1986	228.4523	243.78	2006	1428.644	1409.77
1987	239.5021	254.54	2007	1720.559	1691.73

续表

年份	R&D 资本存量 （折旧率 20.6%）	R&D 资本存量 （可变折旧率）	年份	R&D 资本存量 （折旧率 20.6%）	R&D 资本存量 （可变折旧率）
1988	245.9164	260.86	2008	2042.22	2002.72
1989	251.7555	266.69	2009	2490.013	2438.99
1990	258.445	273.44	2010	2995.878	2931.42
1991	267.248	280.25	2011	3560.416	3485.61
1992	277.1029	288.56	2012	4223.212	4135.72
1993	283.1692	293.42	2013	4958.017	4855.22
1994	292.392	301.71	2014	5638.114	5517.36
1995	303.8802	312.49	2015	6418.343	6277.99
1996	320.2166	327.09	2016	7172.007	7009.96
1997	349.4698	354.97	2017	7781.065	7595.9

从全国层面的测算结果来看，改革开放以来 R&D 资本存量实现了快速增长。2017 年，存量规模达到 7595.9 亿元，是 1978 年的 58.7 倍。其中，从 1999 年开始，R&D 资本存量环比增速超过 10%，2009 年增速高达 21.8%。这显示出，改革开放以来，特别是我国社会主义市场经济体制确立以来，全社会对科技进步极为重视，不断加大科技研发投入力度，着力提升自主创新能力。特别是企业的自主创新意识不断增强，主动适应我国产业结构调整和高级化的趋势，逐渐适应从劳动密集型经济向资金、技术密集型经济的转型发展。从我国 R&D 支出的资金来源情况来看，企业资金长期以来占据主导地位，并且依然呈现出总体上涨的趋势。从 2009 年开始，我国 R&D 资本存量增速出现下降的情况，特别是 2011 年以来，受"三期叠加"的影响，增速下降明显。

对于全国 R&D 资本存量的估计结果，不同的研究存在较大的差异，最主要的原因是折旧率和投资流量数据的选取。其中，为了应对折旧率选取导致的最终结果差异，本节测算了内生技术进步率的可变折旧率。而投资流量的处理问题，现有研究通常采用 R&D 经费内部支出进行替代，但因其与 R&D 投资指标在统计外延上的差异，这种替代处理存在较大的误差，尤其是在利用永续盘存法的情况下，这种误差的进一步累积会导致最近时点的较大偏离。

对于本节的测算结果，我们选择以江永宏和孙凤娥（2016）的研究为参照对象。主要原因是：①该研究同样采用了几何型价值模式，这保证了基于永续盘存法的测算具备可比性；②该研究设定 R&D 资产平均耐用年限为 10 年、残值率为 10%，并据此测算了 R&D 折旧率为 20.6%，这一设定与有关的税收和折旧政策较为一致；③该研究没有直接利用 R&D 经费内部支出数据，而是进行了专门的调整，处理为投资流量的口径。

为了检验本节的测算结果，我们也采用了江永宏和孙凤娥（2016）对折旧率的设定，并据此重新测算了 1978 年的基期资本存量，采用与前文分析一致的投资流量及其价格指数测算了历年 R&D 资本存量，结果列于表 7-1 中。整体来看，与本节基于可变折旧率的测算结果差距较小。从这个角度来看，本节对于全国层面的 R&D 资本存量的估计合理、可靠。

四、小结

本节针对现阶段我国 R&D 资本存量估算研究存在的问题，阐述了开展 R&D 资本存量估算需要关注的重点，并从折旧率估算、基期 R&D 资本存量估计、R&D 支出转化为资本的滞后期选择以及 R&D 支出价格指数选取等多个方面入手，估算了我国 1978～2017 年的 R&D 资本存量。作为一项基础性工作，R&D 资本存量估计不仅能为进一步建立与完善我国的资本存量核算方法与制度提供重要参考，也可为今后开展宏观经济分析、经济预测和决策提供重要的数量依据。

通过与现有文献的对比，我们发现折旧率、基期 R&D 资本存量、R&D 投资指数等各个参数、各个环节都是影响最终资本存量估计的关键。特别是在我国已有的 R&D 资本存量估计研究中，对折旧率的处理普遍过于简化，忽略了折旧率受经济发展阶段影响等诸多因素，使研究结论的可靠性有待商榷。本节以纳入内生技术进步因素的折旧率估算为切入点的分析，正是针对这一问题的一次尝试。从推动我国国民经济核算发展的角度来看，R&D 资本存量的估计研究也是积极应对经济转型发展，不断提高官方统计能力的重要体现。建议政府统计部门、研究机构以及国民经济核算领域的相关学者，进一步拓展 R&D 资本存量估计研究的深度，探寻更为科学合理、更加符合我国实际的 R&D 资本存量估计方法。

第二节　分地区 R&D 资本存量测算与分析

党的十九大报告指出"我国经济已由高速增长阶段转向高质量发展阶段，正处在转变发展方式、优化经济结构、转换增长动力的攻关期"[①]。转变发展方式、优化经济结构、转换增长动力是新时代背景下我国经济持续健康发展的重要路径。R&D 活动作为社会经济生产过程中的主要创新体现，对其存量资源的有效衡量是反映创新投入和创新成果的重要指标。开展地区 R&D 资本存量估计研究，一方面可以了解我国 R&D 资源规模及其区域分布的前提，另一方面也可以反映改革

---

① http://www.china.com.cn/19da/2017-10/27/content_41805113_3.htm。

开放以来我国科技领域所取得的成就。有助于为我国创新驱动发展提供数据支撑，也有助于为相应的政策制定提供参考。

一、问题的提出

长期以来，我国经济增长依赖劳动力成本优势和资源环境代价，粗放增长的发展特征较为明显。近年来，在中国经济步入新常态的背景下，经济增速放缓，以往经济增长中的一些潜在问题也在不断暴露。创新能力区域不平衡就是其中一个较为突出的问题。R&D 资源的地区分布差异是造成区域发展不平衡的一个方面，也是引起地区发展差异的重要因素。R&D 资源是经济发展和技术进步的重要驱动力，是反映地区科技创新能力的综合体现，因此，探索经济发展动力和区域发展差异越来越成为理论研究的重要主题。

改革开放以来，我国科技领域投入不断加大，研发经费规模和人员队伍不断壮大。科技实力伴随经济发展同步壮大，为我国综合国力的提升提供了重要支撑。但我们也要看到，我国地域辽阔，各地区在要素禀赋和发展基础上存在差距，技术创新是促成技术进步的最为重要的因素，也是影响经济增长的重要驱动力，其地区之间的分布特征及其差距，是区域经济发展不平衡问题的重要研究内容之一。对此开展的探索研究，首要的任务是摸清我国地区 R&D 资源的存量情况。目前，官方统计数据中，能够反映地区 R&D 资源情况的指标包括 R&D 内部经费支出、专利数、从事 R&D 活动的人员数等。基于上述指标数据对 R&D 资源进行衡量，存在的问题主要是：①相关统计数据只能反映部分 R&D 活动的信息，无法从总量层面有效测度 R&D 资源状况；②以 R&D 内部经费支出、科技经费支出为代表的价值型统计指标均为流量指标，无法揭示 R&D 资源的存量信息。对此，有必要开展专门的 R&D 资源总量估计研究，从存量角度对 R&D 资源的价值进行测度。

现有研究对于 R&D 资源总量的估计，多以 R&D 资本存量的形式表示，即对 R&D 资源存量规模的价值反映。从目前我国 R&D 资本存量的估算情况来看，已有文献主要是针对全国层面的估计研究。受数据资料严重缺失等问题的影响，目前专门针对我国各省区市的 R&D 资本存量估算研究面临着巨大的困难。从已有的为数不多的省区市 R&D 资本存量估算文献来看，研究方法基本是一致的，大多采用永续盘存法。不同的是，在折旧率和投资流量及其价格指数的处理方面，不同研究采用了不同的替代处理或者估算处理。

（1）折旧率方面，大部分研究直接利用全国折旧率水平表示各省区市的折旧率（孙凤娥和江永宏，2018），王孟欣（2011）则按照我国东、中、西部地区的划分，设定每一地区内部的各省区市采用相同的折旧率，这两类折旧率处理很大程度上都是主观设定的。陈宇峰和朱荣军（2016）根据各省区市基础研究占 R&D

支出比例的不同，设定了 10%、15%两个基准时期的折旧率，并采用 Esposti 和 Pierani（2003）的做法，将折旧率内生化为科技进步率的函数，进而测算了各省区市的可变折旧率。

（2）R&D 投资流量指标方面，相关的分地区 R&D 资本存量估算研究基本上仍然采用 R&D 经费内部支出数据，但只能获取 1998 年以来的分地区数据。孙凤娥和江永宏（2018）对于各省区市 1978～1997 年的 R&D 经费内部支出数据，主要通过选取与 R&D 经费内部支出高度相关的代理指标作为推算比例，进而分劈全国层面的 R&D 经费内部支出得来（孙凤娥和江永宏，2018）。

（3）投资流量缩减指数方面，实证测算中使用较多的是加权法，早期较多使用 CPI、PPI、GDP 平减指数等进行加权（吴延兵，2008；李小胜，2007），后期则较多利用与 R&D 经费内部支出各项构成最为接近的价格指数进行替代，并利用各项支出权重进行加权汇总的方法，又称成本法。考虑到构建各省区市成本法 R&D 价格指数面临许多数据缺失的问题，部分研究采用全国指数数据进行代替（孙凤娥和江永宏，2018）。整体来看，现阶段对于 R&D 投资的缩减指数尤其是分省区市层面的指数测算，仍是很重要的研究主题。

2016 年，国家统计局公布了《关于改革研发支出核算方法修订国内生产总值核算数据的公告》，标志着我国政府统计正式开始将 R&D 资本化处理纳入 GDP 核算当中。但是，与 R&D 资本化处理相关的固定资本形成数据以及 R&D 资本存量核算的相关细节则并未发布。理论界在对 R&D 资本存量进行估计时，多数仍然直接参考国外相关方法，对有关指标通过经验性的假设进行估算，特别是在折旧率处理、投资流量指标选取等方面存在较大的差异，最终测算结果也不尽相同。王华（2018）利用 2016 年 7 月国家统计局公布的 GDP 及其可比价格增速修订资料，推算了 R&D 资本化引起的固定资本形成变动数据，并以此作为 R&D 投资流量指标，这一处理较以往的相关研究有很大改善，对于准确测算 R&D 资本存量有非常好的借鉴作用。

鉴于上述研究现状，本节尝试重新测算我国的地区 R&D 资本存量，主要是通过优化折旧率估计和投资流量指标的选取处理，提升全国层面的 R&D 资本存量数据的质量。进而构建各省区市的 R&D 资源总量结构系数，求得各地区的 R&D 资本存量数据。在此基础上，还将对改革开放以来我国 R&D 资本存量的区域分布特征及其空间演进情况进行分析，了解影响 R&D 资本存量空间布局的因素和作用机制，进而为推动地区间 R&D 资源的合理布局、实现区域协调发展提供理论参考。

二、测算方法

在本章第一节全国层面 R&D 资本存量测算的基础上，本节通过构建地区层面的结构系数，进而测算分地区 R&D 资本存量，基本方法如下。

对于 R&D 投资的处理，不管是《国民账户体系 2008》还是国家统计局，均建议从成本的角度衡量，这与大多已有文献采用了相同的处理方法。基于此，构建的地区结构比例为

$$\mu_t = \frac{E_{j,t}^{R\&D}}{E_t^{R\&D}} \tag{7-8}$$

式中，$E_{j,t}^{R\&D}$ 为 j 地区在第 t 年的 R&D 内部经费支出；$E_t^{R\&D}$ 为第 t 年全国的 R&D 内部经费支出。目前，可以直接获取 1995 年以来全国 R&D 内部经费支出数据和 1998 年以来各地区 R&D 内部经费支出数据。其中，基于数据可得性，本节纳入研究范围的地区为我国 31 个省区市，不含我国港澳台地区（下同），同时，1978～1996 年的数据不含重庆市、1978～1987 年的数据不含海南省。

（一）主要的结构比例测算数据

1998 年以来的 R&D 内部经费支出数据可从历年《中国科技统计年鉴》中获取。其他年份的相关数据，需要基于我国科技统计实际，利用间接指标数据进行替代处理。

（1）1997 年的 R&D 内部经费支出数据由当年的科技活动经费内部支出数据代替，$E_t^{R\&D}$ 采用各地区数据的加总值，相关数据来自 1998 年《中国科技统计年鉴》。

（2）1990～1996 年的 R&D 内部经费支出数据由各地区当年的科技活动单位科技活动经费使用额数据代替（由科学研究和技术开发机构、大中型工业企业、高等学校、科技情报与文献机构数据汇总得到），$E_t^{R\&D}$ 采用各地区数据的加总值，相关数据来自 1991～1997 年《中国科技统计年鉴》。

（3）1978～1989 年的数据因为缺失严重，主要通过个别年份的数据进行分析。其中，1978 年的数据选取当年全国自然科学技术人员普查资料中全民所有制单位科技人员数替代；1985 年的数据选取当年全国科技普查资料中的技术开发经费支出数据替代；1988 年的数据选取大中型工业企业技术开发经费支出总额数据替代；所选数据均来自《中国科学技术四十年》。

（二）对于结构系数的检验

本节结合国内研究中几组典型的分地区 R&D 资本存量估算结果，通过计算各个地区 R&D 资本存量占全国存量的比重，与本节构建的结构系数进行对比，

结果显示本节测算比例与参照基准吻合度非常高①。从目前有关我国地区 R&D 资本存量测算的文献来看，基本上都采用统一的折旧率，不同的是各地区的投资流量采用对应的 R&D 经费内部支出数据，采取这种处理方法是数据缺失情况下不得已而为之的做法。从这个角度来看，本节构建的结构系数是合理的。在准确测算全国层面总量数据的基础上，通过结构系数分解，获得各个地区的存量数据，在地区层面基础数据缺失的情况下，是一种值得尝试的处理手段。

三、分地区 R&D 资本存量测算结果及其分析

从测算结果（表 7-2）来看，我国 R&D 资本存量的区域分布有明显的梯级特征，自西向东集中度逐渐提高。其中，2017 年东部地区占全国的 67.5%，中部地区占全国的 16.0%，西部地区占全国的 12.5%，东北地区占全国的 4.0%。广东、江苏、山东、北京、浙江、上海是我国 R&D 资本存量最为集中的地区，六省市占全国 R&D 资本存量的比重达到了 59.1%，而西部地区剔除陕西、四川、重庆，这一比例会进一步下降到 4.2%，凸显了我国 R&D 资本存量的地区分布不平衡特征。

表 7-2　主要年份省区市 R&D 资本存量测算结果（1978 年 = 100）（单位：亿元）

地区	1978 年	1985 年	1990 年	1995 年	2000 年	2005 年	2010 年	2015 年	2016 年	2017 年
北京	6.38	14.28	48.39	49.91	87.31	182.92	341.11	613.19	663.84	681.52
天津	3.01	10.96	8.97	8.91	13.85	34.74	95.28	226.04	240.27	197.91
河北	6.01	7.16	6.54	8.45	14.74	28.21	64.52	155.45	171.45	195.02
山西	4.12	5.31	4.95	3.77	5.55	12.58	37.31	58.72	59.30	63.95
内蒙古	1.88	2.10	2.28	2.12	1.88	5.60	26.45	60.28	65.96	57.09
辽宁	8.87	24.99	21.32	17.86	23.39	59.71	119.32	161.00	166.66	185.47
吉林	4.85	12.20	6.09	6.61	7.50	18.82	31.46	62.65	62.45	55.23
黑龙江	6.82	6.29	9.06	6.76	8.38	23.42	51.07	69.85	68.19	63.24
上海	6.51	15.69	25.65	36.21	41.38	99.75	199.94	414.76	469.21	519.97
江苏	5.68	19.48	17.18	25.39	40.95	129.19	356.10	798.04	906.33	975.07
浙江	3.02	5.90	5.01	8.98	18.71	78.18	205.14	448.00	505.57	546.34
安徽	3.84	2.69	4.56	4.86	11.23	21.98	67.96	191.29	212.46	243.73
福建	2.62	1.25	2.32	2.89	11.89	25.67	70.93	174.09	203.14	234.31

---

① 对吻合度的衡量主要是依据参照基准比例数据与本节测算的地区占比数据之差的绝对值。其中，1998 年、2004 年、2008 年的参照基准选择席玮和徐军（2014）的测算结果，2000 年、2005 年、2010 年、2015 年的参照基准选择孙凤娥和江永宏（2018）的测算结果。

续表

地区	1978 年	1985 年	1990 年	1995 年	2000 年	2005 年	2010 年	2015 年	2016 年	2017 年
江西	3.51	3.70	3.40	4.09	4.59	13.66	36.17	76.73	92.70	110.36
山东	6.90	17.50	15.38	15.03	29.14	93.43	278.92	632.32	700.29	756.31
河南	5.06	10.83	8.45	11.77	13.91	26.61	87.65	192.75	220.98	251.12
湖北	6.12	6.44	11.18	15.54	19.53	35.89	109.63	248.88	268.31	302.27
湖南	5.15	8.08	9.38	7.97	10.79	21.32	77.43	182.83	209.65	245.28
广东	5.36	10.55	11.32	15.59	60.08	116.70	335.68	796.68	910.03	1011.12
广西	3.37	2.36	2.67	4.39	4.69	6.99	26.09	46.92	52.65	61.34
海南	0.00	0.00	0.34	0.51	0.47	0.76	2.91	7.52	9.71	9.97
重庆	0.00	0.00	0.00	0.00	5.68	15.30	41.62	109.43	135.12	157.31
四川	10.04	17.58	19.32	25.69	25.18	46.24	109.69	222.80	251.04	275.19
贵州	3.07	1.69	2.66	1.86	2.34	5.28	12.44	27.61	32.82	41.37
云南	3.14	3.88	3.69	3.21	3.81	10.21	18.33	48.45	59.37	68.06
西藏	0.20	0.00	0.10	0.09	0.14	0.17	0.61	1.38	0.99	1.24
陕西	5.41	6.66	14.29	15.35	27.74	44.26	90.28	174.20	187.61	198.86
甘肃	2.85	6.88	4.89	4.72	4.07	9.39	17.41	36.65	38.90	38.14
青海	0.86	0.81	1.15	0.77	0.73	1.41	4.13	5.13	6.26	7.73
宁夏	0.69	1.01	0.87	0.79	0.92	1.52	4.78	11.29	13.38	16.80
新疆	2.49	2.87	2.00	2.39	1.82	3.07	11.06	23.04	25.32	24.57
东部	45.49	102.77	141.11	171.87	318.52	789.57	1950.55	4266.09	4779.83	5127.54
中部	27.81	37.05	41.93	48.01	65.61	132.03	416.14	951.19	1063.40	1216.72
西部	34.01	45.84	53.92	61.37	78.99	149.44	362.88	767.19	869.42	947.71
东北	20.54	43.48	36.47	31.24	39.27	101.94	201.85	293.51	297.31	303.94

注：因篇幅限制，这里仅列出部分年份的测算结果。采用国家统计局的标准划分东、中、西部地区以及东北地区。其中，东部地区包括北京、天津、河北、上海、江苏、浙江、福建、山东、广东、海南；中部地区包括山西、安徽、江西、河南、湖北、湖南；西部地区包括内蒙古、广西、重庆、四川、贵州、云南、西藏、陕西、甘肃、青海、宁夏、新疆；东北地区包括辽宁、吉林、黑龙江；下文均采用这一划分方式。

　　如果从人均规模的角度来看，由 R&D 资本存量所代表的技术创新能力仍然存在明显的地区分化情形，东部地区仍然是我国 R&D 资本存量集聚的优势区域，但区域内部的分布结构与总量规模分布存在一定差异。

　　（1）2017 年东、中、西部以及东北地区按照区位商（表 7-3）排序依次是东部＞中部＞东北＞西部，东部地区仍然具有最强的 R&D 资本存量集聚优势，但东北地区的集聚优势超过了西部地区。

表 7-3　区位商测算结果

地区	1978 年	1985 年	1990 年	1995 年	2000 年	2005 年	2010 年	2015 年	2016 年	2017 年
北京	5.51	6.72	18.63	15.46	16.15	13.26	7.95	6.18	6.03	5.74
天津	3.13	6.29	4.33	3.86	3.49	3.71	3.36	3.20	3.03	2.33
河北	0.89	0.60	0.44	0.51	0.56	0.46	0.41	0.46	0.45	0.47
山西	1.28	0.92	0.71	0.48	0.43	0.42	0.48	0.35	0.32	0.32
内蒙古	0.78	0.48	0.44	0.36	0.20	0.26	0.49	0.53	0.52	0.41
辽宁	1.97	3.13	2.28	1.72	1.41	1.58	1.25	0.80	0.75	0.78
吉林	1.70	2.45	1.04	1.01	0.71	0.77	0.52	0.50	0.45	0.37
黑龙江	1.64	0.87	1.07	0.71	0.56	0.68	0.61	0.40	0.35	0.31
上海	4.47	5.96	8.36	10.78	6.49	5.88	3.97	3.76	3.82	3.94
江苏	0.73	1.45	1.06	1.39	1.41	1.90	2.07	2.19	2.23	2.22
浙江	0.61	0.68	0.49	0.79	1.01	1.75	1.72	1.77	1.78	1.77
安徽	0.61	0.24	0.34	0.31	0.46	0.40	0.52	0.68	0.68	0.71
福建	0.81	0.21	0.32	0.35	0.88	0.80	0.88	0.99	1.03	1.10
江西	0.83	0.49	0.37	0.39	0.28	0.35	0.37	0.37	0.40	0.44
山东	0.73	1.05	0.76	0.67	0.82	1.13	1.33	1.41	1.39	1.38
河南	0.54	0.64	0.41	0.50	0.37	0.32	0.43	0.45	0.46	0.48
湖北	1.01	0.60	0.86	1.04	0.87	0.70	0.88	0.93	0.90	0.94
湖南	0.75	0.66	0.64	0.48	0.41	0.38	0.54	0.59	0.61	0.65
广东	0.72	0.78	0.75	0.82	1.75	1.41	1.47	1.61	1.63	1.66
广西	0.75	0.28	0.26	0.37	0.25	0.17	0.26	0.21	0.21	0.23
海南	—	—	0.21	0.28	0.15	0.10	0.15	0.18	0.21	0.20
重庆	—	—	—	—	0.50	0.61	0.66	0.79	0.87	0.94
四川	0.78	0.80	0.75	0.89	0.76	0.63	0.62	0.59	0.60	0.61
贵州	0.86	0.26	0.34	0.21	0.16	0.16	0.16	0.17	0.18	0.21
云南	0.77	0.52	0.41	0.31	0.23	0.26	0.18	0.22	0.25	0.26
西藏	0.86	0.00	0.19	0.14	0.13	0.07	0.09	0.09	0.06	0.07
陕西	1.47	1.03	1.80	1.69	1.92	1.34	1.11	1.01	0.97	0.95
甘肃	1.15	1.55	0.91	0.75	0.41	0.41	0.31	0.31	0.29	0.27
青海	1.78	0.92	1.08	0.62	0.35	0.29	0.34	0.19	0.21	0.24
宁夏	1.45	1.12	0.78	0.60	0.42	0.28	0.35	0.37	0.39	0.45
新疆	1.30	0.84	0.48	0.49	0.25	0.17	0.23	0.21	0.21	0.18
东部	1.05	1.34	1.52	1.61	1.81	1.88	1.76	1.78	1.78	1.76

续表

地区	1978年	1985年	1990年	1995年	2000年	2005年	2010年	2015年	2016年	2017年
中部	0.77	0.57	0.54	0.53	0.47	0.42	0.53	0.57	0.57	0.60
西部	0.92	0.70	0.69	0.66	0.56	0.46	0.46	0.45	0.46	0.46
东北	1.78	2.15	1.54	1.13	0.93	1.06	0.84	0.59	0.54	0.51

注：此处的区位商利用地区人均R&D资本存量与全国平均水平的比值来表示。因篇幅限制，这里只给出部分年份的区位商值。用于测算区位商的省区市1996~2017年的人口数据来自国家统计局网站，为常住人口口径；1978~1995年的省区市人口数据来自《新中国六十年统计资料汇编》，为年底人口数口径；各年的全国人口数来自国家统计局网站。

（2）北京、天津、上海一直是我国R&D资本的优势地区，但这种优势正在减退。与此同时，江苏、浙江、广东、山东R&D资本集聚优势快速提升，成为区域资源集聚中心。

中华人民共和国成立初期阶段，我国主要R&D资本存量分布在东北和东部地区，东北地区素有"共和国工业摇篮"之称，是我国的重要工业基地。在改革开放初期，是军工、重工产业发展的集聚地，自然也集中了大量的科研资源；而以上海、山东、江苏为代表的部分东部省市，自民国时期便是我国重要的经济中心，棉纺等轻工业发达，也是R&D资本集中的地区。20世纪60年代开始，我国开展了大规模的生产力布局调整，1964~1980年间，我国开展了著名的"三线建设"，旨在推动生产力自东向西迁移。这一时期，中西部地区属于"三线建设"的十三个省区集中了全国近四成的基本建设投资，建成了1100多个大中型企业、科研院所。从1978年的分布情况来看，我国的R&D资本主要集中在四川、陕西、湖北、湖南、河南等中西部地区，这些地区属于"三线建设"的重点地区。改革开放以前，我国的经济成分以国有经济为主，主要的科研力量集中在国有科研院所和国有大中型企业，从1978年的R&D资本存量分布情况来看，也验证了这一事实。

在改革开放政策的推动下，我国东部地区依托区位优势和经济基础，成为我国经济增长最快的地区，各类生产要素也逐渐向东部地区回流。从1995年的R&D资本存量分布情况来看，北京、上海增长最快，并成为这一时期R&D资本存量规模最大的地区，尽管这一时期四川省的R&D存量规模仍居于全国前列，但集聚优势已明显减弱。东北地区的R&D规模优势下降最为明显。到2017年，我国地区R&D资本存量的区域分化特征更加明显，并逐渐形成了以广东为代表的珠三角、以江浙沪为代表的长三角、以北京为代表的京津冀地区三个区域增长极。

从时间变动角度来看，R&D资本存量分布不平衡的加剧主要从20世纪90年代开始，我国社会主义市场经济逐步建立完善，并实施了财税体制改革、进一步扩大开放等一系列政策措施，为科技活动发展、创新进步提供了基础条件。

（1）在这一过程中，东部地区得益于区位优势和改革开放政策的带动，实现了快速发展，在 R&D 资本积累方面，也与中西部地区、东北地区之间的差距日渐拉大。

（2）随着各项改革举措的深入和中部崛起战略的推进，中部六省 R&D 资本存量规模与经济发展实现了同步增长，武汉、郑州等城市均已纳入国家中心城市行列，中部地区 R&D 资本的集聚优势也在加强，从本节的测算结果来看，2000 年以后中部六省 R&D 资本存量规模开始超越西部地区十二省区市合计规模，区位商值也已经开始回升。

（3）与改革开放之初相比，西部地区和东北地区 R&D 资本存量规模增长相对缓慢，特别是东北地区，产业衰退、人口流出等问题使其振兴发展面临巨大挑战。

通过测算泰尔指数，还可以对区域间和区域内部的 R&D 资本存量差异变动情况进行分析：

$$HT = HT_1 + HT_2 = \sum_{i=1}^{n} \chi_i \ln \frac{\chi_i}{\vartheta_i} + \sum_{i=1}^{n} \chi_i \left(\sum_{j=1}^{m} \chi_{ij} \ln \frac{\chi_{ij}}{\vartheta_{ij}} \right) \qquad （7-9）$$

式中，HT 为泰尔总指数；HT_1、HT_2 分别为区域间和区域内部差异指数；χ_i 为 i 区域 R&D 资源占全国的比例；ϑ_i 为 i 区域人口占全国的比例；χ_{ij} 为 j 地区 R&D 资源占全国 i 区域的比例；ϑ_{ij} 为 j 地区人口占全国 i 区域的比例；n 为区域数量，这里主要是东部、中部、西部和东北四个地区；j 为区域内部的省区市数量。对于区域间差异的贡献可采用 $HT_1 / HT \times 100\%$ 表示，区域内部差异的贡献采用 $HT_2 / HT \times 100\%$ 表示。

从泰尔指数的测算结果（表 7-4）来看，改革开放以来我国地区 R&D 资源的区域分布差异有扩大的趋势。2017 年泰尔总指数为 0.33，是 1978 年的 2.2 倍。其中，区域间差异的显著扩大是引起区域差异扩大的最主要方面，2017 年区域间差异指数为 0.18，是 1978 年的 6 倍，而 2017 年区域内差异指数为 0.15，仅为 1978 年的 1.25 倍。

表 7-4　泰尔指数的测算结果

年份	区域间差异		区域内差异		总指数
	指数	贡献/%	指数	贡献/%	
1978	0.03	21.65	0.12	78.35	0.15
1985	0.22	62.52	0.13	37.48	0.35
1990	0.23	36.18	0.41	63.82	0.64
1995	0.24	39.04	0.38	60.96	0.62
2000	0.18	29.59	0.43	70.41	0.61

续表

年份	区域间差异		区域内差异		总指数
	指数	贡献/%	指数	贡献/%	
2005	0.23	41.14	0.34	58.86	0.57
2010	0.18	46.70	0.20	53.30	0.38
2015	0.18	53.33	0.16	46.67	0.34
2016	0.19	54.12	0.16	45.88	0.35
2017	0.18	54.25	0.15	45.75	0.33

从时间演进的角度来看，一方面，泰尔指数及其分项指数均经历了先升后降的变动，其中，区域内部差异的缩小最为明显。另一方面，改革开放初期，我国R&D资源的区域分布差异主要是区域内差异大，区域间差异小；后来，区域内差异收窄，而区域间差异扩大，以2015年为例，区域间差异贡献度超过区域内差异约6.7个百分点。这一点可以从前文的R&D资源总量分布以及区位商的变动情况得到验证，改革开放以来，东部地区R&D资源规模优势和集聚优势不断增强，与西部、东北地区之间的差距也在不断扩大。整体来看，我国R&D资源地区差异的形成原因主要源于区域间资源配置的不均衡。

那么，对于区域内部差异而言，不同区域的差异特征也不尽相同。从表7-5的结果来看，1978年，主要是东部地区内部差异较为明显，当时主要的研发力量集中在北京、上海、天津等地，而福建、广东等地在改革开放之初经济发展优势不明显，人口、产业资源优势并不突出。从1978年和2017年的对比来看，东部地区内部差异指数下降，中部和东北地区内部差异指数变动较小，西部地区的内部差异系数出现了较大幅度的上升。从2017年的区域内差异指数来看，中部和东北地区系数值分别为0.049和0.055，显示区域内部差异小。而东部和西部地区内部差异系数较大，表明仍然存在一定程度的内部差异问题。其中，东部地区的差异主要是北京、上海、江苏、山东、广东与河北、海南等地之间的差距；对于西部地区而言，主要是陕西、四川、重庆与其他省区市间的差距在扩大。

表7-5　分地区泰尔指数测算结果

地区	1978年	1985年	1990年	1995年	2000年	2005年	2010年	2015年	2017年
东部	0.292	0.174	0.689	0.583	0.566	0.436	0.257	0.191	0.185
中部	0.041	0.056	0.061	0.083	0.067	0.042	0.040	0.054	0.049
西部	0.036	0.122	0.166	0.178	0.326	0.247	0.182	0.175	0.172
东北	0.003	0.121	0.073	0.072	0.087	0.077	0.076	0.047	0.055

四、小结

本节通过构建地区结构系数，测算得到了各地区的 R&D 资本存量。本节的处理较好地解决了已有研究关于折旧率、投资流量等选取和设定的问题，提高了测算数据的质量，有助于更加准确地了解我国地区 R&D 资本存量规模及其区域分布情况。研究结果显示：①2011 年以来，受"三期叠加"等因素影响，我国 R&D 资本存量增速已呈现出下降趋势；②R&D 资本存量规模存在明显的区域分布不平衡问题，东部地区与中西部地区、东北地区之间的差距仍在拉大。

针对上述问题，我们从自主创新能力建设和区域协调发展的角度，提出对应的政策建议。

（1）加快研发创新和技术转化能力建设，提升经济发展的创新驱动力。着重提升自主创新能力，是当前我国转变经济发展方式、调整经济结构、转换增长动力的关键，更是缓解现阶段我国 R&D 资源总量增速下降的重要抓手。为了有效应对当前我国 R&D 资源总量增速下降的趋势，需要通过进一步强化科技基础能力建设、提升关键技术的研发能力，构建完善的研发创新体系、科技中介服务体系和政策支持体系，为深入落实"双创"战略和五大发展理念、推动经济的高质量发展提供新动力。

（2）中西部地区和东北地区要积极转变发展理念，在科技创新领域"练好内功"。这些地区要打破过度依赖投资拉动增长的旧观念束缚，把创新作为经济增长的驱动力，着眼于通过提升内生增长能力，来进一步缩小与东部地区的差距。转变以往那种单纯数量型的经济追赶模式，注重经济增长数量和质量的协调共进，积极培育区域内的先进制造业和高新技术产业，着力提升科技进步水平和劳动者素质。

（3）进一步优化创新驱动发展的区域协调政策，引导 R&D 资源合理布局。中西部地区和东北地区应加强顶层设计，发挥政策在创新发展中的导向和支持作用，以增强科技基础能力和创新驱动力为着眼点，在土地、财税、人才等方面出台一系列更具吸引力的政策措施，营造良好的创新创业环境，大力引进高端创新产业和创新人才，加强和东部地区的科技创新协作与交流，以区域优势特色产业为突破口，通过区域中心省市科技创新能力的重点培育，以点带面加快推进中西部地区和东北地区创新驱动发展。

第三节 R&D 价格指标编制研究

因 R&D 产出缺乏市场价格且 R&D 活动本身带有很强的创新异质特征，R&D

价格指数的测算成为长期以来的一个研究难题。为了准确测算我国的 R&D 价格指数，本节尝试将生产率调整的思路引入成本法 R&D 价格指数的测算框架之中，阐述从投入成本角度开展 R&D 价格指数测算时进行生产率调整的理论机理，并进行实际测算。

一、问题的提出

以 R&D 为代表的无形资产，对社会经济的产出和增长有着长期的影响。一方面，R&D 代表着一个经济体的创造力，是技术进步的源泉。另一方面，把握 R&D 活动对各部门产出和社会经济增长的贡献，是研究经济增长的重要内容。而这些在很大程度上依赖于对 R&D 产出的准确衡量。因此，如何将 R&D 活动中的名义产出转化为实际产出也就成了关键，R&D 产出价格指数的科学测算成为一个重要的科研命题。

通常情况下，产出价格指数可以利用单位产出的市场价格变动进行衡量，但在 R&D 产出方面却行不通，主要有两方面的原因：一是 R&D 产出缺乏市场价格，且相当比例的企业 R&D 产出是内部使用，未进入市场交易；二是 R&D 活动本身有很强的创新性，带有较大的异质特征，使得难以确定一个标准的 R&D 产出单位。理论研究中，国外较早使用相关价格指数替代 R&D 产出价格指数，或用一组相关价格指数进行加权计算。我国近年的研究多数也采用类似方法。例如，杨林涛等（2015）采用 GDP 平减指数对 R&D 支出数据进行缩减。也有学者采用专利等替代变量直接越过产出价格指数的问题（吕新军和代春霞，2017；任保显和王洪庆，2019），或者采用高新技术企业的产出值来表示（林青宁和毛世平，2018）。近年来，国外关于 R&D 产出价格指数的研究开始向构建微观基础或者多指标复合加权平均处理的方向转变（Copeland et al.，2007；朱发仓，2014），主要涉及无形资产残值法、R&D 密集型行业指数法、R&D 总指数汇总法以及成本法四种具体的测算方法。其中，成本法因基本原理与《国民账户体系》关于 R&D 产出价格指数编制的建议相近，且基础数据可获得性高、易操作，进而得到了广泛的应用。魏和清（2012）结合我国 R&D 资产价格波动的实际情况，从 R&D 经费支出的构成出发，提出 R&D 价格指数可由劳动用工价格指数、原材料价格指数以及固定资产价格指数的加权平均数来表示。因该方法在我国存在应用的数据基础，因而包括刘建翠等（2015）、江永宏和孙凤娥（2016）、侯睿婕和陈钰芬（2018）在内的诸多研究者均从 R&D 内部经费支出出发，采用多种支出构成的价格指数进行加权平均处理进而获得最终的 R&D 价格指数。其中，各个构成的价格指数均由相关替代指标表示，主要包括居民消费价格指数、固定资产投资价格指数、原材料购进价格指数、工业品出厂价格指数等。王亚菲和王春云（2018）认为 R&D

投资是从 R&D 经费内部支出转换而来的,那么,利用分项支出价格指数编制 R&D 价格指数与 R&D 资本化核算过程相符。但从根本原理上讲,成本法 R&D 产出价格指数实际上是用投入价格的变化来代替产出价格的变化, 在 R&D 产出缺乏市场价格的情况下, 这种方法有其合理的一面。但它没有考虑生产率变化所带来的影响,隐含了投入价格变化和产出价格变化完全一致的假定,但这个假定通常并不成立。针对这一问题,美国经济分析局在编制 R&D 价格指数时, 将生产率的影响进行了剔除处理, 主要是利用全要素生产率(total factor productivity, TFP)的增速数据对成本法 R&D 价格指数进行相应的调整(Crawford et al.,2014),这一处理思路对 R&D 产出价格指数编制有着很好的借鉴意义。

国内以往专门开展 R&D 产出价格指数的研究不多,且主要是散落在 R&D 资本存量估计、研发活动对经济增长的影响等文献中的相关研究(吴延兵,2008;陈刚,2010;李梅和柳士昌,2012),普遍对 R&D 产出价格指数进行了简化处理。朱发仓(2014)指出了 R&D 投入价格指数和产出价格指数的测算问题,并以工业企业为对象开展了基于剩余无形资产法的产出指数测算。这一方法在国内的应用面临着严重的数据制约,普适程度低。那么, 能否寻找更为便捷有效的测度思路和方法呢?从投入成本角度编制 R&D 价格指数,并通过生产率的调整来获取 R&D 产出价格指数便是一个重要的研究方向[①]。对此, 结合我国实际,本节在利用成本法构建中国 R&D 产出价格指数的基础上,引入了生产率的调整。相关数据的选取与处理,以及生产率测算等问题,都力求兼顾我国实际和国际规则,突出方法与思路的可操作性。从目前的数据基础来看,开展 1952 年以来的我国 R&D 产出价格指数测算,面临的最大问题便是官方数据存在多次调整,相关指标口径、统计内容均发生了较大变化,特别是 1978 年前的统计数据,在使用中存在极大的调整难度。对此, 本节查阅了大量统计数据修订资料,力求尽可能减少数据处理环节的偏误,以期为 R&D 相关的理论研究以及经济增长研究中研发创新问题的分析提供基础数据。

二、对成本法 R&D 价格指数进行生产率调整的理论分析

在 Robbins 等(2012)的研究的基础上,定义创新者出售创新产品的价格为 p,假设创新者的生产过程需要三种投入品 Z_1、L 和 Z_2,分别代表资产性投入、劳动投入以及其他投入, 其产出为 Q_T, 则 $Q_T = F(A, Z_1, L, Z_2)$,A 表示全要素生产率。这里区分资产性投入和其他投入, 更多的是从我国的科技统计实际出发。从资本

---

① 本节测算的指数主要是用于对 R&D 产出的调整处理。参照 Robbins 等(2012)的说法,我们也称这一指数为 R&D 产出价格指数。

的属性和统计内容来看，资产性投入主要涉及购置的用于科技活动的仪器设备等，传统的固定资产属性明显；而其他投入则主要涉及为确保 R&D 生产正常进行而发生的非科研人员劳务、机器设备的维护、中间试验和产品试制等方面的投入，以及与折旧和摊销相关的费用。

　　在上述设定的基础上，假设创新者为价格制定者，其利润最大化问题为

$$\max_{Z_1,L,Z_2}\left\{pF(A,Z_1,L,Z_2)-\xi Z_1-\varpi L-\varrho Z_2\right\} \tag{7-10}$$

式中，ξ、ϖ、ϱ 分别为资本、劳动租金价格以及其他日常性投入的价格。对于式（7-10），其关于 Z_1、L、Z_2 的一阶条件分别为

$$\xi = pF_{Z_1}(A,Z_1,L,Z_2) \tag{7-11}$$

$$\varpi = pF_L(A,Z_1,L,Z_2) \tag{7-12}$$

$$\varrho = pF_{Z_2}(A,Z_1,L,Z_2) \tag{7-13}$$

　　式（7-11）～式（7-13）分别表示资本、劳动以及其他投入的边际产出。对于 R&D 价格而言，有三种计算的路径：

$$\Delta\ln(p)=\Delta\ln(\xi)-\Delta\ln\left(F_{Z_1}(A,Z_1,L,Z_2)\right) \tag{7-14}$$

$$\Delta\ln(p)=\Delta\ln(\varpi)-\Delta\ln\left(F_L(A,Z_1,L,Z_2)\right) \tag{7-15}$$

$$\Delta\ln(p)=\Delta\ln(\varrho)-\Delta\ln\left(F_{Z_2}(A,Z_1,L,Z_2)\right) \tag{7-16}$$

　　上述方法至少需要获取其中一种投入成本的价格增速，以及至少一种投入品的边际产出增长率。对于式（7-14）～式（7-16），其加权形式可写为

$$\Delta\ln(p)=\left[\zeta\Delta\ln(\xi)+\pi\Delta\ln(\varpi)+(1-\zeta-\pi)\Delta\ln(\varrho)\right]-\left[\zeta\Delta\ln\left(F_{Z_1}(A,Z_1,L,Z_2)\right)\right.$$

$$\left.+\pi\Delta\ln\left(F_L(A,Z_1,L,Z_2)\right)+(1-\zeta-\pi)\Delta\ln\left(F_{Z_2}(A,Z_1,L,Z_2)\right)\right]$$

$$\tag{7-17}$$

式中，ζ、π、$1-\zeta-\pi$ 为 R&D 价格加权权重。通常情况下，$F_{Z_1}(A,Z_1,L,Z_2)$、$F_L(A,Z_1,L,Z_2)$、$F_{Z_2}(A,Z_1,L,Z_2)$ 是不可知的。参照 BLS 的处理，利用平均产出来代替边际产出，即分别满足：

$$\Delta\ln\left(F_{Z_1}(A,Z_1,L,Z_2)\right)=\Delta\ln\left(\frac{F(A,Z_1,L,Z_2)}{Z_1}\right)$$

$$\Delta\ln\left(F_L(A,Z_1,L,Z_2)\right)=\Delta\ln\left(\frac{F(A,Z_1,L,Z_2)}{L}\right)$$

$$\Delta\ln\left(F_{Z_2}(A,Z_1,L,Z_2)\right)=\Delta\ln\left(\frac{F(A,Z_1,L,Z_2)}{Z_2}\right)$$

上述处理意味着边际产出增速和平均产出增速相等，特别是在柯布-道格拉斯生产函数下，这种关系成立：

$$F(A, Z_1, L, Z_2) = A Z_1^{\alpha_1} L^\beta Z_2^{\alpha_2} \tag{7-18}$$

式中，α_1、β、α_2分别为资产性投入、劳动投入以及其他投入的产出弹性系数。以劳动投入为例，其边际产出和平均产出分别为

$$F_L(A, Z_1, L, Z_2) = \beta A Z_1^{\alpha_1} L^{\beta-1} Z_2^{\alpha_2}$$

$$\frac{F(A, Z_1, L, Z_2)}{L} = A Z_1^{\alpha_1} L^{\beta-1} Z_2^{\alpha_2}$$

设定α_1、β、α_2均为常数，则上述两者的差别只是在β上。

对于式（7-17）而言，需要资产性投入产出率、劳动产出率以及其他投入产出率的数据，现实中存在较大的难度。可替代的方法是，引入创新者技术进步调整因子来代替平均产出率。定义创新者技术进步调整因子为

$$\Delta \ln(\mathrm{MFP}^T) = \Delta \ln(Q^T) - \Delta \ln(I^T) \tag{7-19}$$

式中，$Q^T = F(A, Z_1, L, Z_2)$；$\Delta \ln(I^T)$是托恩奎斯特加权指数，可写为

$$\Delta \ln(I^T) = s \Delta \ln(Z_1) + \rho \Delta \ln(L) + (1 - s - \rho) \Delta \ln(Z_2) \tag{7-20}$$

$$\Delta \ln(\mathrm{MFP}^T) = \Delta \ln(Q^T) - s \Delta \ln(Z_1) - \rho \Delta \ln(L) - (1 - s - \rho) \Delta \ln(Z_2) \tag{7-21}$$

式中，s、ρ分别为成本中资产性投入和劳动投入的占比。

最终，式（7-19）可写为

$$\begin{aligned} \Delta \ln(\mathrm{MFP}^T) = \Delta \ln\big(F(A, Z_1, L, Z_2)\big) - s \Delta \ln(Z_1) - \rho \Delta \ln(L) \\ - (1 - s - \rho) \Delta \ln(Z_2) \end{aligned} \tag{7-22}$$

假设式（7-17）中 R&D 价格的加权权重采用成本中各项投入的占比，即$\zeta = s$、$\pi = \rho$。则边际产出的平均增长率，即式（7-17）中的后半部分的减项可以写为

$$s \Delta \ln\big(F_{Z_1}(A, Z_1, L, Z_2)\big) + \rho \Delta \ln\big(F_L(A, Z_1, L, Z_2)\big)$$

$$+ (1 - s - \rho) \Delta \ln\big(F_{Z_2}(A, Z_1, L, Z_2)\big) \tag{7-23}$$

在柯布-道格拉斯生产函数设定下，式（7-22）与式（7-23）相等，均可以表达为

$$\Delta \ln(A) + (\alpha_1 - s) \Delta \ln(Z_1) + (\beta - \rho) \Delta \ln(L) + (\alpha_2 + s + \rho - 1) \Delta \ln(Z_2)$$

此时，式（7-17）可写为

$$
\begin{aligned}
\Delta \ln(p) &= \zeta \Delta \ln(\xi) + \pi \Delta \ln(\varpi) + (1 - \zeta - \pi) \Delta \ln(\varrho) \\
&\quad - \zeta \Delta \ln\left(F_{Z_1}(A, Z_1, L, Z_2)\right) - \pi \Delta \ln\left(F_L(A, Z_1, L, Z_2)\right) \\
&\quad - (1 - \zeta - \pi) \Delta \ln\left(F_{Z_2}(A, Z_1, L, Z_2)\right) \\
&= s \Delta \ln(\xi) + \rho \Delta \ln(\varpi) + (1 - s - \rho) \Delta \ln(\varrho) - s \Delta \ln\left(F_{Z_1}(A, Z_1, L, Z_2)\right) \\
&\quad - \rho \Delta \ln\left(F_L(A, Z_1, L, Z_2)\right) - (1 - s - \rho) \Delta \ln\left(F_{Z_2}(A, Z_1, L, Z_2)\right) \\
&= s \Delta \ln(\xi) + \rho \Delta \ln(\varpi) + (1 - s - \rho) \Delta \ln(\varrho) - \Delta \ln(\mathrm{MFP}^T)
\end{aligned}
\tag{7-24}
$$

对于式（7-24），$s \Delta \ln(\xi) + \rho \Delta \ln(\varpi) + (1 - s - \rho) \Delta \ln(\varrho)$ 可认为是成本法价格总指数。在具体的指数编制中可以做以下处理，记 $\Delta \ln(p_t) \approx \dfrac{p_t - p_{t-1}}{p_{t-1}}$，

$\Delta \ln(\mathrm{MFP}^T) \approx \dfrac{\mathrm{MFP}^T_t - \mathrm{MFP}^T_{t-1}}{\mathrm{MFP}^T_{t-1}}$。而 $\Delta \ln(\xi)$、$\Delta \ln(\varpi)$、$\Delta \ln(\varrho)$ 可采用对应的 R&D 资产性支出价格指数、R&D 人员劳务费价格指数、R&D 其他日常性支出价格指数；s、ρ 分别表示投入成本中资产性支出、劳动支出的占比。

从式（7-24）可以看出，经生产率调整的成本法价格指数，主要作用原理是，当 $\mathrm{MFP}^T_t \geqslant \mathrm{MFP}^T_{t-1}$ 时，即生产率上升的阶段，$\Delta \ln(\mathrm{MFP}^T) \geqslant 0$，此时，价格指数通过减去正的调整因子进行向下调整；而当 $\mathrm{MFP}^T_t < \mathrm{MFP}^T_{t-1}$ 时，即生产率下降的阶段，$\Delta \ln(\mathrm{MFP}^T) < 0$，此时，价格指数通过减去负的调整因子进行向上调整。

三、未经生产率调整的成本法 R&D 价格指数编制

根据《国民账户体系 2008》的建议和部分国家政府统计实践，本节采用成本法编制 R&D 产出价格指数。结合我国的科技统计实际，R&D 经费内部支出是一个较好地反映 R&D 成本情况的指标。根据近年来《中国科技统计年鉴》的分类，R&D 经费内部支出主要包括日常性支出、资产性支出两大类，日常性支出进一步可划分为人员劳务费、其他日常性支出。

（一）1995～2016 年的分项价格指数与权重

王华（2017）指出，国家统计局曾表示"利用工业生产者购进价格指数、人员工资指数、固定资产投资价格指数等加权平均来构建研发投资价格指数"，但具体数据不可得。对此，本节关于 R&D 经费内部支出的归类整理，主要依据 2017 年《中国科技统计年鉴》，分项指数和权重的设置也主要从该年鉴的相关统计指标出发。由 R&D 经费内部支出作为研究对象的 R&D 分项指数与权重，将主要围绕资产性

支出价格指数、劳动投入价格指数、其他日常性支出价格指数以及三类指数的汇总权重展开。

　　资产性支出价格指数方面，我国现行的科技活动统计报表制度中，R&D资产性支出主要是指购买用于科技活动的仪器设备等的费用支出。2009 年以来，R&D 资产性支出中机器设备支出的占比超过 80%，且有逐渐增高的趋势，在某种程度上能够反映资产性支出的变动情况。与机器设备购置概念相近的指标是固定资产投资中的设备、工器具购置，其价格指数数据的可获得性高，也可以反映 R&D 活动中设备和机械购置费的变化情况，因而可作为 R&D 经费中资产性支出价格指数的替代指标。对于缺失的 1995～1997 年的设备、工器具购置指数（固定资产投资价格指数项下），利用同期的固定资产投资价格指数替代。劳动投入价格指数方面，采用 R&D 人员劳务费价格指数，即用 R&D 内部支出中的劳务费除以 R&D 人员全时当量，得到每单位 R&D 全时当量的劳务费，相邻时期之比便是 R&D 人员劳务费价格指数。其他日常性支出价格指数方面，其他日常性支出主要包括为实施 R&D 项目实际消耗的原材料、辅料、水电油气等的费用，用于中间试验和产品试制的费用以及与折旧、摊销相关的费用，以及支付给辅助人员的工资等。限于数据的制约，借鉴朱发仓（2014）、江永宏和孙凤娥（2016）的处理方式，其他日常性支出价格指数主要采用工业生产者购进价格指数代替。

　　汇总权重主要通过资产性支出、人员劳务费和其他日常性支出在 R&D 内部经费支出中的占比来表示。我国 1995 年开始公布 R&D 经费内部支出数据，但按照支出用途分类的数据则是 2009 年开始公布。对于 1995～2008 年缺失的分用途支出数据，最为相关的数据是科技经费内部支出。通过对比情况来看，科技经费内部支出与 R&D 经费内部支出数据的差异不仅反映在总支出数额上，在具体用途占比上也不匹配，1995～2008 年的科技经费内部支出数据中劳务费占比均小于固定资产购置费，2009～2016 年的 R&D 经费内部支出数据中人员劳务费均大于资产性支出。对此，根据 2000 年、2009 年两次全国 R&D 资源清查数据，以 2000 年 R&D 经费内部支出中人员劳务费、资产性支出的占比作为 1995～1999 年的对应比例，以 2000 年、2008 年 R&D 经费内部支出中人员劳务费、资产性支出的平均占比作为 2001～2008 年的对应比例。因计算 1995 年的劳动投入价格指数需要 1994 年的劳务费，根据 1995 年 R&D 经费内部支出占科技经费内部支出的比重求得 1994 年的 R&D 经费内部支出数据，并将 2000 年 R&D 经费内部支出中人员劳务费占比作为替代比重，计算得到 1994 年的人员劳务费数据。在上述数据补缺的基础上，可剥离出 R&D 经费内部支出中的其他日常性支出项，并据此计算其他日常性支出的权重。

（二）1978～1994 年的价格指数

1952～1994 年间，R&D 经费内部支出数据、相关的分项价格指数均存在不同程度的缺失，且按照上述处理方式所需的替代指标也存在不同程度的缺失。对此，需要借助其他处理方法进行分析。江永宏和孙凤娥（2016）直接采用 1952～1993 年的 GDP 缩减指数来代替同期的 R&D 资产价格指数。王华（2017）则利用 2016 年 7 月国家统计局公布的 GDP 及其可比价格增速修订资料，利用"当年价格 GDP 修订值与不变价格 GDP 修订值的比值"推算了 1952～2015 年的 R&D 投资价格指数，其计算方法如下：

$$P_t = \frac{Y_t^d}{Y_0^a \prod_{s=1}^{t}\left(1+\epsilon_s^a\right) - Y_0^b \prod_{s=1}^{t}\left(1+\epsilon_s^b\right)} \tag{7-25}$$

式中，Y_t^d 为 GDP 数据的修订值；Y_0^a、Y_0^b 分别为基期（1952 年）修订后和修订前的 GDP；ϵ_s^a、ϵ_s^b 分别为修订后和修订前的 GDP 不变价格增速。上述数据均可从《国家统计局关于改革研发支出核算方法修订国内生产总值核算数据的公告》中获取。

四、经生产率调整的指数测算结果与分析

（一）全要素生产率测算

全要素生产率主要衡量资本、劳动等要素投入无法反映的技术进步、组织创新、专业化和生产创新等因素（胡晨沛和章上峰，2019）。其中，从技术进步的类型来看，全要素生产率中所包含的是以研发为主要代表的无形技术进步，而有形技术进步通常是与资本、劳动相结合的体现式技术进步（王玺，2018）。特别是在我国，长期以来通过先进设备的购买和技术的引进、吸收、模仿来实现"赶超效应"。同时，R&D 产出还包括了不成功的 R&D 活动的成本（王华，2017），对此，本节以全社会的全要素生产率为替代调整项，对 R&D 产出价格指数进行调整处理。构建一个典型的柯布-道格拉斯生产函数 $F(A,K,L)$，全要素生产率可由下式求得

$$A = \frac{F(A,Z,L)}{K^\alpha L^{1-\alpha}} \tag{7-26}$$

式中，Z、L 分别为生产过程中的资本和劳动投入；A 为全要素生产率。在此基础上，可测算全要素生产率增长率、环比指数（上年 = 100）、定基指数（2009年 = 100）。对于以上测算，关键在于确定产出 $F(A,Z,L)$ 中，资本投入 Z、劳动投入 L 及其收入份额。其中，产出指标采用不变价格的 GDP 数据，资本投入选择双曲线型效率模式下的生产性资本存量数据[①]，劳动投入采用年中就业人口数表示。

考虑到改革开放前，经济结构和经济政策稳定性不强，相关数据缺失也较为严重，对劳动收入份额的测算以 1979 年为起点，对应的全要素生产率数据测算区间定为 1979～2016 年。其中，1979～2012 年的数据，参考李宾和曾志雄（2009）的方法，按照"劳动收入份额 =（城镇劳动收入 + 乡村劳动收入）/当年名义 GDP =（城镇人均劳动收入×年中城镇人口数 + 乡村劳动收入×年中乡村人口数）/当年名义 GDP"进行测算。其中，城镇人均劳动收入由城镇居民家庭年人均总收入扣除财产性收入和转移性收入求得，1979～1980 年的城镇居民家庭年人均总收入由人均可支配收入替代。对于 1978～1984 年、1986～1989 年、1991～1992 年的人均财产性收入和转移性收入缺失数据，根据构建对数线性插补模型进行补缺处理。乡村人均劳动收入则采用工资性纯收入、经营性纯收入之和来表示。对于缺失的1979 年数据，直接利用 1978 年和 1980 年的平均值进行补缺处理。1952～1978 年的劳动收入份额均采用 1979 年的测度结果代替。2013～2016 年的数据，则依据"劳动收入份额 = 劳动收入/当年名义 GDP = 人均劳动收入×年中人口数/当年名义 GDP"进行推算。其中，人均劳动收入由工资性收入和经营净收入之和表示，主要数据来自全国城乡一体化住户调查资料。

（二）对成本法价格指数的调整处理

调整后的 R&D 产出价格指数测算结果如表 7-6 所示。通过对比本节测算的R&D 产出价格指数（图 7-1）可以看出：2006 年及以前、2010～2012 年调整后的成本法指数高于调整前，其他时间段调整后的成本法指数低于调整前。这除了会影响到 R&D 产出的调整问题，还会涉及 R&D 资本存量的测算准确性。根据许宪春和郑学工（2016）关于我国研发核算改革方法的说明，研发产出等于研发使用者当年新增研发产品价值，而新增研发产品价值是测算研发资本存量的流量指标[②]。

---

① 对于全社会资产平均耐用年限的处理，直接采用曾五一和赵昱焜（2019）的测算结果。受篇幅限制，此处生产性资本存量测算的具体细节不再单独列出。

② 根据许宪春和郑学工（2016）的说明，对这一流量指标进行缩减的是研发投资价格指数。

表7-6 R&D产出价格指数测算结果（2009年=100）

年份	调整前指数	调整后指数	年份	调整前指数	调整后指数
1978	21.72	43.33	1998	61.62	73.26
1979	22.85	45.00	1999	62.07	73.21
1980	25.27	53.20	2000	65.87	76.22
1981	25.53	56.17	2001	67.89	77.67
1982	25.03	56.38	2002	68.90	77.68
1983	25.11	56.91	2003	72.49	80.40
1984	25.48	53.78	2004	80.73	88.49
1985	27.51	52.56	2005	85.39	91.60
1986	28.83	52.60	2006	90.69	94.24
1987	27.88	47.96	2007	94.46	94.37
1988	30.24	48.82	2008	102.37	101.94
1989	32.79	52.78	2009	100.00	100.00
1990	34.79	58.72	2010	106.89	107.68
1991	35.28	58.08	2011	116.00	117.43
1992	39.63	58.52	2012	118.01	119.02
1993	41.03	54.37	2013	119.51	115.62
1994	48.69	61.76	2014	120.17	115.08
1995	55.16	68.07	2015	119.48	112.64
1996	57.51	70.43	2016	122.39	113.46
1997	60.64	72.83			

此外，从与CPI、PPI、固定资产投资价格指数的对比（图7-2）来看：①1993年及以前、2004~2006年、2008~2013年间CPI指数低于本节测算的调整后指数，其他时段则高于本节测算的调整后指数；②1992年及以前、2010~2016年间PPI指数低于本节测算的调整后指数，其他时段则高于本节测算的调整后指数；③1992年及以前、2004~2007年、2010~2016年间固定资产投资价格指数低于本节测算的调整后指数，其他时段则高于本节测算的调整后指数。

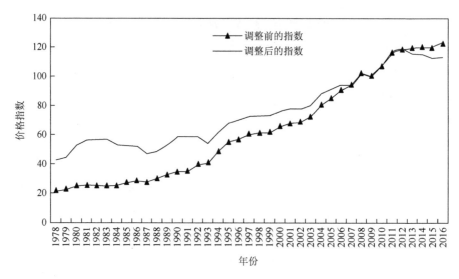

图 7-1 调整后指数与调整前指数的对比

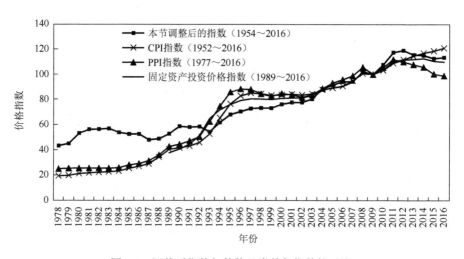

图 7-2 调整后指数与其他几类替代指数的对比

从已有文献中专门构建的 **R&D** 产出价格指数来看,江永宏和孙凤娥(2016)、王华(2017)的研究具有代表性。其中,江永宏和孙凤娥(2016)按照 **R&D** 经费内部支出分类,利用相关分类替代指标构建了 1994~2014 年的 **R&D** 价格指数,并将 GDP 平减指数作为 1952~1993 年的 **R&D** 价格指数替代指标。王华(2017)则是结合 2016 年国家统计局关于研发资本化核算的相关数据资料,测算了 1952~2015 年 **R&D** 资本化核算导致的 GDP 变动部分的平减指数,并以此作为 **R&D** 价格指数。

从与本节测算的调整前后成本法指数的对比（图 7-3）来看，前述两类指数与本节测算指数较为接近，特别是江永宏和孙凤娥（2016）的指数走势与本节测算的指数基本一致。但从调整后的指数来看，差异较为明显：①在 2007 年及以前、2010 年本节调整后的指数高于江永宏和孙凤娥（2016）的指数，其他时间段则低于江永宏和孙凤娥（2016）的指数；②2006 年及以前本节调整后的指数高于王华（2017）的指数，而之后则低于王华（2017）的指数。

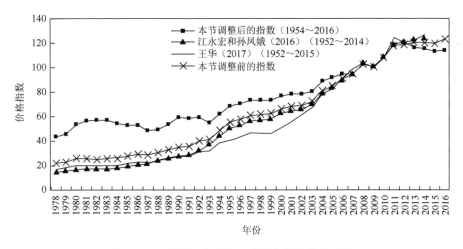

图 7-3　调整前后指数与代表性文献指数的对比

五、小结

开展 R&D 产出价格指数测算是一项十分重要的基础工作，是对 R&D 产出进行调整处理的关键。本节结合我国的科技统计实际，从 R&D 内部经费支出的角度出发编制了 1952 年以来的成本法 R&D 产出价格指数，并进行了生产率调整。结果显示：2006 年及以前、2010～2012 年调整后的成本法指数高于调整前，其他时间段调整后的成本法指数低于调整前。与 CPI、PPI、固定资产投资价格指数以及代表性文献测算值的对比来看，差异也较为明显。当然，该方法的理论分析主要基于传统的完全竞争假设，对于规模收益和行业层面外部性所带来的影响考虑不足，这是有待进一步改进的地方。未来，需要在 R&D 产出的质量调整衡量方法等方面寻找改进研究的新突破点。

为了更好地推动我国 R&D 产出价格指数相关的理论研究和科技统计实践，本节提出以下几方面的政策建议。

（1）从政府统计角度开展的理论方法与应用研究，需要突出国际可比性和方法制度的可操作性。对于我国的科技统计而言，同样如此。建议在我国的 R&D

统计中，积极引入产出价格指数的成本法编制方法，并开展生产率的调整处理。采用这一方法和处理，是兼顾我国科技实际和国际规则，确保与国际统计接轨的需要。目前，国内研究在经济统计数据的使用和处理方面，统一性不高，由此导致的研究结论不一致问题也时常出现，本节的处理旨在引起更多学者的注意，在尽可能确保符合统计规则和准则的基础上开展研究。

（2）R&D产出价格指数的编制及其数据质量的提升，依赖于基础统计的进一步完善，需要包括统计部门、统计对象在内的多主体共同参与。

第一，建议进一步完善我国现行的 R&D 统计制度，开展包括 R&D 投入要素价格变化、R&D 人员劳动量、R&D 活动物质资本消耗等专项统计调查，并制定 R&D 投入权重测算的统计方法制度。

第二，建议进一步规范企业层面的科技统计，改进研发创新活动的会计核算，以便更好地反映企业研发创新活动的投入与产出情况，从源头上提升 R&D 产出价格指数的数据质量。

（3）大力推进科技领域的统计改革发展，为推动我国经济新旧动能转换，实现高质量发展方面奠定科技统计基础。在经济发展新旧动能转换阶段，科技核心竞争力的培育和自主创新能力建设是应对复杂的国内外环境，实现经济健康可持续发展的关键，而科技统计特别是 R&D 领域的统计，是掌握和了解我国自主创新能力建设和科技竞争水平的基础，统计数据同样也是生产力。对此，需要进一步转变科技领域的统计观念，切实解决当前"总量指标多结构指标少"、"数量指标多质量指标少"的问题。具体到本节的研究主题，就是要通过准确测算 R&D 产出价格指数，来更好地认识我国的 R&D 产出情况，为相关的科技政策提供数据支持和决策辅助。

第八章　关于进一步完善固定资本核算体系的思考与建议

本章将在前几章所做研究的基础上，对我国现有固定资本核算方法制度存在的问题做一些分析，并就如何进一步改进与完善我国的固定资本核算体系提几点建议。

第一节　关于进一步完善我国固定资本核算体系的思考

一、进一步完善我国固定资本核算体系的意义

固定资本是生产过程中最重要的投入要素之一，无论从供给还是从需求来看，固定资本都对国民经济的发展有着非常重大的影响。

从供给角度来看，固定资本的实物形态主要是各种生产手段，包括生产工具和生产场所等，它是社会生产得以持续进行的物质基础和基本条件。马克思曾经在《资本论》中说过："各种经济时代的区别，不在于生产什么，而在于怎样生产，用什么劳动资料生产。劳动资料不仅是人类劳动发展的测量器，而且是劳动借以进行的社会关系的指示器。"生产手段常用来代表一定阶段全社会生产力发展的水平，如石器时代、青铜器时代、蒸汽机时代、内燃机时代、计算机时代等。因此，对固定资本进行准确测度，可以对一个国家或地区的生产能力和发展水平做出基本的判断。

从需求角度来看，固定资本形成是社会总需求的重要组成部分，改革开放以来，我国固定资本形成在支出法 GDP 的比重逐年增高，2019 年固定资本形成在 GDP 核算中所占的比重已达 42.37%左右。这表明固定资本形成已经成为拉动我国经济增长的重要因素之一。

正是由于固定资本对于经济发展所具有的重要性，世界各国都十分重视本国固定资本的核算与统计。中华人民共和国成立以来，我国已经逐步建立了关于固定资产投资与固定资本形成的统计调查与核算体系，为政府和社会公众提供了不少固定资本的有关信息。但是，应当指出：现有的固定资本核算体系还不够完善，固定资本的宏观核算与微观核算尚不能很好地衔接，尚不能很好地

满足政府、企业和公众进行宏观调控或微观决策的需要。因此，进一步改进与完善我国固定资本核算的指标、方法和制度是当前统计理论界和实际部门亟待研究和解决的重要课题。

二、我国现有固定资本核算体系中存在的主要问题

我国现有的固定资本核算体系主要存在以下问题。

（一）固定资本核算的对象与范围不够明确

目前，我国统计学界对于固定资本核算的范围存在一些模糊认识。例如，土地、贵重物品等是否应纳入固定资本核算的范围？居民拥有的房产和小汽车是否属于固定资产？对于这些问题都有不同的说法。为了正确解答这些问题，亟须对固定资产给出统一的科学定义，并在此基础上进一步明确界定固定资产核算的范围。

（二）固定资本存量核算的指标体系与方法制度尚未完全建立

我国以往的固定资本宏观核算只有流量核算，没有存量核算。目前，国家统计局尚未正式发布国家资产负债表，相关数据主要是部分研究机构或者学者的测算结果，如中国社会科学院试编的国家资产负债表。

在以往开展的经济普查中，虽然也已涉及对固定资本存量的调查，但总的来看还不够完整，主要表现在以下三个方面。

（1）我国的农业普查与经济普查不在同一年份进行，缺少一个时点完整的全社会固定资产原值。而且在农业普查中，农户的农机具与住房等往往只有实物量而缺少价值指标。

（2）经济普查中的第三产业固定资产原值的数据尚不够完整。一是未对住户（居民）所拥有的房产进行调查。二是一些本应作为固定资产统计的资产，在经济普查中也有部分遗漏。有些公益性的基础设施如市政道路等，由政府出资建设，无偿供社会使用，目前这些基础设施的价值并未完全纳入政府部门或有关非营利单位的资产负债表，所以在普查时也很可能被遗漏。

（3）我国已完成的前三次经济普查未涉及研发支出资本化项目。2016年中国的新核算体系借鉴联合国《国民账户体系 2008》，开始将这部分也纳入固定资本形成的核算。但在第四次经济普查中，由于各种原因，这部分研发支出形成的资产仍可能有所遗漏。

从具体核算方法来看，以往学术界关于中国固定资本存量的估算方法主要是永续盘存法，所依据的基础统计数据则是历年的固定资本形成额或固定资产投资完成额。由于直接调查资料的欠缺，在运用该方法时一般还需要事先给定一些参数，如初始时点的资本存量、固定资产的耐用年限、固定资本的残存模式或固定资本损耗率等。研究者对这些参数的设定带有较多的主观色彩，缺少与基础统计数据的对照与检验。以致不同研究者估算出来的结果大相径庭，而且难以判断何者更为准确、可靠。

（三）流量指标之间口径不一致，流量指标与存量指标未能很好地衔接

我国现有统计中与固定资本流量有关的指标有两种：一是固定资产投资统计中的"固定资产投资"；二是国民经济核算中的"固定资本形成"。根据国家统计局的解释[①]，这两种指标之间统计口径上的主要差别如下：①"固定资产投资"不包括50万元以下项目的固定资本投资，但是这一部分应计算在"固定资本形成"中；②"固定资产投资"不包括商品房销售价值与相应的建造成本之间的差额，而"固定资本形成"则包括了这部分内容；③固定资产投资额包括购置旧建筑物、旧设备的费用，这些活动仅涉及使用权转移，并不增加全社会的固定资本，所以未包括在固定资本形成中。

一般认为，与"固定资产投资"相比，"固定资本形成"更适合作为全社会开展固定资本核算使用的流量指标。但即便是"固定资本形成"这一流量指标，与固定资本存量指标仍然不能很好地衔接。

从理论上讲，一个国家或地区的总固定资本存量应当是按照规定的价格评估的一定时点全社会各经济主体所拥有的固定资产的总价值。而现有的统计方法制度规定，只要完成了分部分项工程规定的内容，就可以计入"固定资产投资"完成额，这就意味着报告期的"固定资产投资"中，实际上包含了相当一部分已经完成了分部分项工程规定的内容但实际尚未交付使用的在建工程的价值。前述的国家统计局关于"固定资产投资"和"固定资本形成"两项指标的区别中，也没有明确指出"固定资本形成"不包括尚未交付使用的在建工程。这部分在建工程尚未列入有关单位的固定资产管理。不仅如此，由于各种原因，在建工程中还有一部分很可能变成烂尾工程，将永远也不会被计入固定资产。因此，如果简单地利用现有"固定资本形成"指标作为永续盘存法中的固定资本流量，去计算总固定资本存量，很可能造成较大的偏差[②]。

---

① 国家统计局.中国主要统计指标诠释（第二版）[M].北京：中国统计出版社，2013.

② 参见本书第五章第一节的有关论述。

（四）固定资产价格指数不够完善

固定资产价格指数不完善主要表现在两方面。

（1）固定资产流量价格指数不够完善。目前我国尚未正式发布固定资本形成价格指数[①]。现有的固定资产投资价格指数实际上是从建造成本和设备购置成本角度编制的反映固定资产投资价格变动的指数。如前所述，"固定资产投资"与"固定资本形成"之间在统计口径上存在不少差别。因此，用固定资产投资价格指数替代固定资本形成价格指数只是一种权宜之计。另外，现有的固定资产投资价格指数缺少分行业的价格指数，不便于更准确地对分行业固定资本存量进行核算与分析。

（2）尚未建立固定资本存量的价格指数。资本存量可按照以下三种价格计算。

①获得时点的价格（又称原价或历史价格），这是建造或购置该固定资产时的价格。按获得时点计算的总资本存量通常被称为固定资产原值。由于某一时点的资本存量中均包含了不同时期形成的固定资本。因此，按获得时点价格计算的资本存量实际上包含了按不同时期固定资产投资价格计算的固定资本形成额。

②重置价格，这是当年重新购置同样类型、同样质量的固定资产需要支付的价格。按照这种价格计算资本存量，需要每年都对现有固定资产的价格进行重新评价。按重置价格计算的资本存量反映了不同时点资本存量的名义价值。

③基准时点价格（又称不变价格或可比价格），按可比价格计算的资本存量可消除价格变动对资本存量的影响，从而可以更真实地反映资本存量的变动情况。为了在三种不同价格的资本存量之间进行换算，有必要编制关于资本存量的价格指数。

由于各种原因，以往人们往往只是讨论关于固定资产流量的价格指数，而忽视固定资本存量的价格指数。从进一步健全和完善国民经济核算体系的角度来看，今后需要开展全社会的资产负债核算。在资产负债核算中，按三种价格计算的资本存量数据都是必不可缺的。另外，日常企业会计核算中关于固定资产原值的数据以及我国经济普查所获得的关于固定资产存量的数据都是按照历史价格计算的。为了利用这些信息去验证利用永续盘存法估算的资本存量是否准确，也有必要考虑如何利用资本存量价格指数，以便将按历史价格计算的资本存量换算成按不变价格计算的资本存量的问题。

---

① 利用历年的现价固定资本形成和按可比价格计算的固定资本形成的发展速度，可以估算出固定资本形成平减指数，即固定资本形成的价格指数。但目前官方未正式公布，也未说明其计算方法和计算依据。

（五）固定资本核算的分类过于粗略

为了更好地开展资本核算，并在此基础上开展各种经济分析，不仅需要总量资料，而且需要有关的分类资料。一般而言，固定资本分类越细致，可以获得的信息就越多，资本存量估算的精度也越高，所提供的资本核算资料的价值也越大。例如，在本书第五章中，由于分类资料的欠缺，我们对中国国家层面的资本存量进行估算时，只能利用全社会固定资产的平均使用寿命作为估算时的基本参数。而实际上，随着经济技术和产业结构的变化，固定资本的实物构成也在不断变动，全社会固定资本的平均使用年限不可能长期不变。如果能有详细的固定资产分类，能够根据不同类型的资产确定其不同的平均使用寿命，并在此基础上估算不同类型资产的存量和全社会的固定资本存量，明显会更加准确、可信。

在《OECD 资本测算手册 2009》中，固定资产按实物形态可划分为住房、其他建筑物、机械和设备、武器装备系统、耕作资产、非生产性资产所有权转让资本、知识产权等 7 大类，各大类下又划分为若干小类。与 OECD 建议的分类相比，我国目前的资产类型的分类明显比较粗略。固定资本形成未给出具体的资产类型分类；固定资产投资统计只是将全社会固定资产投资分为三大类，即建筑安装工程、设备工器具购置和其他费用。

在经济活动部门分类方面，我国只有分产业部门的固定资产投资数据，无分产业部门的固定资本形成数据，更无分产业部门的固定资本存量数据。

第二节　关于进一步完善我国固定资本核算体系的建议

针对我国目前固定资本核算存在的问题，我们提出以下几点建议，供有关部门参考。

一、科学定义固定资产，明确界定固定资本核算的范围

作为固定资本核算对象的固定资产，应同时具有以下特征。

（一）是为生产和经营而拥有的资产

一项资产是否属于固定资产不是看其具体的实物形态，而是看其在生产过程中发挥的作用。只有作为生产经营基本条件的资产才是固定资产。例如，同样是

小汽车，出租汽车公司拥有的小汽车属于固定资产，而居民个人自用的小汽车则不属于固定资产。计算机公司经营中使用的计算机属于固定资产，而作为公司产品准备出售的计算机则不属于固定资产。同样的道理，居民拥有的耐用消费品也不属于固定资产核算的范围。居民个人所拥有的住房则属于固定资产。这是因为，在现行国民经济核算中，居民自有住房要计算虚拟服务，并将其计入住户部门创造的增加值。也就是说，居民的自有住房也是生产经营活动的基本条件，应纳入固定资产核算的范畴。

（二）是经济系统可以再生产的资产

固定资产必须是经济系统可以再生产的资产。未经开发的土地、自然资源属于经济系统无法再生产的资产。这里需要注意的是：对土地、矿产的开发以及非生产资源如土地交易产生的追加费用并不是非生产资产，而是属于可生产资产，应归入固定资产的核算范围。贵重物品虽然最初是由生产系统制造的，但属于不可再生的物品，因此也不纳入固定资产的核算范围。

（三）是有明确所有权的资产

固定资产必须有明确的所有权。所有权分为法定所有者的法定所有权和经济所有者的经济所有权。法定所有者指在法律上拥有相关实体从而获得相应经济利益的机构单位；经济所有者指经营相关实体，承担有关风险，从而享有相应经济利益的机构单位。大多数实体的法定所有者和经济所有者是一致的，当两者不一致时，一般由经济所有者进行统计。

（四）是生产经营过程中可长期反复使用的资产

固定资产在使用过程中，能够长期保持原有实物形态，但其生产效率可能会有所降低，其价值也会随着资产的磨损逐渐以折旧的形式转移到产品（含服务）的成本中。经过一段时期的使用后，由于物理上的磨损或经济上不再适用，这些资产将退出生产过程，即发生所谓的资产报废。这时，可利用已提取的折旧去购置新的资产，实现实物形态（或使用价值）的更新。固定资产的实物更新、价值补偿与效率变动不同步的特点对资本核算提出了要求。因此，完整的资本核算体系既要有从物量角度反映固定资产总规模的指标，又要有从生产角度反映固定资产所具有的实际生产能力的指标，同时还要有从财富角度反映实际价值的指标。

（五）是具有规定特征的资产

在现实经济中，为了便于管理，对固定资产还规定了一定使用期限和单件价值。只有超过一定使用年限（如一年）和单件价值（如 2000 元）的资产才能纳入固定资产核算。不满足上述条件的一些生产工具，虽然也可在生产过程中反复使用，但由于其价值较低，在管理中不作为固定资产，而是作为低值易耗品管理。对现有资产的改善、修理能够相应延长资产的服务寿命和增强资产的生产能力。在现实经济活动中，还会发生固定资产的交易活动。这些活动也属于生产活动，并且都会使经济主体所持有的固定资产的价值得到恢复或增加，因此也可以纳入固定资产核算的范围。

在科学定义固定资产基本概念的基础上，可以明确给出固定资本核算的范围。在本书的第二章中，我们已经给出了联合国《国民账户体系 2008》中的非金融资产分类图（图 2-1）。根据前文的分析，我国固定资本核算的范围应限定为该图所示的生产资产下的固定资产。

二、构建完整的固定资本核算指标体系

应尽快构建以总资本存量、净资本存量和生产性资本存量三种存量指标为核心，以固定资本形成、固定资产报废、固定资本消耗和生产能力下降四种固定资本流量指标为纽带的固定资本核算指标体系。

关于固定资本核算指标体系所包含的各种指标的基本概念、指标的作用及其相互之间的联系，在本书的第二章第二节中已做了相当详细的论述，此处不再重复。

需要指出的是，以往在讨论资本存量估算问题时，大多数学者比较关心的是对净资本存量的估算，同时比较强调净资本存量与会计核算中固定资产净值的区别。我们认为在开始构建中国固定资本核算体系的起始阶段，首先还是应当更加重视对总固定资本的核算。这是因为，总资本存量不仅可以反映一定时点上经济主体所拥有的全部固定资产物量的总规模，而且是确定平均使用年限等重要参数和估算其他资本存量指标的基础指标。其次，从宏微观相互衔接的角度看，也不必过分强调宏观核算中的净资本存量与会计核算中的固定资产净值的区别。这是因为，第一，固定资产净值指标是可以通过直接调查法获得的数据，也是可以用来验证宏观核算数据是否可靠的重要基础数据。第二，国家有关部门在确定会计上的折旧率时，尽管有防止企业不当避税的考虑，但肯定也会考虑固定资产实际损耗的情况，尽可能使其能够满足企业固定资产损耗价值的补偿。GDP 核算中的折旧也是以会计核算的资料为主要依据的。所以，会计核算中的固定资产净值可

能比根据一些无法验证的假定推算的净资本存量更能从财富的角度反映固定资产的实际价值。当然，在主要利用会计核算中的资料估算净资本存量的同时，一方面要对目前还不具备会计核算的领域如住户的房地产、农村个人的固定资产等利用其他方法进行调查或估算；另一方面，也可以利用总资本存量和其他相关方法对净资本存量进行估算，并且将其与主要根据财务资料得到的固定资产净值进行对照分析，从而进一步提高净资本存量数据的质量。

三、构建以基准年份盘存法为主，永续盘存法为辅的方法体系

在以往的研究中，对于固定资本存量的核算较多采用永续盘存法。我们认为，今后开展资本存量核算时，应注意构建以基准年份盘存法为主，永续盘存法为辅的核算方法体系。

如本书第二章第四节所述，基准年份盘存法是在确定某一基准年份资本存量的基础上，利用存量和流量之间的关系，来逐年递推各年资本存量的一种方法。在第二章第四节中，我们已经给出了利用该方法来推算历年总资本存量的基本公式。这种方法同样可以应用于对净资本存量的估算。

利用基准年份盘存法估算历年净资本存量的基本公式如下：

$$W_t = W_0 + \sum_{t=1}^{n}(I_t - D_t), \qquad t = 1, 2, \cdots, n \qquad (8\text{-}1)$$

式中，W_0 为基期的净资本存量；W_t 为 t 年的净资本存量；I_t 为 t 年的固定资本形成；D_t 为 t 年的固定资本消耗；n 为每次直接调查资本存量间隔的年份，n 一般小于固定资产的耐用年限 T。不难看出，该式与固定资产耐用期内永续盘存法估算净资本存量的公式实质上是一致的。

利用基准年份盘存法估算净资本存量需要比较可靠的基准年份的净资本存量数据和历年固定资本形成与固定资本消耗的数据。在统计实践中，固定资本流量数据的宏观数据相对比较齐全，而固定资本消耗的数据则相对难以获得。但是，如果能够得到相邻两个经济普查时点的净资本存量数据 W_0 和 W_n，同时假定短期内理论折旧率（固定资本消耗率）δ 不变，则可以通过求解以下高次方程的方法来求得 δ，并利用式（8-3）往后递推估算两个经济普查时点之间历年的净资本存量：

$$W_n = (1-\delta)^n W_0 + \sum_{t=1}^{n}(1-\delta)^{n-t} I_t, \qquad t = 1, 2, \cdots, n \qquad (8\text{-}2)$$

$$W_1 = I_1 + (1-\delta)W_0$$

$$W_2 = I_2 + (1-\delta)W_1$$

$$\vdots$$

$$W_{n-1} = I_{n-1} + (1-\delta)W_{n-2} \qquad (8\text{-}3)$$

正如第二章第四节所述，基准年份盘存法既充分利用了基准时点对资产存量进行调查的信息，又很好地利用了日常统计中关于资本流量的信息。利用该方法，可以及时修正永续盘存法可能产生的累计估算误差。其估算结果相对可靠，成本比直接调查法低，时效性则比直接调查法要高。当然，基准年份盘存法也有一些局限性，一是，对基准时点资本存量、报废固定资产和固定资本消耗的调查仍需花费较多的人力、物力和财力，关于报废率和理论折旧率不变的假定有时也不一定符合实际。二是，由于生产性资本存量的数据难以直接观察，因此对于生产性资本存量的估算只能采用永续盘存法。对总资本存量和净资本存量历史数据的估算，通常也需要采用永续盘存法。

目前，中国每隔 5 年都要进行全国经济普查，同时还会定期开展人口普查（含居民住房普查）和农业普查，这些都为掌握基准时点的资本存量提供了较好的基础。随着万物互联时代的到来，固定资本形成与固定资产报废的记录也将日趋完善。因此，以基准年份盘存法为中心，并辅以永续盘存法，建立我国的资本存量核算的方法制度体系是比较恰当的选择。

四、进一步改革与完善相关的基础统计

我国固定资本核算体系的完善有赖于相关基础统计的进一步改革与完善。我们必须深刻认识到，没有基础统计和微观核算支撑的固定资本核算体系，只能是无源之水、无本之木。

从资本存量核算角度来看，为了更好地利用基准年份盘存法和永续盘存法估算资本存量，有必要进一步完善关于基准年份固定资产的调查。经济普查中关于固定资产的调查要按照前面所述的固定资产的基本定义，做到应查尽查，不重复、不遗漏。同时要在人口普查和农业普查中增设关于居民住房价值和农业固定资产原值的调查，并采用一定的方法利用这些普查数据去估算经济普查年份居民的住房价值和农业固定资产的价值。

从资本流量核算角度来看，要进一步完善关于固定资本流量的统计调查，逐步将原来的固定资产投资统计转型为固定资本形成统计。我国现有的固定资产统计是从计划经济时期的基本建设统计与更新改造统计演变而来的。计划经济时期，固定资产投资的基金和实施均是由政府统一安排的，所以比较关注固定资产建设的总规模、施工进度和固定资产投资实际到位的资金等。如今，我国已转变为社会主义市场经济，政府和企业更关心的是固定资本建成投产的总规模。因此，在一段时期内原有的统计指标如"固定资产投资""实际到位资金"等仍可保留，对

于调查对象规模和经济主体范围的限定也可保留①，但要逐步将重点关注的指标转到"固定资本形成"上来，不仅要有全社会、分地区的"固定资本形成"统计，而且应建立分行业的"固定资本形成"统计。另外，在计算"固定资本形成"时，要特别注意被核算的资产是否能满足前面所述的确定固定资产的基本条件（一）和基本条件（三），即只有作为生产手段同时又有明确所有权的资产才能计入本期形成的固定资产。未按照合同交付使用的在建工程只能作为库存在制品处理，那些永远无法建成使用的烂尾工程，则只能计入损失②。应当指出，按照以上方式处理在建工程，不仅可提高固定资本流量与固定资本存量的可衔接性，而且有利于提高固定资产的交付使用率，进而对提高经济发展的质量大有益处。同时，这样处理对原有 GDP 影响并不大③，只是在调整初期，会使固定资本形成占 GDP 的比重减少，存货变动占 GDP 的比重则会有所提高。

从固定资本核算价格来看，要进一步完善核算价格指数体系。一方面，要将现有的固定资产投资价格指数转变为固定资本形成价格指数，按照经济主体购置固定资产时的价格编制各类资产的固定资本形成价格指数。另一方面，要试编固定资本存量价格指数，便于按不同价格计算的固定资本存量的变换④。

从固定资本核算分类来看，要参照国际标准适当细分有关固定资本核算的分类，包括实物资产分类、机构部门分类和经济活动部门分类⑤。起步阶段可以按照上述国际标准中较上一层的分类进行，待取得经验和条件成熟后再进一步细化。另外，为了便于对固定资本核算的结果进行对照检验，还有必要进一步健全国家层面的企业财务统计。所有上市企业和国有企业都应该向国家上报有关财务报表。规模以上的民营企业也要逐步完善财务统计。财务统计中的固定资产原值、固定资产净值、累计折旧等都可以为估算和验证全社会资本宏观核算指标提供重要的依据。

---

① 规模以下的固定资产投资项目和农户的固定资产投资项目可通过抽样调查去获得资料。
② 联合国颁发的《国民账户体系 2008》中也规定已完成的工程必须有销售合同才能计入固定资本形成。
③ 如出现较多烂尾工程时，按新方式处理的 GDP 会比原来的处理方式减少，但这恰恰更能反映真实情况。
④ 关于固定资本存量价格指数的详细讨论可参见本书的第三章。
⑤ 关于固定资本的各种分类可参照本书第二章第一节的有关论述。

第九章　资本系数、资本利用率与回报率分析

本章将根据前面估算出来的中国资本存量的有关数据，进一步探讨投资的有效性问题。首先以总资本存量为对象，分别测算了全国、分区域层面的"资本系数"，对其所呈现的阶段、区域差异进行了分析。其次，围绕资本回报率指标测算中所面临的问题，通过改进资本报酬的测算方法重新估算了我国1978年以来的资本回报率。

第一节　中国资本系数的测算与分析

一、问题的提出

资本系数即每单位的产出所占用的资本。记资本系数为COR_t，用公式可以表示为

$$COR_t = \frac{K_t}{Y_t} \tag{9-1}$$

式中，K_t为资本存量；Y_t为产出。

在实际测算中，Y_t一般用 GDP 衡量，K_t既可选用总资本存量，也可选用净资本存量，但两者反映的经济意义有所不同。根据总资本存量计算的资本系数，可以反映每产出一个单位增加值所占用的全部固定资本量，该维度的系数主要衡量的是现有存量资本的整体平均产出效率。而净资本存量考虑了资本使用过程中的价值损耗，因此，根据净资本存量计算的资本系数，通常会低于利用总资本存量计算的资本系数，其所衡量的是单位产出所占用的资本价值。

资本系数的变动一方面可以反映生产过程中资本与劳动两种要素配置状况的变动，另一方面也可以反映投资有效性的变动。一般来讲，资本密集型的地区或产业，其资本系数比较高。而且随着一个国家或地区生产过程中资本密集程度的提高，资本系数也会呈现不断上升的趋势。但是，在资本密集程度不变或大致相同的情况下，资本利用越有效，单位产出所占用的资本就越少。由此可见，对资本系数进行正确的测度与分析，对于分析投资的有效性以及制定正确的宏观调控政策具有重要的理论和现实意义。

二、资本系数分析

（一）中国国家层面的资本系数

表 9-1 是按照 1952 年不变价格计算的中国 1952~2018 年的资本系数，测算中采用的是第五章的不变价格总资本存量数据。

表 9-1　中国 1952~2018 年的资本系数

年份	资本系数	年份	资本系数	年份	资本系数
1952	0.9706	1975	2.6329	1998	2.9626
1953	0.9716	1976	2.9191	1999	3.0505
1954	1.0885	1977	2.9744	2000	3.1061
1955	1.1757	1978	2.9383	2001	3.1790
1956	1.2366	1979	2.9816	2002	3.2450
1957	1.3523	1980	3.0090	2003	3.3202
1958	1.3837	1981	3.0761	2004	3.4251
1959	1.5682	1982	3.0682	2005	3.5031
1960	1.8932	1983	3.0206	2006	3.5382
1961	2.7976	1984	2.8758	2007	3.5270
1962	3.0942	1985	2.7979	2008	3.7486
1963	2.9489	1986	2.8309	2009	3.8251
1964	2.6758	1987	2.7994	2010	3.9749
1965	2.4863	1988	2.7872	2011	4.1536
1966	2.4622	1989	2.8764	2012	4.3865
1967	2.7787	1990	2.9406	2013	4.5670
1968	3.0391	1991	2.8882	2014	4.8474
1969	2.7768	1992	2.7731	2015	5.0704
1970	2.5430	1993	2.7174	2016	5.2787
1971	2.5650	1994	2.6990	2017	5.4441
1972	2.6713	1995	2.7293	2018	5.5757
1973	2.6151	1996	2.7899		
1974	2.6927	1997	2.8529		

如表 9-1 的测算结果所示，总的来看，中国的资本系数是不断上升的。为了更好地对比上述测算结果，我们还测算了直线型模式、几何型模式下净资本存量对应的资本系数，并一同绘制在图 9-1 中。

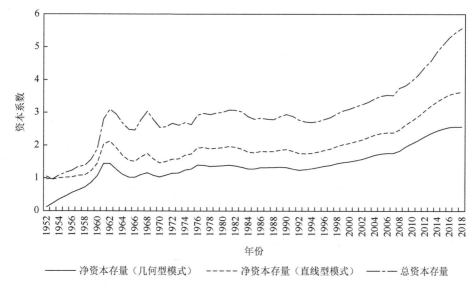

图 9-1　资本系数变动情况

就资本系数的变动特点而言，可划分为四个阶段。

第一阶段（1952～1978 年）：中华人民共和国成立初期，在恢复生产和发展经济的带动下，投资和积累的速度较快，资本系数的表现同样是一个较为快速的增长过程。

第二阶段（1979～1992 年）：总体平稳略有下降的阶段。我国的资本系数基本保持稳定，整体表现出下行的特征，特别是 1990～1992 年间下降较为明显。根据林毅夫等（1994）的研究，这种现象可以认为是经济改革的"增量"特征所致，即经济增长过程中，投入要素的市场配置行为能够从边际上修正被扭曲的经济结构，这种修正所带来的影响也就表现为资本配置效率的提升和产出的增长。

第三阶段（1993～2007 年）：平稳上升阶段，即单位资本带来的产出下降，张军（2002）认为这是一个资本深化的过程。与之不同的是，本节测算的资本系数自 1994 年开始扭转趋势，较张军（2002）的 1995 年早一年。从 1994 年开始，我国投资增速开始加快，对外开放的步伐进一步提升，也是对外引进技术和设备的高潮期，这一时期资本增长很快，直接推动了资本系数的持续上升。

第四阶段［2008～2018 年（研究时获取到的数据到 2018 年）］：较快上升阶段。2008 年，给人们最深刻的印象就是"四万亿的刺激计划"。由于新一轮扩张政策的影响，投资保持了快速增长的态势，在要素边际报酬递减规律的影响下，我国资本系数达到了一个更高的水平，也显示出投资效率下降的问题。

（二）分地区资本系数

按照全国层面资本系数相同的方法和指标处理，我们还测算了分省的资本系数，结果列于图 9-2 和图 9-3 中。整体来看，绝大部分省区市资本系数变动趋势与全国水平的变动一致，即表现出较为明显的四阶段特征。从四个阶段平均资本系数情况来看（图 9-2），除甘肃省外，其他省区市 2008～2018 年的平均资本系数均高于 1952～1978 年的平均水平。从各个阶段的增长幅度看，上海市在各个阶段均呈现出正增长，但因各个时期的资本系数水平较低，到 2008～2018 年，其平均资本系数依然在 31 个省区市中处于最低水平。

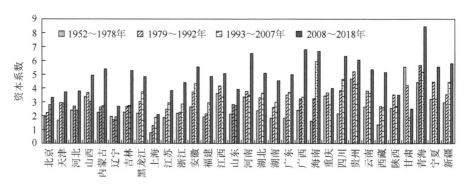

图 9-2　不同时间跨度的平均资本系数测算结果

注：由于数据可得性，上述测算结果不含港澳台地区，下同

从区域差异角度来看（图 9-3），有以下几方面不同。

（1）20 世纪 80 年代中期以前，受"三线建设"影响，山西、甘肃、青海、江西、河南、安徽、贵州等的资本系数处于较高水平，这一时期国民生产力的跨区域迁移和建设，特别是大中型工业企业建设显著提升了"三线建设"地区的资本水平。

（2）资本系数存在显著的区域差异，华北、华东和华南省区市资本系数较低，表明这些地区的投资效率相对较高，而西南和西北地区较高，投资快速增长的同时产出增长相对较慢。

（3）2008 年以来，各区域内部的资本系数变动分化日益明显，省区市之间的差距不断拉大，其中，河北和天津是华北地区资本系数较高的省市，海南和广西是华南地区资本系数较高的省市，黑龙江和吉林是东北地区资本系数较高的省市。

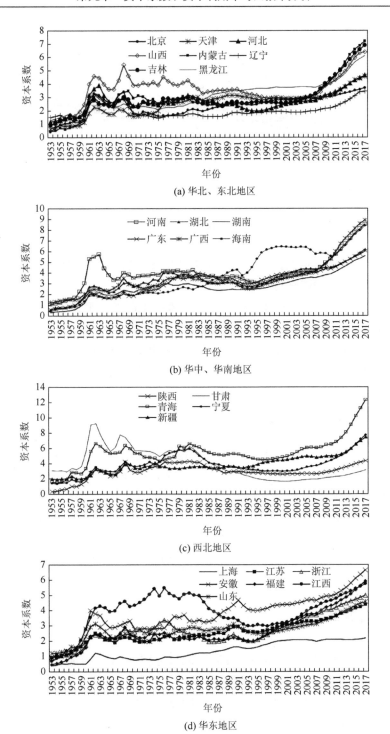

(a) 华北、东北地区

(b) 华中、华南地区

(c) 西北地区

(d) 华东地区

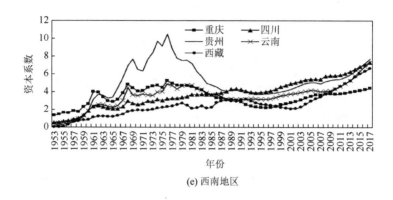

(e) 西南地区

图 9-3　分地区资本系数测算结果

（4）西北地区、华东地区各省区市之间资本系数分层差异突出，表明区域内部发展存在显著的梯级特征。

（5）上海市在 31 个省区市中，资本系数处于最低水平。其中，2000 年以前资本系数维持在 2 以下，2000 年以后这一比例尽管有所升高，但仍然处于较低水平，2017 年的资本系数为 2.16，这一方面显示出上海市属于轻工业和第三产业等较为发达的城市，同时也显示出长期以来上海市的投资效率较高。

三、小结

资本系数指标因测算简单、数据可获得性强而广泛应用于理论研究和实际工作当中，但资本并非产出变动的唯一影响因素，因而，纯粹利用资本系数指标开展投资效率的测算与分析是不够的，还需要借助其他指标数据以及测算方法开展更进一步的研究。

第二节　中国宏观资本利用率测算与分析

一、问题的提出

关于资本利用率（capital utilization rate），没有一个被普遍认可的定义。理论界对其内涵的界定大多从测度角度出发，主要突出现有资本投入生产的密度（Taubman and Wilkinson，1970；Calvo，1975），而具体的测算方面，有狭义和广义两个维度。

（1）狭义维度，基于一定时间段的资本开动时间来衡量资本利用率，Shapiro

（1986）、Orr（1989）、Beaulieu 和 Mattey（1998）、Chatterjee（2005）等的实证测算研究中，均以此为标准构建专门的测算方法。

（2）广义维度，主要是从产能利用率角度进行衡量，其核心是测算实际产出和潜在产出的比率，如 Marc-André（2004）等的研究。此类替代处理存在一个基本前提，即要素的充分利用以及资本要素的准固定投入假设[①]。

我国的相关研究中，因资本利用率的统计内涵尚未统一，专门的测算存在较多现实困难，所以此类问题的分析通常采用资本回报率、资本产出比等指标进行处理，或用产能利用率、设备利用率代替。正因如此，国内已有文献关于资本利用率的测算研究较为鲜见。为数不多的专门研究是以微观资本利用率测算为主的，其中，龚敏等（2016）利用上市公司财务指标数据中的"固定资产周转率"，并对其进行逻辑斯谛（logistic）转换以作为资本利用率的替代指标。马红旗和申广军（2021）通过构建超越对数成本函数测算了我国钢铁企业的资本利用率。从微观指标的数据来源看，主要是工业企业微观数据库和上市公司财务指标数据，其中，前者主要反映工业行业的资本利用情况，但服务业及其内部细分行业与工业存在较大的差异；而后者尽管行业覆盖更为完整，但因上市公司为优质企业代表，资本利用状况普遍优于平均水平，从微观数据视角的测算研究有益于挖掘结构信息，但无法从总体上获得资本利用率情况。因此，宏观资本利用率指标依然十分重要。

二、统计内涵与指标设计

（一）统计内涵

关于资本利用率的内涵，并没有一个普遍的共识。Taubman 和 Wilkinson（1970）、Calvo（1975）的定义较具有代表性，认为资本利用率是指现有资本投入生产的密度[②]。在这样的基本定义基础上，对其统计内涵的阐释更应该关注其理论用途或政策目标。理论分析中，资本利用率主要衡量实际投入生产的资本部分。

（1）以资本是否参与生产活动为标准，按照其比率属性特征，资本利用率取值应不大于 1。其中，当所有资本均投入生产过程时，资本利用率等于 1。而当存

---

① 长期来看，资本和劳动投入要素都是可变的。但短期，资本要素可以认为是固定投入，而劳动要素的调整可以较快完成，从这个角度看，资本利用率可由产能利用率替代。

② 现有研究中，往往存在资本利用率与产能利用率的混用问题。Kirkley 等（2002）认为产能是运用可用的投入要素达到的最大、最优或潜在产出，而产能利用率则为通常观察到的实际产出与产能之比。对此，本节认为资本利用率与产能利用率之间至少在涵盖范围上存在差异，资本利用率衡量的是产能利用率的其中一个方面。

在开工不足情形时，资本利用率小于 1，即投入生产的可能只是存量资本的一部分。在这种情形下，若衡量资本对经济发展的影响，则需要明确资本利用率，并最终转化为实际投入生产的资本部分。

（2）以资本参与生产活动的时长为标准，兼顾了资本投入的数量和强度特征，对于部分使用频率较高、周转较快的资本品类型，其利用率可能出现大于 1 的情形。因此，从理论层面看，也存在总量层面利用率大于 1 的可能性。政策研究中，资本利用率主要用于分析投资效率、经济结构等相关问题。

从具体的影响因素和作用机制来看，对资本利用率的测算和研究，能够研判技术进步冲击的影响，以及开展固定资产折旧政策调整、税收政策变动、信贷规模和信贷投向变化的影响分析。龚敏等（2016）认为资本存量的规模、结构和资本利用率都是影响资本积累对经济增长产生作用的因素。其中，资本利用率的高低与投资规模存在密切的联系，提高资本利用率有助于确保投资规模在合理区间，为改善经济结构、提高经济发展质量提供基础支持。而技术进步率提升，以及有效的固定资产折旧政策、税收政策同样有助于提高资本利用率，强化资本积累对经济增长的拉动作用。

基于上述理论分析，若进一步将资本利用率的内涵延伸到统计测度的视角，需在保证有效衡量资本利用率的同时，确保统计上的可测性。李春吉（2017）从统计测算的角度给出了资本利用率的定义，即有效人均资本投入与人均资本的比值，有效人均资本投入是不可观测指标，该研究提出利用数据包络分析（data envelopment analysis，DEA）方法进行估算。尽管这种处理在理论研究方面可行，但从政府统计角度，特别是指标可测性角度来看，有待进一步改进。因此，本节对于资本利用率统计内涵的探讨，重点强调以下两点：一是设计专门的统计指标，能够反映资本利用率的内涵，满足其理论分析和政策制定的需要；二是指标设计要有基础数据支撑，即在现有统计数据条件下能够进行统计测度。综合上述考虑，本节认为资本利用率可定义为实际生产中资本使用的比例情况，分子由生产过程中的实际有效生产资本衡量，即利用具备生产能力且实际投入生产的资本部分表示[①]，而分母则由总资本存量衡量，该指标取值范围为 0～1，若全部资本闲置则资本利用率为 0，若全部资本投入生产则资本利用率为 1。

（二）测度框架

总资本存量可按照《OECD 资本测算手册 2009》建议的方法测算，但实际投

---

① 因为资本利用率是一个比率型指标，按照分子与分母相对应的角度看，分子也应当为存量口径，本节将实际投入生产过程的生产性资本存量设定为分子，便是出于这种考虑。

入生产的生产性资本存量测算面临着较大困难。为此，本节尝试搭建一个基本的测度框架，涵盖以下三个维度。

1. 数量维度 R_{1t}

不同类型的资本品在生产过程中的效率损失情况存在差异。将总资本存量置于分母，所测算的利用率本身就包括了资本品的结构信息。给定相同的总资本存量，会因为不同资本品类型结构，导致加权汇总得到的生产性资本存量不同。而生产性资本存量涉及资产在使用中的效率下降问题，来自两个方面：①使用中的磨损影响，即资本品自身使用中的效率下降；②技术进步等引起的相对效率损失。更新换代使现存资本品的生产能力不如新出现的资产。

通常情况下，资本品的利用率越高，折旧越快，折旧率越高，资本品效率下降越快，役龄越短，越早报废。将生产性资本存量置于分子，考虑了效率模式，即使同一类型、不同规格的资本品之间也同样存在生产效率上的差异。以企业投资行为和资本品的配置为例，通常固定资本基于一定的生产设备等形式体现，在进行某项固定资本投资时，实际上可有多种生产设备供选择，而不同的生产设备可能在生产能力上存在差异。现实中，由于种种原因，企业可能并未选择生产能力最强的生产设备，由此导致生产中非效率因素的存在。若不考虑这种非效率情形，会得到产能利用率较高的结论。

2. 强度维度 R_{2t}

从生产函数的角度来看，资本利用率主要作用于投入生产过程的资本要素，因存在宏观上的经济周期波动以及微观上的经济主体非理性，实际经济运行中并非时刻满足资本的满负荷运转条件，因此，需要构建专门的资本利用率指标，用于准确衡量在经济增长中真正起作用的资本部分。本节在该指标的构建中，既考虑了经济的开工情况，也纳入了资本存量中具备生产能力的资本部分，既反映了经济运行的周期变动，也反映了资本结构差异的影响。一方面引入该指标使基于资本积累开展的经济增长和结构变动研究更加贴近实际，另一方面该指标本身就是重要的经济运行效率指标，技术进步因素推动的资本利用率在促进经济增长的同时，也有助于降低资本产出比，改善经济结构。

3. 综合维度 R_{3t}

对资本利用情况的衡量，不仅涉及资本规模，还受资本结构的影响，从政策制定的角度来看，资本利用率指标可成为折旧和税收政策调整的重要依据。对该指标的测度和监测有助于对资本存量结构的调整，并可为宏观的产能规划管理提供理论支持。

（三）指标设计

1. 数量维度 R_{1t}

这一维度是从资本生产能力层面衡量资本利用情况，用于反映总资本存量中具备生产能力的、在生产中提供资本服务的资本部分占比。用公式表示为

$$R_{1t} = \frac{K_t}{G_t} \tag{9-2}$$

式中，K_t 为生产性资本存量；G_t 为总资本存量，两者均采用永续盘存法测算。基本原理如下：

$$G_t = \sum_{\tau=0}^{N-1} F_\tau I_{t-\tau} \tag{9-3}$$

$$K_t = \sum_{\tau=0}^{N-1} F_\tau \psi_\tau I_{t-\tau} \tag{9-4}$$

式中，F_τ 为第 $t-\tau$ 年的资产在 t 年时的残存比例（对应残存模式）；ψ_τ 为 $t-\tau$ 年的资产在 t 年时生产能力的留存比例（对应效率模式）；$I_{t-\tau}$ 为 $t-\tau$ 年不变价格固定资本投资，有关的详细测算方法见第五章。

2. 强度维度 R_{2t}

这一维度是从资本使用程度层面衡量资本利用情况，用于反映具备生产能力的资本存量中，实际投入生产部分的资本占比，可以认为是狭义的资本利用率。用公式表示为

$$R_{2t} = \frac{M_t}{K_t} = \frac{K_t V_t}{K_t} = V_t \tag{9-5}$$

式中，M_t 为实际使用的生产性资本存量，由生产性资本存量和资本利用强度 V_t 的乘积衡量。资本利用强度是从整个经济综合层面衡量资本的使用情况的指标，如机器设备的开机率、建筑物的使用占比等。

3. 综合维度 R_{3t}

这一维度对于资本利用率的考量，兼顾了数量维度和强度维度，用于反映实际投入生产过程的生产性资本存量占总资本存量的比重。用公式表示为

$$R_{3t} = \frac{M_t}{G_t} = \frac{K_t}{G_t} \frac{M_t}{K_t} = R_{1t} R_{2t} = \frac{K_t V_t}{G_t} \tag{9-6}$$

参照前文对强度维度的定义，直接界定宏观层面的资本利用强度指标为有效

资本存量占实际资本存量的比例，用公式可表示为

$$V_t = \frac{\rho_t^*}{\rho_t} \tag{9-7}$$

式中，ρ_t^* 为理想资本系数；ρ_t 为实际资本系数。根据曲玥（2015）的研究，如果不考虑各行业生产性质的差异，单位固定资产的产出水平可以反映出一个企业（产业）的产能利用率总体变化情况。考虑到本节的研究目标是资本利用率，我们对资本系数做了变换处理，即由资本产出比衡量，其测算可用公式表示为

$$\rho_t = \frac{K_t}{Y_t} \tag{9-8}$$

式中，Y_t 为第 t 年的产出，由第 t 年的 GDP 衡量。对于理想资本系数而言，其测算可用公式表示为

$$\rho_t^* = \frac{K_t^*}{Y_t} \tag{9-9}$$

式中，K_t^* 为第 t 年的有效资本存量。结合式（9-6）～式（9-9）间的相互关系，可以推算出，式（9-8）中的 K_t 为生产性资本存量，并保证整个测度框架之间的衔接。对于式（9-9）而言，K_t^* 不可观测，因此，测算思路转向对 ρ_t^* 的估计，主要根据实际资本系数的变动情况，构建计量模型进行估计。

三、实证分析

（一）指标测算

限于数据的可得性以及早期统计数据可能存在的质量问题，本节将研究起点定在 1978 年。对于测算中涉及的有关当年价指标，均处理成 1978 年 = 100 的不变价格。

1. 数量维度利用率的测算

（1）总资本存量测算。采用第五章测算的不变价格总资本存量（调整为1978 年 = 100）。

（2）生产性资本存量测算。根据第五章双曲线型效率模式下的生产性资本存量测算方法，测算了 1978 年 = 100 的生产性资本存量。

2. 强度维度利用率的测算

Klein（1960，1985）提出了"峰到峰"的方法，用行业生产指数推算设备利

用率。但该方法的前提假设是：产出达到峰值的同时利用率也达到峰值，严格意义上讲这是缺少理论基础的（杨光，2012）。但是，对于这一方法可以借助指标间的理论关系，进行适当改进来缓解前述假设的影响。在本节中，我们尝试将这一方法的基本思想与资本产出比结合起来开展强度维度利用率的测算。资本产出比是一个比率，即单位产出所需的资本投入数量，其走势的变动同时受到了产出变动和资本投入变动的影响。从我国的实际情况看，产出是一个逐期上升的趋势，而资本利用情况则受多方面因素影响而难以呈现确定性的走势特征，正因如此，我国的资本产出比会存在不同程度的波动特征，即存在"谷底"年份，这为利用"峰到峰"的方法提供了前提条件。

在式（9-7）～式（9-9）中，K_t、Y_t 均按照前文的方法或者指标处理，关键在于理想资本系数 ρ_t^* 的估计。因实际资本系数 ρ_t 可根据式（9-8）测算得来（测算结果如图 9-4 所示），所以以其测算值为基础估计 ρ_t^*。

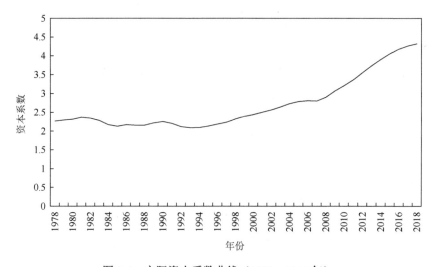

图 9-4　实际资本系数曲线（1978～2018 年）

从图 9-4 中可以看出，实际资本系数随着时间的推移呈现总体上升的趋势，但是存在部分年份波动的现象。根据刘云霞等（2021）的研究，在上述波动中处于实际资本系数谷底的年份，可以视为资本利用较充分、开工率比较高的年份。对此，选出处于谷底年份的样本，将其作为估计理想资本系数（即在现有技术经济条件下，资本得到比较充分利用时的资本系数）的数据。经选择，样本年份包括 1978 年、1985 年、1988 年、1993～2005 年、2007 年、2010 年、2011 年，这些年份均为当时经济发展比较好（或得到较快恢复）的年份。

由图 9-4 的曲线变动情况可以看出，理想资本系数的变化趋势比较趋近于二次曲线，据此本节构建了如下模型以估计历年理想资本系数：

$$\rho_t^* = \beta_0 + \beta_1 t + \beta_2 t^2 + \varepsilon_t \tag{9-10}$$

式中，ρ_t^* 为理想资本系数的估计值；t 为时间变量（$t=1,2,\cdots,41$，对应的年份是 1978～2018 年）。根据样本年份数据，对式（9-10）回归估计的结果见表 9-2。

表 9-2　对式（9-10）回归估计的结果

变量	系数	t 统计量	p 值
β_0	2.3528	45.5000	0.0000
β_1	−0.0509	−9.2900	0.0000
β_2	0.0023	16.5300	0.0000
R^2	0.9811	F 统计量	414.7800
调整 R^2	0.9787	p 值（F 统计量）	0.0000

利用以上回归估计的结果，可推算出历年的理想资本系数，进而测算历年 ρ_t^*。这一测算结果可作为资本利用强度维度 R_{2t} 的衡量指标。

（二）结果分析

三个维度下的资本利用率测算结果如表 9-3 所示。

表 9-3　资本利用率测算结果　（单位：%）

年份	数量维度	强度维度	综合维度	年份	数量维度	强度维度	综合维度
1978	77.17	101.23	78.12	1990	76.67	92.26	70.73
1979	76.91	98.19	75.52	1991	76.29	94.97	72.45
1980	76.95	95.56	73.53	1992	76.32	99.69	76.08
1981	76.97	92.01	70.81	1993	76.98	101.90	78.44
1982	76.37	91.70	70.03	1994	77.59	103.05	79.96
1983	75.54	93.07	70.31	1995	78.13	102.68	80.22
1984	75.42	96.98	73.14	1996	78.35	101.81	79.77
1985	76.05	98.12	74.62	1997	78.38	101.34	79.43
1986	76.63	95.74	73.36	1998	78.41	99.50	78.02
1987	77.01	96.05	73.97	1999	78.42	98.71	77.41
1988	77.34	95.98	74.23	2000	78.59	98.97	77.78
1989	77.03	93.52	72.04	2001	78.81	98.81	77.87

年份	数量维度	强度维度	综合维度	年份	数量维度	强度维度	综合维度
2002	79.11	98.92	78.26	2011	80.99	98.98	80.17
2003	79.65	98.62	78.55	2012	81.04	96.79	78.44
2004	79.73	98.20	78.29	2013	81.00	95.10	77.03
2005	79.56	99.02	78.78	2014	80.68	94.11	75.92
2006	79.38	101.20	80.34	2015	80.16	93.72	75.12
2007	79.45	104.56	83.07	2016	79.52	93.93	74.69
2008	79.68	104.17	83.00	2017	78.77	95.18	74.97
2009	80.23	101.63	81.54	2018	78.00	97.16	75.78
2010	80.71	100.39	81.02				

1. 数量维度分析

从数量维度来看，1978～2018 年我国的资本利用情况存在两个阶段。

（1）1978～2011 年的总体提升阶段。改革开放以来，我国投资驱动型增长模式为经济快速发展奠定了坚实的资本基础，与早前的资本短缺阶段相比，资本积累不仅体现在规模的增长上，也体现在资本与劳动等生产要素的匹配上，因此，投资快速增长带来的资本积累过程改善了数量维度的资本利用情况，使投入生产过程的资本存量占比得到了提升。

（2）2012～2018 年的下降阶段。单纯的"投资驱动型增长模式"不可持续，当资本积累到一定规模后，若与其他要素的匹配性下降，则会出现经济结构性问题，损害增长。这与 2011 年以来我国"三期叠加"的经济环境相符，一方面存量资本中具备生产能力的资本占比下降，另一方面投资增速有所放缓，在一定程度上也加剧了数量维度的下行。

2. 强度维度分析

1992～2010 年的这一阶段是我国资本利用强度较高的年份，1979～1982 年、1986～1990 年、2011～2015 年三个阶段是资本利用强度下降的阶段，1983～1985 年、1991 年、2016～2018 年是资本利用强度回升的阶段。前述阶段的资本利用强度情况与我国宏观经济运行的走势基本一致。值得一提的是，自我国 2015 年四季度开展供给侧结构性改革以来，整体层面的资本利用强度有所回升，在"三去一降一补"政策的引导下，资本闲置问题得到了较为明显的改善。

3. 综合维度分析

从表 9-3 的结果来看：①综合资本利用率的整体走势与总资本存量中生产性

资本存量占比的变动较为一致；②引入 γ_t 会降低资本利用率的波动幅度，主要原因是不同时间段总资本存量中具备生产能力的资本存量占比存在差异，这一比例会缩小资本利用强度的波动幅度；③提高资本利用强度能够在不同程度上弥补生产性资本存量占比下降的影响，相对提升资本利用率。

对于测算结果的解释如下。

（1）1992～2010 年是资本利用率总体上升阶段，一方面是受 1992 年之后投资热潮的影响，开工率较高，另一方面得益于资本结构优化，这一阶段生产性资本存量占总资本存量的比重也在上升。

（2）2011～2015 年资本利用率下降，一方面是投资率出现下降，另一方面是长期以来"投资驱动型"经济增长所导致的经济结构问题，突出表现是"产能过剩"，总资本存量中具备生产能力的资本存量占比相对较低。

（3）2016～2018 年供给侧结构性改革推动的资本利用率提升，一方面通过对传统资本的升级和新经济的投资，提升存量资本总体增值能力和新资本要素供给，另一方面通过调整、转化、组合等手段改善传统资本要素之间，以及传统资本要素与新资本要素之间的匹配性，进而提升资本配置效率。在这样的作用机制下，经过"去产能、去库存、去杠杆"的存量调整和"补短板""降成本"的增量提升，借助资本要素升级和资本配置结构改善来提高资本回报率，进而也提升了资本的利用率。

四、基于微观数据的检验和进一步分析

目前，能够使用的微观数据主要是工业企业数据库以及上市公司财务数据。因资本利用率在行业之间存在差异，考虑到前者主要反映工业企业的情况，所以侧重于采用上市公司数据进行测算。上市公司通常为优质企业代表，对其开展的微观资本利用率测算结果要大于前文的宏观资本利用率，对此，有关的检验则主要通过整体走势以及内部结构两个方面展开对比。

（一）微观数据测算方法

根据龚敏等（2016）、周泽将和徐玉德（2017）、余淼杰等（2018）的相关研究，对于第 i（ $i = 1, 2, \cdots, n$ ）个企业第 t 年的资本利用率 $V_{2,it}$ 可通过固定资产周转率指标进行测算，基本公式为

$$V_{2,it} = \frac{1}{n} \sum_{i=1}^{n} \frac{1}{1 + e^{-fa_{it}}} \tag{9-11}$$

式中，fa_{it} 为第 i 个企业第 t 年的固定资产周转率，本节采用上市公司营业收入与年末固定资产净额之比来衡量。在此基础上，通过加权平均处理汇总得到总量层面的资本利用率，方法如下：

$$V_{2t} = \frac{\sum_{i=1}^{n} V_{2,it} K_{2,it}}{\sum_{i=1}^{n} K_{2,it}} \tag{9-12}$$

式中，$K_{2,it}$ 为第 i 个企业第 t 年的年末固定资产净额。

（二）数据选取和处理

本节用于测算企业微观资本利用率的数据均取自国泰安金融数据库中的合并报表数据，各年份数据时点均为当年 12 月 31 日的会计报表日数据，对于缺失数据的样本做了剔除处理。在样本上市公司的选取方面，主要是深市主板、中小板上市公司和沪市主板、创业板、科创板上市公司。考虑到早期我国上市公司数量较少，具体测算起点定在 1995 年。

（三）对宏观资本利用率的检验

从宏、微观测算结果的对比（图 9-5）来看，它们的总体走势一致，特别是 2011 年以来两者均出现下降趋势，与我国经济"三期叠加"的运行情况吻合，伴随投资快速增长的是资本效率的下降。

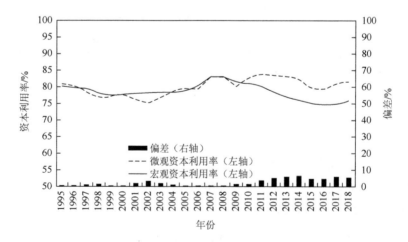

图 9-5　微观资本利用率与宏观资本利用率的对比

上市公司数据为企业层面样本，本身蕴含更为丰富的结构特征，且其经营状况受市场波动的影响更为明显，因此，微观层面的资本利用率呈现出不同程度的波动特征。从图 9-5 的走势来看，2011 年以前微观数据测算值波动明显，而宏观数据本身涵盖范围更为广泛，且蕴含的是平均水平上的信息，因而走势较为平稳。

此外，我们还注意到行业固定资产净值占比变动所蕴含的信息，见表 9-4。

表 9-4　部分行业固定资产净值占比　　（单位：%）

年份	制造业	建筑业	批发和零售业	金融业	房地产业
1995	63.24	0.75	4.39	1.64	4.55
1996	65.09	0.82	5.42	1.52	4.24
1997	58.87	1.25	6.39	1.37	3.14
1998	60.26	0.97	6.33	1.38	2.39
1999	60.13	1.05	6.05	2.03	2.07
2000	60.38	0.81	5.54	1.31	1.80
2001	44.76	0.57	3.9	0.91	1.06
2002	41.44	0.56	3.54	1.25	0.97
2003	40.65	0.81	3.40	1.20	0.88
2004	40.80	0.85	3.37	1.31	0.80
2005	41.81	0.90	3.21	1.18	0.07
2006	37.13	0.78	2.46	8.98	0.62
2007	33.39	1.53	1.77	8.46	0.42
2008	33.18	1.43	1.82	7.91	0.41
2009	32.47	2.13	1.61	7.45	0.42
2010	32.40	2.18	1.52	9.01	0.41
2011	32.53	3.25	1.75	8.84	0.47
2012	32.98	3.34	1.92	8.82	0.52
2013	33.68	3.12	1.81	8.92	0.50
2014	34.79	3.06	1.84	9.23	0.16
2015	33.88	3.04	1.91	8.58	0.68
2016	35.07	3.07	1.99	9.56	0.71
2017	34.99	2.94	2.01	9.37	0.87
2018	35.64	2.88	1.99	9.85	1.13

考虑到 2006 年开始的股权分置改革以及颁布的新会计准则会对上市公司的固定资产统计产生较大的影响，所以将固定资产净值占比变动以 2006 年为分界点划分为两个阶段。其中，2005 年以前制造业固定资产净值占全部样本汇总值的比重较大，特别是 1995～2000 年这一占比在 60%左右，而建筑业、批发和零售业、金融业和房地产业不仅占比低，而且在资本利用率上的差异也相对较小（与 2006 年以来比较），这也是该阶段宏、微观资本利用率测算结果差异较小的原因之一。2006 年以来，一方面制造业固定资产净值占比下降到 1/3 左右，而资本利用率变动幅度较小，另一方面建筑业、批发和零售业、金融业和房地产业在占比上升的同时，资本利用率也出现了明显的提升，两方面的共同作用使 2006 年以来的资本利用率整体高于前一阶段。

同样，也可测算部门行业微观资本利用率（表 9-5），在行业利用率变动的基础上对宏观资本利用率走势进行检验。

表 9-5　部分行业微观资本利用率测算结果　　　　　（单位：%）

年份	制造业	建筑业	批发和零售业	金融业	房地产业
1995	83.16	91.84	97.42	95.81	83.97
1996	81.54	84.84	96.15	95.14	81.83
1997	81.47	80.37	90.10	87.55	85.69
1998	79.37	86.59	87.11	81.81	81.56
1999	80.40	88.15	85.40	75.60	78.76
2000	81.81	90.38	87.27	76.42	80.97
2001	79.59	88.80	85.25	77.68	79.36
2002	80.13	88.30	85.02	79.23	78.98
2003	82.58	88.92	86.74	85.11	78.37
2004	84.73	87.41	86.48	86.35	78.37
2005	84.76	83.51	87.48	89.32	89.64
2006	84.92	84.27	87.84	85.86	79.41
2007	87.08	96.57	90.47	96.07	88.54
2008	87.47	98.69	91.16	96.72	91.43
2009	83.96	99.11	92.31	94.95	93.59
2010	86.81	99.50	94.86	94.98	96.75
2011	88.32	99.05	96.32	96.16	94.40
2012	86.96	98.73	96.68	96.39	93.62
2013	86.52	98.69	96.75	96.66	95.62
2014	84.87	98.82	95.93	96.75	92.61
2015	82.48	98.13	93.62	96.21	96.92

续表

年份	制造业	建筑业	批发和零售业	金融业	房地产业
2016	82.63	97.82	94.10	94.71	97.98
2017	85.50	97.82	96.47	94.42	96.32
2018	86.41	98.14	96.48	93.42	96.39

长期以来，制造业的资本利用率不高，除 2009 年外，2001～2011 年制造业资本利用率整体呈现上升趋势，2012～2015 年出现持续的下降，这与宏观经济基本走势吻合，2016 年起供给侧结构性改革的影响逐渐显现，表现在制造业资本利用率上也同样出现了总体的回升趋势。而建筑业、批发和零售业长期以来都是我国资本利用率较高的行业，金融业和房地产业在 2005 年以后也开始处于高利用率状态，这与长期以来"金融热""房地产热""脱实向虚"现象不无相关。

2007 年以后，制造业资本利用率较大幅度地低于建筑业、批发和零售业、金融业和房地产业，除此之外，近年来以满足居民消费需求为主的消费行业（如文化、体育和娱乐业）、公用事业服务业（如卫生和社会工作）等资本利用率也显著高于制造业。但是，信息与通信技术服务业的资本利用率却显著偏低，除了行业属性影响外，也在一定程度上反映出我国相关行业的规模扩张的同时，发展效率有待进一步提升[①]。在供给侧结构性改革和经济高质量发展的大环境下，不否认投资对经济发展和结构转换的积极作用。在处理好投资和消费之间的关系基础上，重点推动投资领域的结构调整，重点关注产能过剩领域的闲置资本转化，通过解放思想和深化改革，推进人民美好生活相关的物质、文化行业领域投资，试点扩大公用事业投资主体，探索创新投资形式，使产能过剩行业加快折旧而变现的资本能够投资更多领域。

五、结论与建议

从生产要素使用的角度来看，资本利用率衡量了资本存量的使用情况。无论是存量资本的概念，还是流量层面的资本服务范畴，现存资本品的使用情况，受实际经济运行、企业生产实际等影响，可能存在一定比例的资本品闲置问题，若忽视这一问题，可能会导致经济增长分析以及生产率测算中对资本贡献情况的估计偏差。因此，通过测算资本利用率，能够有效地衡量生产中实际利用的资本部分，更为准确地衡量资本积累对经济发展以及经济结构变动的影响。

---

① 限于篇幅，这里不再给出文化、体育和娱乐业，卫生和社会工作，信息与通信技术服务业等有关行业的资本利用率数据。

　　本节针对已有研究在宏观资本利用率测算方面的不足，从资本利用率的影响要素和影响机制入手，开展了以下几方面研究工作：①探讨了宏观资本利用率的统计内涵，明确了资本利用率的基本测算原理；②从资本生产能力、资本实际使用、复合资本利用三个层面搭建了宏观资本利用率的测度框架；③围绕测度框架，设计了三项不同的资本利用率统计指标，明确了三者的适用情形和政策用途；④开展了实证测算研究，并结合经济发展实际分析了测算结果。这一研究为资本利用率指标的构建提供了测度方法支持，为经济增长研究和统计实务进展提供了扩展思路和理论借鉴。同时，从微观数据角度开展的检验分析，也为宏、微观数据整合视角的资本测算研究提供了一个新的切入点。但不可否认的是，本节的研究尚处于起步和探索阶段，特别是资本利用率测度框架体系构建尚不完备，对于强度指标的估计还停留在总量层面，且采用了不同程度的简化处理，对宏、微观数据的整合应用也需要进一步挖掘。针对这些问题，本章提出了以下进一步完善资本利用率测度研究的建议。

　　（1）理论研究应重视资本利用率的作用。应准确衡量资本利用率及其变动情况，将其引入生产函数分析和有关的资本测算分析，有效评判资本积累对经济增长和结构变迁的影响，为"新常态"下的"稳增长"政策精准实施提供理论指导。

　　（2）进一步加强资本利用率的统计测度框架和指标设计研究。完善资本利用率指标的理论体系，搭建系统的"理论—指标—数据"体系，探索构建"统计设计—数据收集—统计测算"资本利用率指标编制体系。

　　（3）开展基于通用性、专用性视角的资本品分类问题研究，探讨通用性资产和专用性资产参与生产过程的作用机制差异，以及两类资产使用强度的衡量标准，探索更加贴近资本使用情况的强度维度测算方法。

　　（4）推动资本利用率测度的有关数据整合研究，充分挖掘上市公司财务指标数据、工业企业微观数据、企业财务调查数据中有关的资产负债数据和经营收入数据，并从宏、微观数据整合的视角探索数据的应用开发研究。

　　（5）探索新的资本数据统计调查，进一步丰富现有的资本测算数据资源，为资本利用率指标的进一步完善提供数据支持，也为有关统计实务工作提供参考。

第三节　资本回报率测算与分析

一、问题的提出

　　近年来，越来越多的研究开始利用资本回报率来说明"投资是否有效"的问题。从已有文献来看，资本回报率的实证测度方法可分为两大类：一是微观测算法，基于上市公司或工业企业财务数据进行测算（Baumol et al.，1970；Feldstein，1977；Mueller and Reardon，1993；Fama and French，1999；CCER"中国经济观察"研究组和卢锋，2007）。该方法的测算结果主要反映企业利润率的差异，如果用于衡量一国或地区的宏观投资效率情况，需要满足较为充分的市场竞争和资本流动的前提假设。二是宏观核算法，常见的是基于国民经济核算中的宏观指标数据进行测度。这一方法以 Jorgenson 和 Griliches（1967）的资本租金公式为理论基础，从国内收入角度出发，测算过程简单直观，能够覆盖经济整体，因而在反映一国（地区）整体资本效率方面更具代表性。Bai 等（2006）开展了针对我国资本回报率测算的专门研究，构建了我国资本回报率宏观核算的实证框架。之后的相关改进研究均是在这一理论框架基础上开展的局部优化。较具有代表性的工作有：张勋和徐建国（2014）将资本回报中属于劳动者承担的那部分间接税扣除。方文全（2012）给出了扣除价格变动的实际资本回报率测算方法，并明确了我国宏观产出价格指数和资本品价格指数的处理方法。柏培文和许捷（2017，2018）及许捷和柏培文（2017）针对资本回报率测算中存在的折旧率偏误问题，提出了进一步的改进思路：第一，对资本报酬的处理不再考虑固定资产折旧，同时也不再专门减扣折旧率；第二，资本存量的估计中，基于 GDP 收入法核算公式确定资本折旧。上述研究是本章开展宏观核算法改进和再测算的基础。

关于我国的资本回报率，存在着高与低的争论。2006 年，在世界银行发布的《中国经济季报》中，我国 2005 年工业企业税前净资产回报率超过 15%。这一数据不仅与 Rawski（2002）等的研究存在较大的悬殊，也受到了理论界和实务界的广泛质疑，后续不断有研究就这一问题展开测算与讨论。Bai 等（2006）从我国收入法 GDP 分项数据视角开展了富有针对性的实证测算，其结果显示我国的资本回报率整体水平较高，1998 年之后名义回报率基本维持在 20%左右。张勋和徐建国（2014）进一步延长了测算时间，发现资本回报率的 U 形发展态势在 2006 年以后得以延续，并得到了与 Bai 等（2006）较为接近的测算水平。上述研究对我国资本回报率水平持乐观态度，认为我国资本回报率并不低，20 世纪 90 年代中期以后仍在上升。当然，也有研究认为我国资本回报率并没有显著高于其他发展中经济体和发达国家，如方文全（2012）对我国税后资本回报率的测算显示，1993～2007 年我国名义、实际资本回报率分别位于 8.0%～13.8%、6.9%～12.9%范围内，结果明显低于 Bai 等（2006）的测算值。而刘仁和等（2018）则基于投资的 q 理论，构造了包含调整成本的资本回报率模型，从可比时间来看，其基本资本回报率均值测算结果仅为 7.95%，明显低于 Bai 等（2006）的测算值；若不考虑生产税、企业所得税的影响，其测算值会进一步降低。显然，方文全（2012）、刘仁和等（2018）的测算结果表明，我国资本回报率并不高，呈现出一种低利润的经济增长模式。

从上述文献来看，已有研究关于我国资本回报率的测算结果存在较大的数值差异。除了研究方法的不同以外，即使都采用宏观核算法进行测算，也同样存在不一致的地方。

（1）资本报酬包含的内容不统一。早期研究主要采用 Bai 等（2006）的处理方法，将劳动者报酬以外的收入均计入税前资本报酬。后来的研究对此进行了改进和优化，但在生产税净额的处理方面仍然存在差异。

（2）2004 年和 2008 年，我国国民经济核算口径发生了调整，而资本回报率测算研究中的相关内容没有对此进行跟进。

（3）计算资本回报率时该纳入何种口径的资本存量，现有研究极少对此进行必要的讨论。从已有文献的测算方法和过程来看，大多采用财富视角的净资本存量，即通过设定折旧率或者引入固定资产折旧额计算的资本存量。这种处理存在两个问题：①资本存量与资本报酬不匹配；②折旧率（折旧额）的选取或者处理不合理。

针对上述问题，本章尝试按照《OECD 资本测算手册 2009》的相关方法、制度，对资本回报率统计内涵进行探讨，论证资本回报率测算中应采纳资本存量的类型，对资本报酬的涵盖范围进行分析，提出生产税净额进行要素剥离的具体方法，并纳入个体经营业主与国有农场的资本报酬处理。本章的研究尝试从政府统计角度着手，进一步规范资本回报率的测算方法、改进相关的基础数据估算，这不仅有助于提升我国资本回报率的测算精度，而且对于完善我国资本核算理论与方法也有着积极的意义。

二、资本回报率的内涵及其宏观核算方法演进

（一）资本回报率的内涵

古典经济学家对资本回报率的关注主要是利润率的范畴，马克思也从剩余价值的角度对利润率进行了界定，认为利润率是"创造的剩余价值与全部预付资本的比率"。到了新古典经济学阶段，理论界开始关注生产要素投入与产出的"边际效应"，马歇尔认为资本的利润是"资本获得的全部纯收益"。本章对于资本回报率内涵的界定，选取《OECD 资本测算手册 2009》中的内生回报率概念，即在完全竞争市场条件下，资本报酬率是资本报酬与创造报酬所用资本之间的比率。白重恩和张琼（2014）更是将这种比率关系认为是"流量增量收益"与"存量投资积累"之间的比值。对于这一定义，本书认为包含以下几方面内涵。

（1）回报率测算中，"资本报酬"是从生产角度出发测算的流量指标，所使用

的资本是指在生产过程中发挥作用的资本存量。

（2）通常把资本当成租赁市场上的商品，围绕着这一"商品"的是报酬和使用成本两端。那么，作为出租商品的"租金"就对应着资本的回报和相应的回报率。

（3）作为"租金"，资本报酬包含的内容不只是固定资本消耗（折旧）。资本的租金还应包括金融成本、价格变化中的持有损益部分和税收等方面。

（二）资本回报率的宏观核算方法演进

开展资本回报率宏观核算法测算的基础是 Jorgenson 和 Griliches（1967）的资本租金公式：

$$r_t^{z_N^c} = \frac{\Gamma_t}{Z_t} - \delta_t \tag{9-13}$$

式中，$r_t^{z_N^c}$ 表示完全竞争市场上的价格接受者在生产中投入 1 单位资本的名义回报率；Γ_t 为名义资本收入；Z_t 为一般意义上的名义资本存量；δ_t 为资本的折旧率。实际应用时，式（9-13）可表示为

$$r_t^{z_N^c} = \frac{\alpha_t p_t^Y Y_t}{p_t^{sZ} \widetilde{Z}_t} - \delta_t \tag{9-14}$$

式中，$\widetilde{Z}_t$、p_t^{sZ}、Y_t 和 p_t^Y 分别为一般意义上的实际资本存量、资本存量价格指数、实际产出和产出价格指数；α_t 为资本收入的份额。对于式（9-13）和式（9-14），名义资本回报率等于名义资本收入与名义资本存量的比值，并以折旧率进行调整。

Bai 等（2006）在 Jorgenson 和 Griliches（1967）资本租金公式的基础上，考虑了通货膨胀和资产价格变化的因素后，将实际资本回报率表述为

$$r_t^{z_R^c} = \frac{\alpha_t p_t^Y Y_t}{p_t^{sZ} \widetilde{Z}_t} + \left(i_t^Z - \rho_t - \delta_t \right) \tag{9-15}$$

式中，$r_t^{z_R^c}$ 表示价格接受者在生产中投入 1 单位资本的实际回报率；i_t^Z、ρ_t 分别为名义资本持有损益（固定资本的名义价格变动）和一般通货膨胀水平。

如果将上述完全竞争假设进一步放松到垄断竞争的情形，那么此时的名义资本回报率和实际资本回报率可分别记为

$$r_t^{z_N^c} = \frac{\left(\alpha_t - \dfrac{\mu - 1}{\mu} \right) p_t^Y Y_t}{p_t^{sZ} \widetilde{Z}_t} - \delta_t \tag{9-16}$$

$$r_t^{Z_R^c} = \frac{\left(\alpha_t - \dfrac{\mu-1}{\mu}\right)p_t^Y Y_t}{p_t^{sZ}\widetilde{Z_t}} + \left(i_t^Z - \rho_t - \delta_t\right) \tag{9-17}$$

式中，μ 表示厂商的垄断势力。

Jorgenson 和 Griliches（1967）的资本租金公式和 Bai 等（2006）构建的资本回报率测算框架，奠定了宏观核算法的现有测度范式。后续的相关研究，均借助这一范式或在此基础上进行更深入的改进探索，较具有代表性的是张勋和徐建国（2014）、方文全（2012）、柏培文和许捷（2017，2018）及许捷和柏培文（2017）等的研究。

1. 扣除属于劳动者承担的间接税部分

张勋和徐建国（2014）将资本回报中属于劳动者承担的那部分间接税扣除，作为对 Bai 等（2006）的研究的改进：

$$r_t^{Z_R^c} + \delta_t = \frac{\alpha_t p_t^Y Y_t - (1-\alpha_t)T_t}{p_t^{sZ}\widetilde{Z_t}} + \left(i_t^Z - \rho_t\right) \tag{9-18}$$

式中，T_t 为间接税。

2. 对价格变动因素的简化处理

方文全（2012）在 Jorgenson 和 Griliches（1967）的资本租金公式的框架下，将扣除价格变动的实际回报率写为

$$r_t^{Z_R^c} = \frac{\Gamma_t / p_t^Y}{Z_t / p_t^{sZ}} - \delta_t \tag{9-19}$$

式中，p_t^{sZ}、p_t^Y 分别定义为资本品价格指数和通货膨胀指数，前者以固定资产投资价格指数代表，后者以 GDP 缩减指数表示。

3. 对折旧率偏误的修正研究

从 Jorgenson 和 Griliches（1967）和 Bai 等（2006）的研究来看，在投资流量和资本报酬确定的情况下，固定资产折旧率成为资本回报率测算的关键。在方文全（2012）的测算方法的基础之上，柏培文和许捷（2017，2018）又指出 t 年资本存量提取折旧时需要采用的折旧率为 δ_{t+1}，而前述方法则均基于 δ_t 进行计算，这种处理存在偏误，并对该方法进行了如下修正：

$$r_t^{Z_R^c} = \frac{\Gamma_t^* / p_t^Y}{\widetilde{Z_t}} \tag{9-20}$$

$$\widetilde{Z_t} = \widetilde{Z_{t-1}} + (I_t - \varLambda_t)/p_t^{sZ} \tag{9-21}$$

式中，Γ_t^* 为不含固定资产折旧的名义资本报酬部分；A_t 为第 t 年的名义固定资产折旧；I_t 为第 t 年的名义投资。按照柏培文和许捷（2017，2018）的说明，在资本存量估计时，为了避免主观设定折旧率可能导致的偏误，前述文献借鉴徐现祥等（2007）的方法，基于 GDP 收入法核算公式确定资产折旧。

从宏观核算法的实际研究进展来看，已有研究均未偏离 Jorgenson 和 Griliches（1967）的资本租金公式和 Bai 等（2006）构建的资本回报率测算框架。主要的改进和优化均是基于局部环节开展的便利化处理或者测算指标的调整。

三、资本报酬测算的问题及其改进

（一）资本报酬测算存在的问题

1. GDP 分项数据中资本报酬的归类和处理问题

收入法 GDP 分项数据中，固定资产折旧、劳动者报酬分别对应于资本和劳动的报酬部分，这是资本回报率研究基本达成共识的地方。关于营业盈余，《国民账户体系 2008》的解释是"生产中所使用资产的回报"，在此将其归于资本报酬当中。而生产税净额是投入要素的混合部分，在基础资料有限以及目前的核算体系下，很难将生产税净额在资本与劳动两种投入要素中进行分摊，这也是现有研究中普遍存在的争议之处。代表性文献关于资本报酬的处理如表 9-6 所示。

表 9-6　代表性文献关于资本报酬的处理

代表性文献	具体处理
Bai 等（2006）	扣除劳动者报酬以外的部分作为资本报酬
白重恩和钱震杰（2009）、周明海等（2010）	通过测算资本收入份额，并利用其与 GDP 的乘积作为资本报酬。其中，对于资本收入份额的测算主要基于核算视角，采用"（收入法 GDP−生产税净额−劳动者报酬）/（收入法 GDP−生产税净额）"或者"（固定资产折旧＋营业盈余）/（收入法 GDP−生产税净额）"进行衡量
白重恩和张琼（2014）	在 Bai 等（2006）的研究的基础上，区分了税前和税后资本报酬，其中，税前资本报酬包含生产税（如增值税）和企业所得税等
方文全（2012）	（1）税前资本报酬为收入法 GDP 中扣除劳动者报酬后的余值； （2）税后资本报酬在税前资本报酬的基础上，扣除了生产税净额
Gollin（2002）、Bernanke 和 Gürkaynak（2001）	生产税净额是资本与劳动之外的"楔子"。在测算资本报酬时，他们将生产税净额在资本要素和劳动要素之间进行了拆分
张勋和徐建国（2014）	在 Bai 等（2006）的研究的基础上，扣除劳动者负担的生产税净额
柏培文和许婕（2017，2018）	固定资产折旧与营业盈余之和作为税后的资本报酬，但在资本回报率测算时，对 Bai 等（2006）、方文全（2012）的方法进行了改进，主要体现在折旧率的处理上

2. 个体经营业主混合收入和国有农场营业盈余处理问题

（1）2004 年之前，个体经营业主混合收入统一作为劳动者报酬处理。2004～2007 年，个体经营业主混合收入统一计入营业盈余。2008 年以后，个体经营业主混合收入再次统一作为劳动者报酬处理。

（2）2004 年及以后，国有农场财务资料难以收集，不再单独计算营业盈余，而是列入劳动者报酬。现有资本回报率测算研究较少关注到这个调整，也没有在测算过程中进行改进。

（二）方法改进和再测算

针对前文阐述的资本回报率宏观核算法有待进一步改进的问题，本节在式（9-20）的基础上，对 Γ_t^* 测算方法进行如下改进：

$$\Gamma_t^{*1} = \Gamma_{1t} + \Gamma_{2t} + \Gamma_{3t} \tag{9-22}$$

$$\Gamma_t^{*2} = \Gamma_{1t} + \Gamma_{3t} \tag{9-23}$$

式中，Γ_t^{*1} 和 Γ_t^{*2} 分别为不含固定资产折旧的税前资本报酬和税后资本报酬；Γ_{1t} 为营业盈余；Γ_{2t} 为生产税净额中归属于资本的部分；Γ_{3t} 为个体经营业主混合收入和国有农场资本报酬的调整项，上述几项均为名义值。

1. 个体经营业主和国有农场资本报酬测算

1）个体经营业主资本报酬

对于个体经营业主而言，其劳动者报酬和营业盈余很难进行明确划分，通常被记为混合收入。正确测算资本报酬，需要将个体经营业主的混合收入在资本和劳动两类要素间进行拆分。本节的测算思路如下。

（1）分别测算混合收入和劳动者报酬。其中，混合收入以"城镇个体就业人数×城镇居民人均总收入 + 农村个体就业人数×农村居民人均总收入"衡量，劳动者报酬以"城镇个体就业人数×城镇居民人均劳动者报酬 + 农村个体就业人数×农村居民人均劳动者报酬"衡量。对于劳动者报酬口径而言，农村居民主要涵盖家庭经营收入和工资性收入，而城镇居民则涵盖工资性收入和经营净收入。

（2）倒推个体经营业主营业盈余（表 9-7），求得资本报酬。

表9-7 个体经营业主混合收入和国有农场营业盈余测算结果（单位：亿元）

年份	个体经营业主		国有农场	年份	个体经营业主		国有农场
	混合收入	其中的营业盈余	营业盈余		混合收入	其中的营业盈余	营业盈余
1978	5.07	0.41	22.01	1998	2387.80	385.55	345.14
1979	7.48	0.82	27.77	1999	2564.84	456.07	275.90
1980	12.14	1.75	27.91	2000	2267.90	391.69	273.91
1981	17.25	2.39	25.06	2001	2333.15	431.26	248.75
1982	24.46	3.21	36.53	2002	2708.64	534.07	273.84
1983	35.80	4.73	43.02	2003	2963.48	581.41	337.73
1984	53.12	7.15	39.80	2004	3387.98	674.57	418.87
1985	74.60	9.92	31.97	2005	4128.12	852.00	481.34
1986	94.11	12.29	29.98	2006	4909.90	1019.64	538.87
1987	120.59	15.95	52.22	2007	6201.27	1327.13	590.70
1988	163.94	21.73	93.83	2008	7611.80	1675.45	656.41
1989	198.38	25.37	104.65	2009	9671.01	2252.37	746.58
1990	240.76	26.45	115.84	2010	11457.98	2697.73	1072.32
1991	283.95	30.59	104.99	2011	15206.58	3575.87	1373.41
1992	346.21	38.11	100.01	2012	18494.77	4315.62	1562.25
1993	508.33	61.17	114.10	2013	22434.44	5571.96	1649.91
1994	885.50	107.53	193.65	2014	27907.43	7063.11	1701.85
1995	1381.51	159.92	300.63	2015	33484.02	8613.05	1569.48
1996	1756.44	225.92	343.54	2016	40223.48	10553.05	1448.70
1997	2052.00	296.37	378.87	2017	47728.10	12749.70	1630.70

注：表内测算结果均为名义值。

对于居民收入数据而言，1978～2012年、2013～2017年两个时间段的数据口径不一致，前一时间段为旧口径居民收入数据（衡量的是人均年收入），后一时间段为新口径居民收入数据（衡量的是人均可支配收入），具体测算时需要对2013年前后居民收入数据口径进行衔接处理。

（1）城镇居民收入。就2012年及以前的人均年收入数据、人均可支配收入数据对比来看，2000年及以前两者之间的差距较小，从2001年开始，后者占前者的比例呈现阶段性下降趋势，到2009～2012年这一比例下降为89%。基于这种下降趋势，在具体衔接处理时分别将2013～2015年、2016～2017年两个时间段的这一比例设定为88%、87%，并据此将人均可支配收入口径调整为人均年收入口径，同时各项内部构成根据可支配收入内部比例分摊。

（2）农村居民收入。农村居民收入主要根据农村居民可支配收入和人均纯收入之间的关系进行调整，采用了与城镇居民收入口径衔接相同的处理方式。即通过对可支配收入和人均纯收入之间比例关系走势的分析,将 2013～2017 年这一时间段前者占后者的比例设定为 76%,在此基础上调整衔接收入口径。

按照上述测算方法,2000 年以前存在较为严重的数据缺失问题,缺失数据的处理如下。

(1) 1978～1989 年的乡村个体就业人员数缺失。这一时期改革开放政策的实施和不断深化,极大地解放了农村劳动力,乡村个体就业保持连续增长的整体变动趋势,对此,以 1990～1999 年的乡村个体就业数据为基础,对缺失数据进行趋势插补。

(2) 根据城镇居民人均年总收入、人均年经营净收入数据的整体走势,分别对前者 1978～1980 年的缺失数据、后者 1978 年和 1980 年的缺失数据进行填补处理。在此基础上,1979 年、1981～1984 年、1987～1989 年的城镇居民家庭人均年经营净收入采用相邻年份占家庭人均总收入的比重进行数据填补。缺失的工资性收入数据主要由城镇居民家庭人均年工薪收入替代,其中,1979～1989 年、1991～1994 年、1996 年的工薪收入数据,由上述时间段(点)相邻年份的工薪收入占比推算得来。

(3) 对于农村居民家庭人均年总收入数据个别时间点的缺失问题,主要利用该指标与人均纯收入指标之间比例关系的走势进行补缺处理。而对于农村居民人均年家庭经营收入、工资性收入数据在个别时间点的缺失问题,则借助两者之和占总收入比重的走势变动来进行补缺处理。

2) 国有农场资本报酬

采用谭晓鹏和钞小静(2016)的处理方法,界定国有农场总产值由国有农场劳动者报酬和营业盈余构成,其中,国有农场劳动者报酬由“农场总人数×国有单位平均工资”衡量,营业盈余则通过“总产值–劳动报酬”倒推计算(表 9-7),并以此作为资本报酬的衡量。具体测算中,2000～2017 年的工资指标选取国有单位平均工资,1978～1999 年的工资指标选择国有职工平均货币工资,1978～1987 年的国有农场总人数为农垦系统国有农场职工总数,相关数据来自国家统计局网站和《中国农村统计年鉴》。

2. 对资本报酬构成项的调整与处理

1) 对收入法 GDP 中生产税净额的拆分处理

生产税净额是投入要素的混合部分,其中,由资本创造的部分应当纳入资本报酬的测算之中。借鉴吕光明(2011)的处理思路,本节侧重于要素收入分配的创造问题,只将生产税净额在资本要素和劳动要素之间进行拆分,具体拆分比例基于资本(劳动)收入份额。

其中,劳动收入份额主要基于“劳动收入在当年名义 GDP 中的占比”来表示,且满足“资本收入份额 + 劳动收入份额 = 1”的设定。其中,对于 1993～2017 年的数据,需分别计算城镇与农村的人均劳动收入,并以城镇和农村的年中人口数为权重测算总体劳动收入。城镇与农村的人均劳动收入采用与前文测算的"城镇居民人均劳动者报酬""农村居民人均劳动者报酬"相一致的居民收入口径（同时，需要将2013～2017年的相应可支配收入口径基于比例推算调整为年收入口径）。对于1978～1992年的劳动收入份额，采用李宾和曾志雄（2009）的测算值。

2）个体经营业主混合收入和国有农场营业盈余的调整

个体经营业主混合收入和国有农场营业盈余的调整方法如表9-8所示。

表9-8 个体经营业主混合收入和国有农场营业盈余的调整方法

时间段	个体经营业主混合收入	国有农场营业盈余
2004年之前	混合收入中的营业盈余部分（需进行计入调整）	2004年及以后国有农场营业盈余部分（需进行计入调整）
2004～2007年	混合收入中的劳动者报酬部分（需进行扣除调整）	
2008～2017年	混合收入中的营业盈余部分（需进行计入调整）	

（三）测算结果及其分析

1. 资本报酬

按照上述分析得出的资本报酬测算结果如表9-9所示。

表9-9 资本报酬测算结果 （单位：亿元）

年份	税前值（名义）	税后值（名义）	税前值（实际）	税后值（实际）
1978	1 222.12	953.67	1 222.12	953.67
1979	1 336.63	1 045.03	1 290.27	1 008.78
1980	1 463.54	1 172.07	1 361.35	1 090.23
1981	1 499.91	1 203.73	1 363.84	1 094.53
1982	1 601.38	1 302.07	1 457.02	1 184.69
1983	1 767.70	1 460.05	1 590.91	1 314.03
1984	2 116.49	1 752.29	1 814.24	1 502.05
1985	2 653.80	2 173.58	2 064.33	1 690.78
1986	2 927.62	2 343.91	2 175.52	1 741.76
1987	3 546.69	2 844.99	2 508.79	2 012.44
1988	4 544.70	3 573.90	2 867.85	2 255.25

续表

年份	税前值（名义）	税后值（名义）	税前值（实际）	税后值（实际）
1989	5 077.64	3 940.91	2 949.79	2 289.42
1990	5 255.05	4 038.36	2 887.54	2 218.99
1991	6 180.29	4 733.34	3 183.18	2 437.93
1992	8 052.52	6 165.24	3 833.22	2 934.83
1993	11 028.60	8 243.11	4 557.14	3 406.14
1994	14 336.66	10 663.77	4 912.12	3 653.69
1995	17 239.60	12 815.30	5 196.38	3 862.80
1996	19 773.08	14 784.74	5 596.21	4 184.40
1997	21 823.81	15 946.77	6 078.02	4 441.24
1998	22 636.82	16 036.85	6 361.22	4 506.55
1999	24 223.02	17 121.87	6 894.41	4 873.27
2000	27 393.46	18 920.49	7 639.31	5 276.43
2001	35 102.43	24 544.21	9 593.14	6 707.69
2002	39 442.82	28 090.30	10 714.52	7 630.64
2003	47 549.35	34 221.36	12 588.64	9 060.07
2004	63 041.95	48 460.37	15 605.06	11 995.62
2005	73 223.32	55 665.03	17 444.51	13 261.48
2006	88 419.69	67 510.63	20 268.71	15 475.66
2007	108 601.82	81 962.53	23 104.70	17 437.27
2008	119 080.71	86 649.96	23 502.76	17 101.96
2009	129 475.07	93 102.19	25 608.19	18 414.19
2010	165 661.39	121 226.66	30 655.82	22 433.13
2011	197 887.49	143 336.37	33 883.04	24 542.59
2012	213 994.00	153 797.72	35 804.77	25 732.93
2013	232 770.26	170 025.48	38 122.52	27 846.34
2014	245 360.42	179 624.51	39 869.06	29 187.51
2015	249 280.33	184 166.25	40 480.64	29 906.76
2016	270 500.78	204 083.72	43 460.40	32 789.41
2017	296 836.27	223 969.14	45 908.47	34 638.89

注：为了保证能够利用式（9-20）进行资本回报率测算，这里的 R_t^* 是不包括固定资产折旧的资本报酬部分，对于名义报酬进行缩减处理的是 GDP 平减指数。

2. 实际资本回报率

根据柏培文和许捷（2017，2018）的处理方式，产出价格指数 p_t^Y 由 GDP 平减指数替代。本节主要测算改革开放以来的资本回报率，因而采用 1978 年为基期的 GDP 平减指数。在资本存量的选择上，从生产的角度出发，这里选择了生产性资本存量，即强调资本存量的生产能力，根据第五章双曲线型效率模式下的生产性资本存量测算方法，测算了 1978 年 = 100 的生产性资本存量。在此基础上，根据式（9-20）可求得资本回报率的再测算结果，见表 9-10。

表 9-10　实际资本回报率再测算结果　　　　（单位：%）

年份	税前资本回报率	税后资本回报率	年份	税前资本回报率	税后资本回报率	年份	税前资本回报率	税后资本回报率
1978	16.73	13.05	1992	15.99	12.24	2006	16.42	12.54
1979	16.23	12.69	1993	16.88	12.62	2007	16.43	12.40
1980	15.73	12.60	1994	16.09	11.97	2008	14.71	10.71
1981	14.67	11.77	1995	15.06	11.19	2009	13.85	9.96
1982	14.52	11.81	1996	14.39	10.76	2010	14.34	10.50
1983	14.70	12.14	1997	14.00	10.23	2011	13.81	10.00
1984	15.31	12.67	1998	13.08	9.27	2012	12.79	9.20
1985	15.66	12.82	1999	12.78	9.03	2013	12.01	8.77
1986	14.86	11.90	2000	12.79	8.83	2014	11.20	8.20
1987	15.44	12.38	2001	14.45	10.10	2015	10.23	7.56
1988	15.87	12.48	2002	14.44	10.28	2016	9.97	7.52
1989	15.24	11.83	2003	14.97	10.77	2017	9.65	7.28
1990	14.11	10.84	2004	16.32	12.55			
1991	14.56	11.15	2005	16.05	12.20			

（1）在采用统一的生产性资本存量指标基础上，生产税净额中的劳动创造部分剥离之后，税前资本回报率平均下降了 2.54 个百分点（若不进行剥离，税前资本回报率平均高估幅度达 17.78%），基于成对差异检验的结果进一步验证，在 0.01 的显著性水平下，不剥离劳动创造部分的税前资本回报率显著被高估。

（2）利用收入法 GDP 分项数据进行资本报酬测算时，已有研究对核算口径的调整关注不足，本节针对个体经营主混合收入和国有农场营业盈余的处理，是对已有方法的补充；同时，也提高了资本报酬的测算准确性，进行这一调整后，税前（税后）资本回报率在 1978～2003 年平均上升了 0.10 个百分点、在 2004～2007 年平均下降了 0.62 个百分点、在 2008～2017 年平均上升了 0.37 个百分点，基于成对差异检验的结果均显著。

表 9-11 的测算结果与 Bai 等（2006）的研究相比，主要差异体现在：一方面，Bai 等（2006）将收入法 GDP 中劳动者报酬以外的部分作为税前资本报酬，未剥离出生产税净额中劳动创造的部分，这种处理高估了资本报酬；另一方面，本节引入了生产性资本存量，不同于 Bai 等（2006）所测算的财富性资本存量。同时，资本存量测算时所采用的投资流量数据也存在差异，本节采用的是考虑研发资本化后的固定资本形成总额数据，也没有像 Bai 等（2006）那样剔除其中的其他费用。

表 9-11　改进资本报酬测算对资本回报率的变动影响　　（单位：%）

年份	影响Ⅰ (B)－(A1)	影响Ⅱ (C)－(A)	年份	影响Ⅰ (B)－(A1)	影响Ⅱ (C)－(A)	年份	影响Ⅰ (B)－(A1)	影响Ⅱ (C)－(A)
1978	2.36	−0.01	1992	3.13	−0.08	2006	2.19	0.62
1979	2.27	−0.01	1993	2.98	−0.09	2007	2.15	0.65
1980	2.56	−0.02	1994	2.82	−0.12	2008	2.07	−0.29
1981	2.64	−0.02	1995	2.61	−0.14	2009	2.05	−0.32
1982	2.86	−0.03	1996	2.65	−0.16	2010	1.92	−0.33
1983	3.16	−0.04	1997	2.71	−0.19	2011	1.87	−0.35
1984	3.40	−0.05	1998	2.56	−0.22	2012	1.88	−0.35
1985	3.26	−0.06	1999	2.52	−0.24	2013	1.97	−0.37
1986	3.13	−0.06	2000	2.47	−0.18	2014	1.88	−0.40
1987	3.14	−0.07	2001	2.64	−0.18	2015	1.74	−0.42
1988	3.17	−0.08	2002	2.72	−0.20	2016	1.63	−0.44
1989	3.09	−0.08	2003	2.72	−0.18	2017	1.54	−0.47
1990	3.17	−0.07	2004	2.33	0.59			
1991	3.20	−0.07	2005	2.27	0.61			

注：影响Ⅰ表示剥离生产税净额中劳动创造部分对税前资本回报率的影响，其中，（A1）是对生产税净额中劳动创造部分进行剥离后的税前资本回报率，（B）是剥离前的税前资本回报率。影响Ⅱ表示个体经营业主混合收入和国有农场资本报酬调整的影响，因调整项目一致，所以对税前、税后资本回报率的影响是相同的，其中，（A）是调整后的税前（税后）资本回报率，（C）是调整前的税前（税后）资本回报率。进行上述测算分析所采用的均是生产性资本存量。

在可比时间段内，本章税后实际回报率在取值范围上与方文全（2012）基于内生折旧的测算结果较为接近，结果平均值高于刘仁和等（2018）基于投资 q 理论的测算结果。

（1）尽管本章测算结果与方文全（2012）的结果较为接近，但在具体细节的测算方面差异依然较大。特别是在资本存量测算时，方文全（2012）将城镇改建扩建投资作为全社会维护投资的衡量，并据此测算出 3.2%、4.3% 两组资产折旧率数据，这是其回报率测算数值低于 Bai 等（2006）的测算值的直接原因。

（2）刘仁和等（2018）认为企业投资生产过程中普遍存在调整成本的问题，即微观主体投资难以达到最优水平，而 Bai 等（2006）的研究因未考虑调整成本而存在高估资本回报率的问题。对此，刘仁和等（2018）基于投资 q 理论测算了资本回报率，从 1978～2014 年的结果平均值来看，本章高于其税后回报率约 3.3 个百分点，一方面刘仁和等（2018）未考虑个体经营业主混合收入和国有农场资本报酬的调整问题，另一方面刘仁和等（2018）的测算结果在 2010～2014 年出现的大幅下跌也是拉低回报率均值的重要因素。刘仁和等（2018）的税后资本回报率测算结果从 2009 年的超过 11% 直接下跌至 2010 年的 5% 左右，到 2014 年更是下降到 2% 左右，而本章的测算结果则显示 2008 年以来的回报率下降走势在 2010 年出现过短暂回升，此外，从后续年份的回报率下降幅度来看，本章的测算值变动相对平缓。在个别时点上，本章测算结果也与白重恩和张琼（2014）、贾润崧和张四灿（2014）、杨君等（2018）的测算值存在差异。

3. 名义资本回报率

对于资本回报率的研究，除了从生产角度的测算外，还有必要从价值角度衡量名义资本回报率。这里选择从总资本存量和净资本存量的角度进行测算，目的在于了解单位资本存量总额以及财富净额带来的资本报酬情况，这对于从价值角度评判投资效率有着积极的意义，名义资本回报率测算结果如表 9-12 所示。

表 9-12　名义资本回报率测算结果　　　　（单位：%）

年份	资本回报率（1）		资本回报率（2）	
	税前	税后	税前	税后
1978	12.81	9.99	19.85	15.49
1979	12.56	9.82	19.56	15.29
1980	12.26	9.82	19.11	15.31
1981	11.33	9.09	17.72	14.22

续表

年份	资本回报率（1）		资本回报率（2）	
	税前	税后	税前	税后
1982	10.88	8.84	17.19	13.98
1983	10.74	8.87	17.19	14.20
1984	11.27	9.33	18.01	14.91
1985	11.95	9.78	18.82	15.42
1986	11.24	9.00	17.50	14.01
1987	11.71	9.40	18.10	14.52
1988	11.94	9.39	18.32	14.41
1989	11.43	8.87	17.70	13.74
1990	10.56	8.12	16.55	12.72
1991	10.66	8.17	16.86	12.92
1992	11.21	8.59	17.69	13.55
1993	11.00	8.22	17.10	12.78
1994	11.55	8.59	17.70	13.17
1995	11.67	8.68	17.69	13.15
1996	11.47	8.57	17.29	12.93
1997	11.15	8.15	16.80	12.27
1998	10.33	7.32	15.54	11.01
1999	10.01	7.07	15.07	10.65
2000	10.14	7.00	15.25	10.53
2001	11.67	8.16	17.52	12.25
2002	11.75	8.37	17.57	12.51
2003	12.31	8.86	18.24	13.13
2004	13.52	10.39	20.00	15.37
2005	13.57	10.32	20.09	15.28
2006	14.18	10.83	21.02	16.05
2007	14.73	11.11	21.77	16.43
2008	13.09	9.52	19.27	14.02
2009	12.68	9.12	18.47	13.28
2010	13.63	9.98	19.69	14.41

续表

年份	资本回报率（1）		资本回报率（2）	
	税前	税后	税前	税后
2011	13.35	9.67	19.21	13.91
2012	12.53	9.01	18.04	12.97
2013	11.98	8.75	17.29	12.63
2014	11.15	8.16	16.22	11.87
2015	10.32	7.62	15.17	11.21
2016	10.14	7.65	15.10	11.39
2017	9.55	7.20	14.43	10.89

注：表中的资本报酬数据系当年价衡量的名义值，资本回报率（1）测算时选取的是重置价格总资本存量，资本回报率（2）测算时选取的是直线型价值模式下的重置价格净资本存量，目前仅能够获得 1978~2017 年的分地区收入法 GDP 分析数据，因此，表中只测算了 2017 年及以前的资本回报率数据。

　　从表 9-12 的测算结果来看，两个口径下的名义资本回报率走势整体与生产性资本存量对应的回报率走势一致，且能够有效刻画资本回报率的阶段变化特征。无论是上升阶段还是下降阶段，抑或是突变点，均有现实基础的支撑。既验证了改革开放以来我国"高投资—资本回报率上升—经济增速提高"的发展机制，揭示了全球金融危机后民间投资与外国直接投资动力下降对资本回报率的冲击，也反映出了资本品价格变化与通胀不对称性所引起的几个异常区间（1987~1989 年、1992~1996 年）。2016~2017 年，受供给侧结构性改革影响，与此前年份相比，资本回报率下降趋势明显放缓，主要是钢铁、煤炭、有色金属等上游行业经营情况出现了明显好转，行业资本回报率出现回升。

　　同时，测算结果走势（图 9-6）能够与已有的相关统计指标数据相互印证。

　　（1）从固定资本形成转化效率的变动情况来看，2005 年以来，我国固定资产投资占 GDP 的比重不断提升，但固定资本形成总额占 GDP 比重的增长则相对缓慢，且其与前者的差距不断拉大，除了统计口径调整因素的影响外，也反映出了固定资本形成转化效率的下降问题。

　　（2）从资本形成率与资本系数指标的变动情况来看，我国资本形成率从 2006 年的 40.6% 提升到 2010 年的 47.9%，之后虽有小幅下降，但在 2015 年之前都处于改革开放以来的高位。而资本系数在 1994~2014 年的很长一段时期呈现出快速上升的趋势，显示出资本效率下降的问题，这与本节测算的 2010~2015 年资本回报率的下降情形相吻合，验证了本节的测算结果。

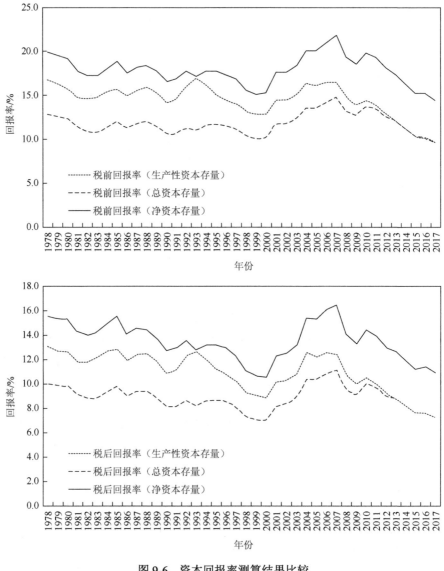

图 9-6　资本回报率测算结果比较

四、小结

　　本节从资本报酬和资本存量核算优化的视角，开展了我国资本回报率宏观核算法的改进研究，并将资本回报率测算延伸到了新常态下的供给侧结构性改革阶段。测算过程更加贴近官方统计实际，研究可操作性和数据的可延续性也较好，为我国资本回报率的宏观核算法研究提供了一个较为标准的做法，对于推动我国资本核算实务进展也有积极的意义。当然，我们也要充分认识到，有关我国资本回报率宏观核算法的研究仍有进一步深入的空间，所采用的方法、基础资料的来源和处理方式要进一步体现"中国特色"。

（1）我国是发展中国家，资本核算的基础和实践条件与发达国家存在一定差距。这就要求，在对发达经济体资本核算进展以及国际准则进行研究的基础上，也要对发展中国家，特别是与我国经济结构相同或经济发展态势相近国家的资本核算实践进行考察。同时，研究资本核算方法、制度的中国化问题，取长补短，探索出一套符合我国实际的资本核算理论方法与框架，为我国资本核算实务进展提供理论支持。

（2）我国资本投入测算的主要问题是，二手资本品市场建设相对滞后，且有关数据信息难以跟踪，使得对固定资产耐用年限、资产效率模式、资产残存模式的研究存在较多现实困难。结合实际探索中国二手资本品市场信息的收集和利用机制，开展二手资本品市场数据收集、整理以及应用的方法制度研究，一方面为构建与完善我国二手资本品市场发展提供理论支撑，另一方面也为完善我国资本核算研究、推动国民经济核算实务进展提供方法保障。

（3）在我的应用中，资本回报率宏观核算法中的资本报酬测算并没有直接对应的国民经济核算资料，主要通过收入法 GDP 分项数据进行归并处理，而测算的准确性很大程度上依赖于生产税净额的分摊比例。如何进一步提高分摊比例测算的科学性和准确性，是今后研究需要重点关注的问题。同时，积极探索投入产出数据、资金流量表数据以及微观主体财务数据在资本回报率测算中的应用，也是推动资本核算理论研究和实务进展的重要方向。

第十章　国家层面全要素生产率测度与分析研究

全要素生产率是反映国民经济是否高质量发展的最重要的综合指标。正确理解与测度我国的全要素生产率变动情况，对于促进我国经济的高质量发展具有重要意义。本章将就中国国家层面全要素生产率的测度与分析问题开展研究。

第一节　问题的提出

一、全要素生产率的基本概念与索洛方法

一个国家或地区的经济增长既可以依靠投入要素数量的增长，也可以依靠全要素生产率的提高。当经济增长主要依赖投入要素数量的增长时，可称为外延型的经济增长，而当经济增长主要依赖于全要素生产率的提高时，可称为内涵型的经济增长。由此可见，促进全要素生产率的提高，是保证经济高质量发展的关键。

从理论上讲，国民经济的全要素生产率是一个国家或地区在一定时期内每投入一定数量的全部生产要素所能够带来的国内生产总值即 GDP 的数量。单要素生产率的计算比较简单，可以直接用产出除以生产中投入要素的数量去求得，如劳动生产率、资本生产率等。全要素生产率的计算则比较复杂，由于投入的要素种类不同，计量单位也不一致，难以换算成统一的物理计量单位。为了解决这一难题，20 世纪 50 年代，诺贝尔经济学奖获得者索洛（Solow）曾提出一种计算全要素生产率的方法，这种方法被称为全要素生产率计算的索洛方法（Solow，1957）。

索洛方法的基本思路如下。

假定 GDP 与投入的生产要素劳动与资本之间存在以下关系：

$$Y_t = A_t L_t^{\alpha} K_t^{\beta} \tag{10-1}$$

式（10-1）是著名的柯布-道格拉斯生产函数，式中的 Y_t 是 t 年的 GDP；A_t（$A_t = \dfrac{Y_t}{L_t^{\alpha} K_t^{\beta}}$）是 t 年的效率系数，即全要素生产率；L_t 是 t 年投入的劳动；K_t 是 t 年投入的资本；α 和 β 分别是劳动的产出弹性系数与资本的产出弹性系数（以下简称弹性系数），在具体测算全要素生产率时，索洛进一步假定经济规模效益不变（$\alpha + \beta = 1$）。

用式（10-1）的两边同时除以 Y_{t-1}，并两边取对数，得到

$$\ln(Y_t / Y_{t-1}) = \ln(A_t / A_{t-1}) + \alpha\ln(L_t / L_{t-1}) + \beta\ln(K_t / K_{t-1}) \qquad (10\text{-}2)$$

数学上可以证明：对发展速度取自然对数即为连续增长率，即把时间间隔视为无穷小，用微分所描述的变量的增长幅度。进一步，用差分代替微分，将按照以下式子求得的效率系数的变动率 $\Delta A_t / A_{t-1}$ 定义为由全要素生产率变动所带来的经济增长率，即

$$\Delta A_t / A_{t-1} = \Delta Y_t / Y_{t-1} - \alpha\Delta L_t / L_{t-1} - \beta\Delta K_t / K_{t-1} \qquad (10\text{-}3)$$

这是从当年的经济增长率中扣除了因劳动投入量和资本投入量增长带来的经济增长后余下的部分。索洛定义的全要素生产率变动所带来的经济增长率［以下本文简称全要素经济增长率（total factor-economic growth rate，TFEG）］，可以反映当投入的要素都按一定百分比增长时，GDP 能够增长的百分比，从而巧妙地解决了由于投入要素计量单位不同，无法计算全要素生产率的难题。

从以上介绍中可知，测度全要素经济增长率的关键在于正确理解全要素生产率的理论内涵，并在此基础上尽可能准确地估计劳动与资本的产出弹性系数。

二、文献综述

长期以来，国内外的学者已经对我国的全要素生产率的测度问题做了不少研究，并取得了不少有价值的成果。

从估算方法来看，在以往的研究中，对于劳动和资本的产出的弹性估算方法主要有以下三大类：①利用柯布-道格拉斯生产函数和经济计量方法估计产出弹性系数（曾五一，1994；张军，2002；张军和施少华，2003；曹吉云，2007；金戈，2016；盛来运等，2018）；②利用收入份额法得到各要素的产出弹性系数（李京文等，1996；叶裕民，2002；孙琳琳和任若恩，2005a；李宾和曾志雄，2009）；③利用随机前沿生产函数、超越对数生产函数和数据包络等新方法估计产出弹性系数（颜鹏飞和王兵，2004；吴延瑞，2008；刘瑞翔，2013；谌莹和张捷，2016）。以上所述的第二类方法成立的理论前提是：生产要素可以自由流动，并且处于完全竞争的市场，收入分配可根据各要素对经济增长的贡献进行分配，而这与中国目前的现实状况相去较远。所以利用这类方法估计出来的产出弹性系数可能存在偏误。以上所述的第三类方法，形式虽然更加精巧复杂，但从经济学意义上往往难以给出合理的诠释。另外，美国、日本等发达国家的权威机构以及亚洲生产力组织等国际组织在测算全要素生产率时仍然主要使用索洛模型，利用第三类方法估计出来的参数如何与索洛方法以及有关国际比较更好地衔接也有待探讨。而上述的第一类方法具有经济含义明确、操作相对简单的优点，已成为测度全要素生产率的主流方法。

从所利用的数据来看，以往研究中所使用的基础数据主要有两大类：一类是宏观的总量数据，包括 GDP、资本存量、劳动力人数等；另一类是企业的微观数

据，如国家统计局的《中国工业企业数据库》以及上市企业数据库等。企业微观数据库的特点是相对比较准确，同时可以利用它研究不同行业的产出弹性系数和全要素生产率的变动等问题。但目前已有的微观数据包含的行业不够全面，时间跨度也较短，难以全面反映我国整个国民经济全要素生产率的变动情况。

在以往我国全要素生产率的测度研究中，有待进一步研究解决的主要问题如下。

（1）如何正确地理解全要素生产率的内涵。多数学者将全要素经济增长率直接理解为广义技术进步率，即除了生产过程中被有效利用的劳动和资本等要素数量增长以外的其他因素对经济增长的综合影响。也有一部分学者认为全要素经济增长率与广义技术进步率并不完全是一回事。笔者比较赞同后一种观点[①]。

（2）一些学者利用的基础数据特别是资本存量数据本身存在真实性与可靠性问题。如果基础数据不可靠，利用这些数据测度的全要素生产率也必然不可信。

（3）大部分学者直接利用有关总量的时间序列数据进行资本和劳动生产弹性系数的估计，并在此基础上计算全要素生产率。这种做法其实是不太恰当的。因为 GDP、劳动与资本都是关于总量的时间序列数据，上述总量的时间序列数据都与时间 t 高度相关，如果未经必要的预处理，数据的平稳性检验常常无法通过，可能存在"伪回归"的问题。如果直接利用其估计生产弹性和广义技术进步率，还可能存在严重的多重共线性、序列相关与异方差问题。如果无视上述存在的问题，不对模型和原始数据进行必要的处理，估计出来的参数很可能与经济理论不符，或者时间变量 t 不能通过显著性检验。

（4）以往利用总量时间序列建立的索洛模型估算的我国资本的贡献份额比较高，而技术进步贡献份额则比较低。因此，一些学者指出：改革开放以来中国经济存在显著的效率提高，而现有的一些测算方法可能低估了这种效率（易纲等，2003；黎德福和陈宗胜，2007）。

为此，本章将着重就如何正确估计资本产出弹性系数和更好地利用索洛方法测度全要素经济增长率的问题开展进一步研究，力图通过研究，能够总结一套既比较科学又具有可操作性的测度与分析方法，并得出一些有参考价值的实证分析结论。

第二节　实证研究的基本步骤、发现的问题与改进办法

下面我们将结合开展实证分析的过程，对测度我国全要素生产率研究中存在的上述问题以及可采用的应对措施进行更深入的探讨。

---

①在本节后面所做的实证分析中，我们明确区分了广义技术进步率与全要素经济增长率，并具体测算了我国不同时期的全要素经济增长率与广义技术进步率。

一、利用经济普查的基础资料重新估算资本存量数据

本节对我国 1953～2019 年的全要素生产率开展测度研究,研究中所需的基础数据有我国 GDP、固定资本存量及就业人员数。其中,GDP、就业人员数由各年《中国统计年鉴》及国家统计局网站获得。资本存量数据目前尚无官方正式公布的数据,本节引用了曾五一和赵昱焜(2019)最新估算的数据①。他们利用三次经济普查的资料与其他有关数据,估算了三个经济普查年份中国的总资本存量,并以此为依据,进一步估计中国全社会固定资产的平均使用寿命、固定资产报废率等基本参数,进而利用永续盘存法重新估算了相对可靠的中国 1953～2019 年的总固定资本存量。其次,由于总固定资本存量(简称资本存量)和全国就业人员数(简称就业人员数)的原始数据均为期末数据,所以本节利用首尾折半法,即全年平均数 =(年初数 + 年末数)/2,将其换算成年度平均数据。最后,1953～2019 年我国 GDP 均为通过平减指数换算的以 1952 年为基期的不变价格 GDP。上述基础数据可参见表 10-1。

表 10-1　测度我国全要素生产率的基础数据

年份	K /亿元	$\tilde{K}$ /亿元	L /万人	GDP /亿元	k	$\tilde{k}$	l	y
1953	693.37	630.29	21 046.50	785.04	—	—	—	1.156
1954	806.59	763.31	21 598.00	818.80	1.163	1.211	1.026	1.043
1955	936.60	925.23	22 080.00	875.29	1.161	1.212	1.022	1.069
1956	1 109.48	1 109.48	22 673.00	1 006.59	1.185	1.199	1.027	1.150
1957	1 305.99	1 305.99	23 394.50	1 057.92	1.177	1.177	1.032	1.051
1958	1 566.35	1 566.35	25 185.50	1 283.26	1.199	1.199	1.077	1.213
1959	1 941.20	1 941.20	26 386.50	1 398.75	1.239	1.239	1.048	1.090
1960	2 371.50	2 256.34	26 026.50	1 398.75	1.222	1.162	0.986	1.000
1961	2 692.63	1 739.61	25 735.00	1 016.89	1.135	0.771	0.989	0.727
1962	2 848.43	1 731.53	25 750.00	959.95	1.058	0.995	1.001	0.944
1963	2 981.78	2 003.62	26 275.00	1 058.82	1.047	1.157	1.020	1.103
1964	3 166.24	2 473.40	27 188.00	1 251.53	1.062	1.234	1.035	1.182
1965	3 419.65	3 010.23	28 203.00	1 464.29	1.080	1.217	1.037	1.170

---

① 限于篇幅,此处不对如何利用经济普查资料估算我国资本存量的问题做进一步论述,感兴趣的读者可参考曾五一和赵昱焜(2019)的文献。另外,该文献估算的资本存量数据只到 2016 年,这里我们利用新数据,按照同样的方法,将资本存量数据扩展到 2019 年。

年份	K /亿元	$\bar{K}$ /亿元	L /万人	GDP /亿元	k	$\bar{k}$	l	y
1966	3 732.92	3 453.77	29 237.50	1 620.97	1.092	1.147	1.037	1.107
1967	4 026.87	3 364.50	30 309.50	1 528.57	1.079	0.974	1.037	0.943
1968	4 249.83	3 323.08	31 364.50	1 465.90	1.055	0.988	1.035	0.959
1969	4 496.87	3 989.76	32 570.00	1 713.64	1.058	1.201	1.038	1.169
1970	4 859.41	4 859.41	33 828.50	2 044.37	1.081	1.218	1.039	1.193
1971	5 278.22	5 278.22	35 026.00	2 189.52	1.086	1.086	1.035	1.071
1972	5 703.81	5 647.64	35 737.00	2 272.72	1.081	1.070	1.020	1.038
1973	6 087.73	6 087.73	36 253.00	2 449.99	1.067	1.078	1.014	1.078
1974	6 414.14	6 414.14	37 010.50	2 506.34	1.054	1.054	1.021	1.023
1975	6 781.82	6 781.82	37 768.50	2 724.40	1.057	1.057	1.020	1.087
1976	7 301.95	7 051.69	38 501.00	2 680.81	1.077	1.040	1.019	0.984
1977	7 986.98	7 659.81	39 105.50	2 884.55	1.094	1.086	1.016	1.076
1978	8 787.42	8 622.03	39 764.50	3 222.04	1.100	1.126	1.017	1.117
1979	9 642.47	9 371.46	40 588.00	3 466.91	1.097	1.087	1.021	1.076
1980	10 506.84	10 046.66	41 692.50	3 737.33	1.090	1.072	1.027	1.078
1981	11 355.87	10 500.42	43 043.00	3 927.94	1.081	1.045	1.032	1.051
1982	12 277.44	11 381.56	44 510.00	4 281.45	1.081	1.084	1.034	1.090
1983	13 373.60	12 539.97	45 865.50	4 743.85	1.089	1.102	1.030	1.108
1984	14 630.72	14 364.49	47 316.50	5 464.91	1.094	1.145	1.032	1.152
1985	16 095.17	16 095.17	49 035.00	6 197.21	1.100	1.120	1.036	1.134
1986	17 742.92	17 537.64	50 577.50	6 748.76	1.102	1.090	1.031	1.089
1987	19 572.81	19 477.05	52 032.50	7 538.37	1.103	1.111	1.029	1.117
1988	21 645.39	21 533.37	53 558.50	8 382.67	1.106	1.106	1.029	1.112
1989	23 603.07	22 307.42	54 831.50	8 734.74	1.090	1.036	1.024	1.042
1990	25 223.86	23 041.96	60 039.00	9 075.39	1.069	1.033	1.095	1.039
1991	26 946.91	25 036.83	65 120.00	9 919.41	1.068	1.087	1.085	1.093
1992	29 254.86	28 423.00	65 821.50	11 327.96	1.086	1.135	1.011	1.142
1993	32 382.66	32 181.24	66 480.00	12 902.55	1.107	1.132	1.010	1.139
1994	36 252.23	36 252.23	67 131.50	14 579.88	1.119	1.127	1.010	1.130
1995	40 692.08	40 692.08	67 760.00	16 183.67	1.122	1.122	1.009	1.110
1996	45 696.68	45 311.41	68 507.50	17 785.85	1.123	1.114	1.011	1.099
1997	51 173.09	50 211.24	69 385.00	19 422.15	1.120	1.108	1.013	1.092

续表

年份	K /亿元	$\tilde{K}$ /亿元	L /万人	GDP /亿元	k	$\tilde{k}$	l	y
1998	57 219.05	55 017.40	70 228.50	20 937.08	1.118	1.096	1.012	1.078
1999	63 738.08	60 321.20	71 015.50	22 549.23	1.114	1.096	1.011	1.077
2000	70 544.18	66 725.25	71 739.50	24 465.92	1.107	1.106	1.010	1.085
2001	78 071.31	73 774.58	72 441.00	26 496.59	1.107	1.106	1.010	1.083
2002	86 750.54	82 276.79	73 038.50	28 907.78	1.111	1.115	1.008	1.091
2003	97 150.79	92 626.16	73 508.00	31 798.55	1.120	1.126	1.006	1.100
2004	109 870.67	104 487.05	74 000.00	35 010.21	1.131	1.128	1.007	1.101
2005	124 991.20	119 378.87	74 455.50	39 001.37	1.138	1.143	1.006	1.114
2006	142 329.51	138 111.77	74 812.50	43 954.54	1.139	1.157	1.005	1.127
2007	162 011.58	162 011.58	75 149.50	50 196.09	1.138	1.173	1.005	1.142
2008	183 916.29	182 772.66	75 442.50	55 065.11	1.135	1.128	1.004	1.097
2009	209 918.22	205 724.34	75 696.00	60 241.23	1.141	1.126	1.003	1.094
2010	241 255.61	234 236.78	75 966.50	66 626.80	1.149	1.139	1.004	1.106
2011	276 621.56	264 426.78	76 150.50	73 022.97	1.147	1.129	1.002	1.096
2012	315 823.57	294 010.14	76 225.00	78 791.79	1.142	1.112	1.001	1.079
2013	359 065.77	326 726.29	76 277.50	84 937.55	1.137	1.111	1.001	1.078
2014	405 832.35	361 853.44	76 325.00	91 222.93	1.130	1.108	1.001	1.074
2015	454 977.31	399 372.04	76 334.50	97 608.53	1.121	1.104	1.000	1.070
2016	506 675.00	440 052.23	76 282.50	104 245.91	1.114	1.102	0.999	1.068
2017	561 211.39	485 411.83	76 151.50	111 438.88	1.108	1.103	0.998	1.069
2018	618 180.05	534 511.36	75 920.00	118 905.28	1.102	1.101	0.997	1.067
2019	676 994.53	584 764.39	75 614.50	126 039.60	1.095	1.094	0.996	1.060

资料来源：资本存量数据是根据曾五一和赵昱焜（2019）的文献中的方法推算得出的；不变价格 GDP 利用 1952 年 GDP 和 GDP 环比指数推算，现价 GDP、GDP 环比指数以及就业人员数等数据来源于历年《中国统计年鉴》及国家统计局网站。

注：K 表示经过首尾折半法处理过的资本存量，$\tilde{K}$ 为有效资本存量，L 为经过首尾折半法处理的就业人员数，GDP 为以 1952 年为基期的不变价格 GDP，k 为资本存量的发展速度，定义为 K_t/K_{t-1}，$\tilde{k}$ 为有效资本存量的发展速度，定义为 $\tilde{K}_t/\tilde{K}_{t-1}$，$l$ 为就业人员数的发展速度，定义为 L_t/L_{t-1}，y 为 GDP 发展速度，定义为 GDP_t/GDP_{t-1}。

有效资本存量的定义及计算过程见正文中的说明。

二、根据有关总量数据构建生产函数

假定效率系数会随时间推移而变动，而且每年的变动率保持不变，即假定

$A_t = Ae^{rt}$，并将其代回式（10-1），再对两边取对数，并在式中加上随机误差项 U_t 可得到

$$\ln Y_t = \ln A + rt + \alpha \ln L_t + \beta \ln K_t + U_t \tag{10-4}$$

式中，r 反映效率系数 A 每年的平均增长率，即全要素生产率变动所带来的经济增长率。根据上述数据和按不变价格计算的历年 GDP，利用最小二乘法和 EViews 8.0（本节均使用该软件进行回归估计及各项检验）对式（10-4）直接估计，可得到以下估计结果，如表 10-2 所示。

表 10-2　式（10-4）回归估计的结果

变量	回归系数	t 统计量	p 值
$\ln A$	12.7723	2.6537	0.0101
r	0.0880	3.3764	0.0013
α	−0.7172	−1.9410	0.0567
β	0.0939	0.4734	0.6376
判定系数 R^2	0.9876	F 统计量	1673.0040
修正判定系数 R^2	0.9870	p 值（F 统计量）	0.0000
杜宾-沃森（Dubin-Watson）统计量	0.1710		

从对式（10-4）回归估计的结果可以看出，虽然该模型的拟合程度很高（修正判定系数达 0.9870），但存在以下问题。

（1）资本存量的产出弹性系数 β 无法通过显著性检验，而且就业人员数产出弹性系数 α 为负值，不符合经济理论的解释。因此，不宜将上述估计值用于我国全要素生产率的测度。进一步探讨发生这一现象的原因可以发现：模型中的 $\ln L_t$ 与 $\ln K_t$ 的相关系数为 0.954，二者与时间项 t 的相关系数分别为 0.975 和 0.995，也就是说该模型中的解释变量之间存在高度的多重共线性问题。

（2）该回归模型的杜宾-沃森统计量只有 0.1710，说明模型存在正的序列相关。

（3）进行异方差检验，检验结果（表 10-3）表明模型存在明显的异方差。

表 10-3　对式（10-4）进行异方差的检验结果（怀特检验）

F 统计量	14.5066	p 值（$F(8, 58)$）	0.0000
$\mathrm{Obs} \times R^2$（观测值个数与辅助回归方程的判定系数的乘积）	44.6735	p 值（$\chi^2(8)$）	0.0000

（4）对该模型各变量进行单位根检验的结果（表10-4）表明，$\ln Y_t$、$\ln L_t$与$\ln K_t$均无法通过平稳性检验，存在"伪回归"的可能。

表10-4　对式（10-4）进行单位根检验的结果（ADF检验）

变量	t统计量	p值
$\ln Y_t$	−2.0043	0.5879
$\ln L_t$	0.5450	0.9992
$\ln K_t$	−1.9290	0.6271

总而言之，上述分析说明：直接对总量生产函数方程即式（10-4）进行回归估计，难以得到既符合经济理论又能通过各种统计检验和经济计量学检验的产出弹性系数估计值。

针对模型存在的多重共线性问题，以往很多文献（张军和施少华，2003；郭庆旺和贾俊雪，2004，2005；李宾，2011；金戈，2016）都采用了以下形式：

$$\ln(Y_t / L_t) = \ln(A_0) + rt + \beta\ln(K_t / L_t) \tag{10-5}$$

式（10-5）将原模型的被解释变量变换成劳动生产率，解释变量变换成人均拥有资本，再利用规模效益不变的假定，减少一个解释变量，从而避免模型可能存在的多重共线性。

但我们在对式（10-5）进行模型的估计和检验时发现：虽然将生产函数变换为上述形式可以在一定程度上避免劳动投入与资本投入之间的共线性问题，但$\ln(K_t / L_t)$仍然与模型中的时间t存在共线性的问题。因此，单纯依靠上述方法并不能解决包含技术进步的模型存在的共线性问题，还必须进一步探讨新的方法。

三、构建对数线性一阶差分形式的生产函数

为了解决以上问题，我们对原模型进行了变换。假定$A_t = A\mathrm{e}^{rt}$，并将其代回式（10-1）再对式子的两边同时除以Y_{t-1}，可得

$$(Y_t / Y_{t-1}) = \mathrm{e}^r (L_t / L_{t-1})^\alpha (K_t / K_{t-1})^\beta \tag{10-6}$$

式（10-6）的两边同时取自然对数可得

$$\ln(Y_t / Y_{t-1}) = r + \alpha\ln(L_t / L_{t-1}) + \beta\ln(K_t / K_{t-1}) \tag{10-7}$$

根据对数计算的规则，式（10-7）也可变换成

$$\ln Y_t - \ln Y_{t-1} = r + \alpha(\ln L_t - \ln L_{t-1}) + \beta(\ln K_t - \ln K_{t-1}) \tag{10-8}$$

由此可见，式（10-7）实际上是对式（10-4）的数据进行一阶差分变换。通

过一阶差分变换，不仅可以从原模型中消除时间变量 t，从而避免了原模型中时间变量 t 与投入要素之间存在的多重共线性，同时又能通过 r 反映全要素生产率变动对经济增长的影响。另外，变换后的数据能够满足平稳性检验，异方差问题与序列相关等问题也得到了一定程度的解决。

不过，根据实际数据对式（10-7）进行回归估计的结果表明：模型的拟合优度相当低，要素产出弹性的回归系数也不太合理[①]。经分析，我们发现产生上述现象的原因主要有以下两点。

（1）我国经济发展的过程中，曾出现过一些比较特殊的情况，如三年困难时期等。这些年份的 GDP 与其投入的生产要素之间的关系与正常年份相比，本来就存在较大差异。

（2）严格地讲，式（10-1）所假定的关系，只有在投入的生产要素资本 K 与劳动 L 都得到有效利用的情况下才能成立。由于现实经济中存在产能闲置的现象，一定时期所投入的生产要素与得到有效利用的生产要素并不一致，尤其是实际占用的资本存量与生产中得到有效利用的资本存量常常存在一定的差距。

四、估算有效资本存量

为了解决这一问题，我们首先估计了全社会的开工率，然后再利用开工率结合所拥有的实际资本存量数据估算历年有效利用的资本存量（以下简称有效资本存量），在此基础上，计算出有效资本存量的发展速度。具体步骤如下。

（一）计算实际资本系数

计算实际资本系数的公式如下：
$$实际资本系数 = 资本存量/GDP$$

（二）画出实际资本系数随时间变化的曲线图

实际资本系数随时间变化的曲线图如图 10-1 所示。从图 10-1 中可以看出：我国实际资本系数（生产一个单位 GDP 所占用的资本存量）随着时间的推移整体上呈现不断上升的趋势，但是存在上下波动的现象。从图 10-2 可以发现，我国的 GDP 在 1953 年、1958 年、1964～1965 年、1969～1970 年、1978 年、1984～1985 年、1992～1994 年以及 2007 年等年份增速是较快的，这些年份均为当时经济发展

---

① 为了节省篇幅，此处不列出中间估计与检验的有关结果，以下相同。

比较好（或得到较快恢复）的年份。而这些年份的实际资本系数也恰好处于图 10-1 中曲线的谷底或接近谷底，因此，可将图 10-1 中的实际资本曲线的谷底年份如 1953 年、1958 年、1966 年、1970 年、1978 年、1985 年、1994～1995 年、2007 年视为资本利用比较充分、开工率也比较高的年份。

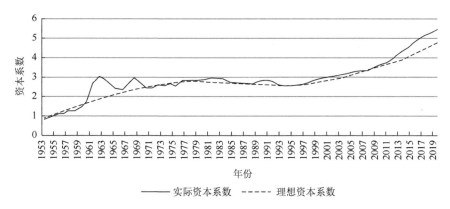

图 10-1　我国 1953～2019 年实际资本系数和估计的理想资本系数曲线变动情况

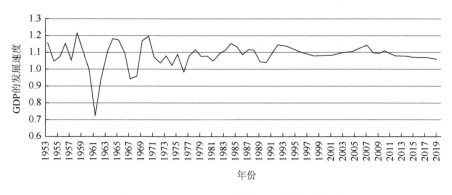

图 10-2　1953～2019 年我国 GDP 的发展速度

（三）估算理想资本系数

理想资本系数是指在现有技术经济条件、资本得到比较充分的利用时的资本系数。用公式表示可有：理想资本系数 = 有效资本存量/GDP。

根据上述分析，选出实际资本系数处于谷底的年份作为样本，用来估计理想资本系数。考虑到改革开放对我国经济发展的影响以及图 10-1 所展示的资本系数变化情况，我们认为我国理想资本系数的变化趋势大致可以分为三段：1953～1978 年，1979～1993 年，1994～2019 年，且 1953～1978 年与 1994～2019 年的变化趋势较趋近于二次曲线，而 1979～1993 年则比较接近线性趋势，因此分段构建相应的回归模型去估计历年理想资本系数。

1953～1978 年回归模型的具体形式如下：

$$\hat{R}_t = 0.6803 + 0.1392t + 0.0022t^2 \tag{10-9}$$

1979～1993 年回归模型的具体形式如下：

$$\hat{R}_t = 3.1921 - 0.0154t \tag{10-10}$$

1994～2007 年回归模型的具体形式如下：

$$\hat{R}_t = 5.8635 - 0.1837t + 0.0025t^2 \tag{10-11}$$

式中，$\hat{R}_t$ 为理想资本系数；t 为时间变量（$t = 1, 2, \cdots, 67$，对应的年份是 1953～2019 年）。

利用以上回归估计的结果，将 t 代入式（10-9）～式（10-11），可推算出历年的理想资本系数（参见图 10-1 中的理想资本系数曲线）。

（四）估算开工率

开工率是有效的资本存量占实际资本存量的比例，因此开工率的计算公式也可以表示为

开工率 = 理想资本系数/实际资本系数

由于以上的理想资本系数是根据模型估算的，存在一定的计算误差，所以当以上开工率估计值大于 1 时，则定义开工率为 1。

（五）估算历年有效利用的固定资本存量

估算历年有效利用的固定资本存量的计算公式如下：

$$有效资本存量\,\tilde{K}_t = 实际资本存量K_t \times 开工率 \tag{10-12}$$

（六）计算历年有效利用的固定资本存量发展速度

历年有效利用的固定资本存量发展速度的计算公式为

$$有效资本存量发展速度 = \tilde{K}_t / \tilde{K}_{t-1} \tag{10-13}$$

有效资本存量及其发展速度的具体计算结果，可参见表 10-1。

五、构建新生产函数，估计资本与劳动的产出弹性系数

利用 GDP 的发展速度、有效资本存量发展速度和就业人员的发展速度等变量可以构建新的生产函数。用有效资本存量发展速度替换式（10-6）中的实际资本存量发展速度，并在式子两边同时除以就业人员的发展速度，同时假定规模效益不变，即 $\alpha + \beta = 1$。整理后可得

$$(Y_t / Y_{t-1}) / (L_t / L_{t-1}) = \mathrm{e}^r \left[\left(\tilde{K}_t / \tilde{K}_{t-1} \right) / (L_t / L_{t-1}) \right]^\beta \qquad （10-14）$$

式（10-14）两边取自然对数可得

$$\ln\left[(Y_t / Y_{t-1}) / (L_t / L_{t-1}) \right] = r + \beta \ln\left[\left(\tilde{K}_t / \tilde{K}_{t-1} \right) / (L_t / L_{t-1}) \right] \qquad （10-15）$$

为了反映某些特殊时期与改革开放前后的影响，参考相关文献的做法（曾五一，1994；张军，2002；张军和施少华，2003），我们在模型中设置了三个虚拟变量。

特殊时期[①]：

$$D_1 = \begin{cases} 1, & 1954年,1957年,1961年,1962年,1967年,1968年,1972年,1974年,1976年, \\ & 1981年,1989年,1990年 \\ 0, & 其他年份 \end{cases}$$

金融风暴后：

$$D_2 = \begin{cases} 1, & 2008 \sim 2019年 \\ 0, & 其他年份 \end{cases}$$

改革开放前后：

$$D_3 = \begin{cases} 0, & 1954 \sim 1978年 \\ 1, & 1979 \sim 2019年 \end{cases}$$

在式（10-15）中加上虚拟变量后的模型如下：

$$\ln(y_t / l_t) = r + D_1\beta_1 + D_2\beta_2 + D_3\beta_3 + (D_1\beta_4 + D_2\beta_5 + D_3\beta_6) \times \ln\left(\tilde{k}_t / l_t \right) + \beta\ln\left(\tilde{k}_t / l_t \right) \qquad （10-16）$$

式中，y_t、l_t、$\tilde{k}_t$ 分别为 GDP、就业人员与有效资本存量的发展速度。

根据实际统计数据对式（10-16）进行初步回归估计的结果表明：r 以及 D_2 对截距的影响不显著，D_2 对资本弹性的影响也不显著，因此将其从模型中删除，最终得到的新模型为

---

① 本节关于特殊年份选择的基本依据是当年 GDP 的增长速度，即特殊年份是指处于图 10-2 所示的 GDP 发展速度曲线谷底的年份。

$$\ln(y_t / l_t) = D_1\beta_1 + D_3\beta_3 + (D_1\beta_4 + D_3\beta_6) \times \ln\left(\tilde{k}_t / l_t\right) + \beta\ln\left(\tilde{k}_t / l_t\right) \quad (10\text{-}17)$$

另外，对式（10-17）初步回归估计的结果发现，模型仍可能存在异方差。因此，我们进一步使用加权最小二乘法去解决异方差问题。经过分析，确定其权重形式为 t 年残差平方的倒数，利用加权最小二乘法对式（10-17）进行回归估计的结果见表 10-5。

表 10-5　最终构建的回归模型式（10-17）的估计结果

变量	系数	t 统计量	p 值
β_1	−0.0500	−11.9423	0.0000
β_3	0.0455	6.8036	0.0000
β_4	0.3005	2.0093	0.0536
β_6	−0.2268	−4.065	0.0003
β	0.6373	34.5800	0.0000
R^2	0.9830	调整 R^2	0.9807
杜宾-沃森统计量	0.5857		

从最终估计的结果看，该模型总的拟合程度很高，回归系数符合经济理论与现实情况。从单位根检验的结果看（表 10-6），$\ln(y_t / l_t)$ 与 $\ln\left(\tilde{k}_t / l_t\right)$ 都是零阶单整的平稳序列，且二者之间存在协整关系。

表 10-6　单位根检验（ADF 检验）

指标	t 统计量	p 值
$\ln(y_t / l_t)$	−6.350 793	0.0000
$\ln\left(\tilde{k}_t / l_t\right)$	−4.3496	0.0052
残差项	−5.6210	0.0001

对该模型进行异方差检验的结果（表 10-7）表明，模型也不再存在异方差现象。

表 10-7　异方差检验结果（怀特检验）

F 统计量	1.0931	p 值（$F(10, 24)$）	0.4055
Obs×R^2	10.9524	p 值（$\chi^2(12)$）	0.3612

总而言之，经过必要的处理，回归估计得到的式（10-17）符合经济理论，并能通过各种统计学检验和计量经济学检验，因此可作为后续研究的基础。

第三节　关于中国全要素经济增长率的实证分析

一、不同时期生产要素的产出弹性系数

根据对式（10-17）回归分析的结果和规模效益不变的假定即 $\alpha + \beta = 1$，可以整理出我国不同时期生产要素的产出弹性系数，见表 10-8。

表 10-8　我国不同时期生产要素的产出弹性系数

年份	资本的产出弹性系数 β	劳动的产出弹性系数 α
1979 年前的特殊年份	0.9378	0.0622
1979 年前的其他年份	0.6373	0.3627
1979 年后的特殊年份	0.7110	0.2890
1979 年后的其他年份	0.4105	0.5895

注：1979 年前的特殊年份包括 1954 年、1957 年、1961 年、1962 年、1967 年、1968 年、1972 年、1974 年、1976 年；1979 年后的特殊年份包括 1981 年、1989 年、1990 年。

从表 10-8 可以得出以下结论。

（1）改革开放前后，生产要素的产出弹性系数有显著变动。改革开放以前，除特殊年份外，一般年份资本的产出弹性系数为 0.6373，劳动的产出弹性系数为 0.3627；改革开放以后，资本的产出弹性系数有所下降，劳动的产出弹性系数则有所提高，除特殊年份外，一般年份的资本的产出弹性系数降到 0.4105，劳动的产出弹性系数则提高到 0.5895。

（2）特殊年份对要素的产出弹性系数也有显著影响。在特殊年份，由于各种原因，GDP 呈现负增长或接近零增长，有效资本也有所下降，但下降的幅度小于GDP，这就使资本的产出弹性系数提高，而劳动的产出弹性系数则相应降低。如表 10-8 中所示：改革开放前特殊年份的资本产出弹性系数高达 0.9378，改革开放后特殊年份资本产出的弹性系数高达 0.7110，均比同一时期一般年份的资本产出弹性系数高 0.3005。

二、不同时期的全要素经济增长率与广义技术进步率

根据表 10-8 给出的不同时期要素的产出弹性系数和表 10-1 中给出的相应数

据，利用索洛余值法可以测算出中国历年的广义技术进步率与全要素经济增长率：

$$广义技术进步率 = \ln y_t - \alpha \ln l_t - \beta \ln \tilde{k}_t \tag{10-18}$$

式中，$\ln y_t$ 为对 GDP 发展速度取自然对数后得到的经济连续增长率；$\ln l_t$ 和 $\ln \tilde{k}_t$ 分别为对就业人员数和有效资本存量的发展速度取自然对数后得到的劳动与有效资本的连续增长率。由此可见，广义技术进步率实质上是从经济增长率中扣除因劳动和有效资本增长带来的经济增长后余下的部分。它可以综合反映包括狭义的技术进步、资源配置的变动以及其他因素对经济增长的影响。

如前所述，我们认为广义技术进步率与全要素经济增长率的理论内涵不尽相同。因为一定时期内未得到有效利用的资本存量仍然属于已经投入（已被占用）的生产要素，所以计算反映综合生产效率的全要素生产率指标时，应将其计入投入的数量。因此，全要素经济增长率的计算公式如下：

$$TFEG_t = \ln y_t - \alpha \ln l_t - \beta \ln k_t \tag{10-19}$$

式中，$TFEG_t$ 为历年的全要素经济增长率；y_t、l_t、k_t 分别为历年的 GDP、就业人员数与实际资本存量的发展速度。

对比式（10-18）与式（10-19）可以看出，全要素经济增长率与广义技术进步率的主要差别在于测算时所利用的资本存量发展速度数据不同。前者利用的是实际资本存量的发展速度，后者利用的则是有效资本存量的发展速度。

全要素经济增长率与广义技术进步率之间的关系如下：

$$TFEG_t = 广义技术进步率 - \beta \left(\ln k_t - \ln \tilde{k}_t \right) \tag{10-20}$$

式中，$\beta \left(\ln k_t - \ln \tilde{k}_t \right)$ 为由开工率变动而引起的经济增长的变动。当有效资本存量发展速度超过实际资本存量发展速度时，意味着开工率比原来提高，全要素经济增长率会高于广义技术进步率。反之，当有效资本存量发展速度低于实际资本存量发展速度时，则意味着开工率下降，全要素经济增长率将低于广义技术进步率。

广义技术进步率与全要素经济增长率都可以分年计算。但上述数学模型易受经济增长率、资本增长率和劳力增长率三个统计数据的影响。特别是在经济剧烈波动的年份，利用上述模型短期测算的结果往往会产生失真。因此从一个较长的时期，去考察全要素经济增长率和广义技术进步率，可能更加恰当（宋卫国和李军，2000）。以下给出几个不同时期我国的全要素经济增长率与广义技术进步率（表 10-9）。

表 10-9　我国不同时期的全要素经济增长率与相关数据

时期	GDP 平均发展速度 $\bar{y}$	就业人员平均发展速度 $\bar{l}$	资本存量平均发展速度 $\bar{k}$	有效资本存量平均发展速度 $\bar{\tilde{k}}$	全要素经济增长率	广义技术进步率
1953～1978 年	1.0581	1.0258	1.1070	1.1115	0	0
1979～1992 年	1.0954	1.0379	1.0891	1.0891	0.0341	0.0341

续表

时期	GDP平均发展速度 $\bar{y}$	就业人员平均发展速度 $\bar{l}$	资本存量平均发展速度 $\bar{k}$	有效资本存量平均发展速度 $\tilde{\bar{k}}$	全要素经济增长率	广义技术进步率
1993~2007年	1.1019	1.0088	1.1219	1.1222	0.0447	0.0445
2008~2019年	1.0783	1.0025	1.1233	1.1117	0.0262	0.0304

注：表中各时期的平均发展速度采用几何平均法计算。

1953~1978年全要素经济增长率=0[①]，1953~1978年广义技术进步率=0。

1979~2019年全要素经济增长率= $\ln \bar{y} - 0.4105\ln \tilde{\bar{k}} - 0.5895\ln \bar{l}$。

1979~2019年广义技术进步率= $\ln \bar{y} - 0.4105\ln \bar{k} - 0.5895\ln \bar{l}$。

由于此处计算广义技术进步率采用了正常年份的资本和劳动的生产弹性，同时分段计算，所以存在一定误差。

从表10-9可以得出以下结论。

（1）不同时期我国的全要素经济增长率与广义技术进步率有一定的差别，尤其是改革开放前后有显著不同。改革开放前几乎不存在广义技术进步，全要素生产率提高带来的经济增长为0。改革开放以来的各段时期，全要素经济增长率与广义技术进步率均为正值，尤其是在1993~2007年期间，高达0.04以上。2008年以来，随着经济增长率的放慢，全要素经济增长率和广义技术进步率也有所降低。

（2）从全要素经济增长率与广义技术进步率之间的对比来看，1979~2007年期间，我国的实际资本存量与有效资本存量基本同步增长，因此，两者之间差别不大。2008年以来，为了应对金融危机，我国采取了扩大投资的对策，在保持了一定的经济增长速度的同时，全社会的实际资本存量的增长速度高于有效资本存量的增长速度，开始出现生产能力闲置的现象，开工率则有所降低，因此，该时期全要素经济增长率明显低于同期的广义技术进步率。

三、不同时期各种因素对经济增长的贡献份额

利用式（10-18）与式（10-20），还可以进一步推导出用于测算各种因素对经济增长贡献的份额。因为：

$$\ln y_t = \alpha \ln l_t + \beta \ln \tilde{k}_t + \beta \left(\ln k_t - \ln \tilde{k}_t \right) + \text{TFEG}_t \qquad (10\text{-}21)$$

该式两边同时除以 $\ln y_t$ 可得

①根据对最终建立模型回归估计的结果，改革开放前常数项回归系数 r 不能通过显著性检验，即意味着广义技术进步率很可能为0。

$$\frac{\ln y_t}{\ln y_t} = \alpha \frac{\ln l_t}{\ln y_t} + \beta \frac{\ln \tilde{k}_t}{\ln y_t} + \frac{\beta \left(\ln k_t - \ln \tilde{k}_t \right)}{\ln y_t} + \frac{\text{TFEG}_t}{\ln y_t} \qquad (10\text{-}22)$$

利用式（10-22）可以测算历年各种因素对我国经济增长贡献的份额。公式右边第一项是劳动投入增加对经济增长贡献的份额，第二项是资本投入增加对经济增长贡献的份额，第三项是开工率变动对经济增长贡献的份额，第四项是全要素生产率提高对经济增长贡献的份额，第三项与第四项合计是广义技术进步对经济增长贡献的份额。但是在具体测算时需要注意以下问题。

（1）当经济增长率出现负值时，式（10-22）中的分母应取绝对值。

（2）当某一年份的经济增长率很低，而各种因素的影响有正有负时，各因素的贡献份额有可能出现大幅度的上下波动。

（3）当某一年份的经济增长率等于 0 时，将无法利用式（10-22）去测度各因素对经济增长贡献的份额。

就一段时期而言，一般不会出现上述情况。利用式（10-22）测算的我国不同时期各因素对经济增长的贡献份额如表 10-10 所示。

表 10-10　各种因素对我国经济增长的贡献份额

时期	年平均经济增长率 $\ln y_t$	劳动		资本		开工率		全要素生产率	
		$\alpha \ln l_t$	贡献份额%	$\beta \ln \tilde{k}_t$	贡献份额%	$\beta \left(\ln k_t - \ln \tilde{k}_t \right)$	贡献份额/%	TFEG	贡献额/%
1953～1978 年	0.056 5	0.009 2	16.34	0.047 3	83.66①	0	0	0	0
1979～1992 年	0.091 1	0.021 9	24.07	0.035 0	38.45	0.000 01	0.000 13	0.034 1	37.46
1993～2007 年	0.097 0	0.005 2	5.32	0.047 3	48.77	−0.000 1	−0.12	0.044 7	46.03
2008～2019 年	0.075 4	0.001 5	1.94	0.043 5	57.66	0.004 3	5.66	0.026	40.39

注：1979～1992 年开工率增速及开工率的贡献份额很小，但不为零，因此保留了五位小数。

结合表 10-10 及式（10-20）的计算可以看出，不同时期各因素对我国经济增长的贡献有所不同。改革开放以前，总的来看，我国经济属于中速增长，平均年连续增长率为 5.65%，但是全要素生产率几乎没有提高，经济增长基本上都是依靠要素投入的增加，其中资本对经济增长贡献的份额最大达 83.66%。1979～1992 年属于改革开放初期，经济平均年连续增长率高达 9.11%。这一时期是我国

---

① 因为已知改革开放前广义技术进步率为 0，所以改革开放前有效资本投入的贡献份额按 100%减去劳动投入的贡献份额推算。

劳动投入增长相对最快而资本增长相对较慢的时期，因此劳动对经济增长的贡献份额提高到 24.07%，资本对经济增长的贡献份额则比改革开放前明显下降。此外，改革开放促进了各方面积极性的提高，该时期全要素生产率提高对经济增长贡献的份额占 37.46%。1993～2007 年期间，我国经济开始全面向社会主义市场经济转轨，经济增长呈现长期高速增长的态势，年平均连续增长率高达 9.70%。随着改革开放的推进，引进了大量外资，资本存量的增长速度远远高于就业人员的增长速度，因此，劳动对经济增长贡献的份额明显下降，只占 5.32%。而全要素生产率与广义技术进步的贡献进一步提高，其份额高达 46.03%，成为推动经济增长的最主要因素。2008 年以后，情况又有所变化。这一时期的经济增长速度开始放慢，2008～2019 年期间年平均连续增长率为 7.54%。这一阶段人口红利效果下降，劳动投入速度明显下降。另外，为了应对国际金融危机，我国进一步加大了投资，实际资本存量的发展速度比上一阶段更高，但是开始出现产能过剩、开工率下降的情况，因此，全要素生产率贡献份额降低到 40.39%，比同一时期的广义技术进步的贡献份额低了 5.66 个百分点。这也从侧面反映了今后一段时期，为了保证我国经济能够高质量持续发展，很有必要通过供给侧结构性改革，去增强供给结构对需求变化的适应性和灵活性，从而发挥潜力，促进我国全要素生产率的进一步提高。

第四节　总结与展望

本章对如何更好地测度我国全要素生产率的问题做了比较系统和深入的研究，总结了一套比较科学规范，同时又有较强的可操作性的测度方法。本章所做的具有一定新意的工作主要有以下几点。

（1）以最新估计的资本存量数据作为研究的基础数据。因为该数据的估算是建立在三次经济普查数据基础上的，所以得到的数据具有自洽性，相对真实可靠，这就为正确估算资本要素的产出弹性系数打下了一个比较好的基础。

（2）指出了宏观生产函数所反映的关系实质上是在生产过程中得到有效利用的生产要素与 GDP 之间的联系。明确区分了实际资本与有效资本，并提出了估计开工率以及利用开工率估算有效资本的简便方法。进而利用有效资本构建生产函数，提高了模型的拟合度。

（3）采用一阶差分对数线性模型估计资本与劳动的产出弹性系数，并运用有关的计量经济学方法，避免了可能出现的"伪回归""多重共线性""序列相关""异方差"等问题。不仅保证了所测度的参数估计值能符合经济理论分析，而且使最终得到的模型能通过所有的统计学检验和计量经济学检验。

（4）不仅从理论上区分了全要素经济增长率与广义技术进步率，而且给出了具体的测度方法，开展了实证分析。

（5）对各种因素对我国经济增长的影响进行了最新的实证研究。由于以往研究存在不足，常常高估了我国资本的产出弹性系数和资本在经济增长中的贡献，低估了我国全要素生产率对经济增长的贡献份额。本节实证分析的结果表明，改革开放以来，我国的经济发展并非简单地依靠增加要素投入驱动，全要素生产率的提高对经济发展起到了十分重要的作用。另外，本节对改革开放以后几个不同时期的实证分析结果也比较符合中国的实际情况。

总而言之，本章的研究对于进一步开展我国全要素生产率测度的理论研究，总结与规范全要素生产率的测度方法，进而普及和推广其实际应用都具有一定的意义。但是，也应当指出：在测度我国的全要素生产率方面还存在一些需要进一步研究改进的问题。其中主要有：如何看待实证分析中出现的改革开放前后，资本产出弹性系数出现大幅度变动的问题？如何进一步改进对投入劳动的测度的问题？如何从数量上反映教育程度和技术熟练程度的影响？如何反映劳动者实际工时的变动？如何在不同地区和不同部门开展全要素生产率的测度？如何更好地计算各因素对经济增长影响份额的问题等。对这些问题，今后我们还将开展后续的研究。

第十一章　分省全要素生产率测度与分析研究

与国家层面的全要素生产率测度与分析相比，分省全要素生产率的测度、分析，尤其是各省之间的比较分析难度要更大些，不仅需要更详细的分省资料，而且还存在一些特有的问题。本章将利用第十章提出的测度与分析方法，对我国各省级行政区（由于数据可得性，不包含港澳台地区）的全要素生产率进行测度，并在此基础上开展省际比较与分析。

第一节　问题的提出

一、以往研究存在的主要问题

由于全要素生产率是反映地区经济是否实现高质量发展的重要指标，因此，以往也有不少学者和地方政府机构对本地区的全要素生产率进行了测度与分析，并取得了一些有参考价值的研究成果。但总的来看，仍存在以下一些有待进一步研究解决的问题。

（1）缺少比较完整可靠的关于地区资本存量的基础数据，从而有可能影响各地区全要素生产率的测度结果的真实性与可靠性。

（2）与开展国家层面全要素生产率测度时所遇到的问题类似，即所采用的方法不太符合现实情况或者不够规范，参数估计不能通过必要的经济计量学检验，因而得出的结论很可能存在偏误。

（3）缺少不同省区市之间的对比与分析。由于各省区市所采用的数据和测度方法不同，因此难以开展各地区之间全要素生产率的对比分析。原国家计划委员会（现为国家发展改革委）在 20 世纪 90 年代初曾正式下文：为了便于各省对比，给出了一个全国统一的资本和劳动的产出弹性值，并要求各地利用各自劳动投入和资本投入的数据按照索洛方法去测算全要素生产率。但由于各地产业结构不同、资本密集程度也不同，用全国统一的产出弹性系数去测算各地的全要素生产率，并进行地区间的对比分析，显然是不妥当的。后来，也一直未见到官方正式发布关于各地区全要素生产率测度与对比分析的有关结果。

（4）缺少对资本和劳动在地区间配置变动对经济增长影响的定量分析。资本和劳动在地区间配置情况的变动是影响国家层面的全要素生产率和经济增长率的重要因素。如果资本更多地流向资本产出弹性系数较高的地区，会使全国平均的资本产出弹性系数提高。与此类似，如果劳动更多地流向劳动产出弹性系数更高的地区，则会使全国平均的劳动产出弹性系数提高。这都会使得在同样的生产要素投入量下，整个国民经济取得更快的增长。也就是说，要素配置地区结构的变动，对整个国民经济的效率和全要素生产率的变动都有一定的影响。对于这种地区间投入要素结构配置变动引发的效应，以往虽然有人从理论上做过论证，但由于各种原因，无论学术界还是实际部门都一直未开展过有关的实证定量分析。

二、本章拟实现的目标

针对上述问题，本章拟在本书第六章所收集整理的各省区市基础数据的基础上，进一步开展有关各省区市全要素生产率的测度研究与定量分析。希望通过研究实现以下目标。

（1）利用第十章所提出的全要素经济增长率的测度与分析方法对各地区的全要素生产率进行测度与分析，进一步验证该方法的可行性。

（2）在采用统一、规范方法的基础上，构建反映各省区市的地区生产总值与其投入要素和全要素经济增长率之间的关系的回归模型，对比分析各地区要素生产弹性的差异及其变动特点。

（3）对各省区市经济增长中不同因素的贡献份额开展定量分析，讨论如何正确认识全要素经济增长率等指标与经济高质量发展之间的联系。

（4）利用拓展的索洛模型对资本和劳动等生产要素省际配置变动对经济增长的影响效应开展定量分析。

第二节 测度方法与基本步骤

一、分省全要素经济增长率的测度方法

在第十章中，我们已经总结了一套对中国的全要素生产率进行测度和分析的规范方法。如前所述，这套方法的特色主要有以下几点。

（1）指出了柯布-道格拉斯生产函数所反映的函数关系实质上是在生产过程中得到有效利用的生产要素与 GDP 之间的联系，明确区分了投入资本与有效资本，并进一步提出估计开工率以及利用开工率估算有效资本的方法。

（2）对柯布-道格拉斯生产函数进行变换，采用一阶差分对数线性模型估计资

本与劳动的产出弹性系数，并运用有关计量经济学方法，避免了可能出现的"伪回归""多重共线性""序列相关""异方差"等问题，不仅保证了参数估计值能符合经济理论分析，而且能通过所有统计学和计量经济学检验。

（3）利用虚拟变量区分不同时间段或特殊年份的影响，不仅提高了模型的拟合度，而且更便于对现实经济做出合理的分析与解释。

二、建立有关回归模型的基本步骤

根据以上方法，建立用于各省区市全要素经济增长率测度与分析的回归模型的基本步骤如下。

（一）收集与整理基础数据

这些数据具体包括：各省区市的地区生产总值、各省区市的总资本存量、各省区市就业人员数。其中，地区生产总值均以 1952 年价格换算为不变价格地区生产总值，总资本存量和就业人员数，利用首尾折半法调整为全年的平均数（各省区市地区生产总值和就业人员数估算方法参见本书第六章，具体数据可通过本书第十二章的数据库查阅）。

（二）估算历年的有效资本存量

估算各省区市有效资本存量的方法，与国家层面的估算方法类似（详见第十章的有关论述）。

（1）计算各省区市的实际资本系数，找出各省区市实际资本变动曲线中的低谷。各省区市实际资本曲线低谷的年份不尽相同，通过观察，可以发现各省区市资本系数低谷主要集中在以下几个年份：1955 年、1957 年（或 1958 年）、1964 年、1970 年、1974 年、1977～1979 年、1984 年、1987 年（或 1988 年）、1992～1994 年、2002～2003 年、2007 年、2010 年（或 2011 年）。相对而言，这些年份的 GDP 增长速度较快，资本存量得到了比较有效的利用。

（2）将处于低谷的实际资本系数视为理想资本系数，并选择这些年份的数据作为拟合理想资本系数曲线的依据。各省区市理想资本系数曲线的形状不尽相同，原则上都应当是能够较好地将上述样本年份数据包含在内的位于实际资本曲线下方的包络线。根据理想资本系数曲线，可以推算出历年的理想资本系数。

（3）利用理想资本系数与实际资本系数的比率估算开工率，进而利用第十章的式（10-12）估算各省区市历年的有效资本存量。

（三）构建回归模型

如第十章所述，如果直接利用 GDP、资本存量和就业人员数的总量数据建立回归方程，有可能导致模型不能很好地通过必要的计量经济学检验。因此，我们采用以下形式的模型：

$$\ln(y_t / l_t) = r + D_1\hat{\beta}_1 + D_2\hat{\beta}_2 + D_3\hat{\beta}_3 + \left(D_1\hat{\beta}_4 + D_2\hat{\beta}_5 + D_3\hat{\beta}_6\right)\ln\left(\tilde{k}_t / l_t\right) + \hat{\beta}\ln\left(\tilde{k}_t / l_t\right)$$

$$(11-1)$$

式中，y_t、l_t、$\tilde{k}_t$ 分别为各省区市地区生产总值、从业人员与有效资本的发展速度；D_1 为反映特殊年份影响的虚拟变量，D_1 中的特殊年份是根据各省区市当年经济的发展速度选定的，特殊年份是指出现经济负增长的年份，或者经济增长率明显偏离正常的趋势并接近于 0 的年份。各省区市的情况有所不同，因此具体的特殊年份也不尽相同；D_2 为区分改革开放前后差异的虚拟变量；D_3 为区分 2008 年金融危机以后与其他时间段差异的虚拟变量。

$$D_1 = \begin{cases} 1, & \text{特殊年份} \\ 0, & \text{其他年份} \end{cases}$$

$$D_2 = \begin{cases} 0, & 1953\sim1978\text{年} \\ 1, & 1979\sim2017\text{年} \end{cases}$$

$$D_3 = \begin{cases} 1, & 2008\sim2017\text{年} \\ 0, & \text{其他年份} \end{cases}$$

（四）模型参数估计

根据收集整理的基础数据，可以对式（11-1）进行初步的回归估计。从估计的结果来看，多数省区市可以得到既能满足经济理论要求，又能通过各种统计学和计量经济学检验的回归方程，但也出现一些必须进一步研究解决的问题。

（1）大部分省区市初步拟合的模型中，特殊年份 D_1 的影响表现为技术退步，即系数 $\hat{\beta}_1$ 显著为负，这与一般的定性分析是相符的。不少省区市的 $\hat{\beta}_4$ 也较显著，但会出现特殊年份的资本弹性系数远大于 1 的情况，这与索洛模型规模效益不变的约束不符，因此，我们判断 $\hat{\beta}_4$ 不适宜留在模型中。

（2）有些省区市在初步回归时，系数 $\hat{\beta}_2$ 和 $\hat{\beta}_5$ 只有一个是显著的，即或者表现为 1978 年之后资本产出弹性系数没有变化，只有技术进步；或者表现为 1978 年后没有技术进步，只有资本产出弹性系数的变化。显然这两种情况均不太符合经济理论分析。

（3）在模型中，虚拟变量 D_3 用于区分金融危机前后时间段的差异。分析结果表明，各省区市受金融危机的影响不太相同。一部分省区市的系数 $\hat{\beta}_6$ 是不显著的，而另外一部分省区市则是显著为负的，即表现为资本的弹性系数在 2008～2017 年进一步下降。

（4）关于模型的检验。在基于式（11-1）的各省区市回归模型中，单位根检验均是平稳的，不存在共线性的问题。但有些省区市的回归模型仍存在不同程度的异方差和序列相关。为此，我们进一步利用加权最小二乘法进行回归，最终得到的结果不仅能够通过异方差和序列相关检验，而且使 $\hat{\beta}_2$ 和 $\hat{\beta}_5$ 也都能通过显著性检验。这也表明，上述的第二个问题，可能是异方差或序列相关引起的。

根据以上分析，删除初步回归分析中发现的不太合理以及统计上不显著的变量，并根据各省区市的具体情况选择适当的权重，利用加权最小二乘法再次回归估计后得到的各省区市生产函数回归估计的最终结果如表 11-1 所示。

表 11-1　各省区市生产函数回归估计及检验结果

省区市	$\hat{\beta}_1$	$\hat{\beta}_2$	$\hat{\beta}_5$	$\hat{\beta}_6$	$\hat{\beta}$	调整 R^2
北京	–	0.0244***	0.0845***	−0.3700***	0.5322***	0.9999
天津	−0.1055***	0.0485***	−0.2376***	−0.2752***	0.7082***	0.9938
河北	–	0.0355***	−0.3174***	−0.2395***	0.8429***	0.9999
山西	−0.0535***	0.0335***	–	−0.4626***	0.6831***	0.9999
内蒙古	−0.0947***	0.0336***	–	−0.2388***	0.5915***	0.9999
辽宁	−0.0423***	0.0258**	−0.4108***	–	0.9491***	0.9427
吉林	−0.0553***	0.0195***	–	−0.1429***	0.6784***	0.9939
黑龙江	−0.0303***	0.0050***	−0.2775***	0.0622***	0.8553***	0.9995
上海	−0.0572***	0.0378***	−0.4398***	−0.1886***	0.9191***	0.9999
江苏	−0.0309***	0.0244***	–	−0.0995***	0.6620***	0.9999
浙江	−0.0405***	0.0361***	–	−0.3225***	0.5887***	0.9992
安徽	−0.0561***	0.0379***	−0.1499***	−0.0968***	0.6688***	0.9999
福建	−0.0668***	0.0338***	–	−0.2487***	0.4966***	0.9839
江西	−0.0335***	0.0390***	−0.1326**	−0.0855***	0.6326***	0.9972
山东	−0.0366***	0.0373***	−0.2064*	−0.2433***	0.8518***	0.9792

续表

省区市	$\hat{\beta}_1$	$\hat{\beta}_2$	$\hat{\beta}_5$	$\hat{\beta}_6$	$\hat{\beta}$	调整 R^2
河南	−0.0317***	0.0472***	−0.2549***	−0.2434***	0.7680***	0.9688
湖北	−0.0684***	0.0449***	−0.2832***	−	0.7297***	0.9984
湖南	−0.0482***	0.0402***	−0.1010**	−	0.5626***	0.9498
广东	−0.0722***	0.0367***	−	−0.3070***	0.5488***	0.9321
广西	−0.0433**	0.0340***	−0.2662***	−	0.7093***	0.9999
海南	−0.0442**	0.0301***	−	−0.2882***	0.6257***	0.9975
重庆	−0.0578***	0.0561***	−0.3923***	−	0.7605***	0.9053
四川	−0.0426**	0.0386***	−0.1298***	−	0.5755***	0.9999
贵州	−0.0998***	0.0424***	0.1356***	−0.0199***	0.3330***	0.9950
云南	−0.0965***	0.0354***	−	−0.1856***	0.5609***	0.9607
西藏	−0.0851***	0.0209***	0.3565***	−0.1984***	0.2661**	0.9999
陕西	−0.0973***	0.0367***	−	−0.1180***	0.6007***	0.9987
甘肃	−0.0600***	0.0481***	−0.4250***	−	0.9561***	0.9945
青海	−0.0490***	0.0265***	−0.1093***	−	0.6608***	0.9998
宁夏	−0.0606***	0.0311***	−0.3572***	−	0.7831***	0.9999
新疆	−0.0275***	−0.0076***	−0.0738***	−0.4379***	0.8758***	0.9996

*、**、***分别表示具有 10%、5% 和 1% 的显著性水平。"−"表示该系数不显著，已剔除。

第三节　关于各省区市全要素经济增长率的实证分析

一、各省区市生产要素的产出弹性系数的估算结果

根据表 11-1 所示的关于各省区市生产函数回归估计的结果，将其代入模型，可得到如表 11-2 所示的各省区市不同时间段正常年份的资本和劳动的产出弹性系数。

表 11-2　各省区市不同时间段正常年份的资本和劳动的产出弹性系数

省区市	1953～1978 年		1979～2007 年		2008～2017 年	
	资本产出弹性系数	劳动产出弹性系数	资本产出弹性系数	劳动产出弹性系数	资本产出弹性系数	劳动产出弹性系数
北京	0.5322	0.4678	0.6167	0.3833	0.2467	0.7533
天津	0.7082	0.2918	0.4706	0.5294	0.1954	0.8046

续表

省区市	1953~1978 年		1979~2007 年		2008~2017 年	
	资本产出弹性系数	劳动产出弹性系数	资本产出弹性系数	劳动产出弹性系数	资本产出弹性系数	劳动产出弹性系数
河北	0.8429	0.1571	0.5255	0.4745	0.2861	0.7139
山西	0.6831	0.3169	0.6831	0.3169	0.2205	0.7795
内蒙古	0.5915	0.4085	0.5915	0.4085	0.3527	0.6473
辽宁	0.9491	0.0509	0.5383	0.4617	0.5383	0.4617
吉林	0.6784	0.3216	0.6784	0.3216	0.5355	0.4645
黑龙江	0.8553	0.1447	0.5778	0.4222	0.6400	0.3600
上海	0.9191	0.0809	0.4792	0.5208	0.2907	0.7093
江苏	0.6620	0.3380	0.6620	0.3380	0.5625	0.4375
浙江	0.5887	0.4113	0.5887	0.4113	0.2662	0.7338
安徽	0.6688	0.3312	0.5189	0.4811	0.4221	0.5779
福建	0.4966	0.5034	0.4966	0.5034	0.2478	0.7522
江西	0.6326	0.3674	0.5001	0.5000	0.4145	0.5855
山东	0.8518	0.1482	0.6454	0.3546	0.4021	0.5979
河南	0.7680	0.2320	0.5131	0.4869	0.2697	0.7303
湖北	0.7297	0.2703	0.4465	0.5535	0.4465	0.5535
湖南	0.5626	0.4374	0.4616	0.5384	0.4616	0.5384
广东	0.5491	0.4509	0.5491	0.4509	0.2513	0.7488
广西	0.7093	0.2907	0.4431	0.5569	0.4431	0.5569
海南	0.6257	0.3743	0.6257	0.3743	0.3375	0.6625
重庆	0.8429	0.1571	0.4818	0.5182	0.4818	0.5182
四川	0.5755	0.4245	0.4456	0.5544	0.4456	0.5544
贵州	0.3330	0.6670	0.4686	0.5314	0.4487	0.5513
云南	0.5609	0.4391	0.3753	0.6247	0.3753	0.6247
西藏	0.4365	0.5635	0.3442	0.6558	0.3442	0.6558
陕西	0.6007	0.3993	0.6007	0.3993	0.4827	0.5173
甘肃	0.9561	0.0439	0.5310	0.4690	0.5310	0.4690
青海	0.6608	0.3392	0.5515	0.4485	0.5515	0.4485
宁夏	0.7831	0.2169	0.4259	0.5741	0.4259	0.5741
新疆	0.8758	0.1242	0.8000	0.2000	0.3622	0.6379

二、各省区市不同时期资本产出弹性系数变化趋势分析

在本章的模型中，采用了规模收益不变的假定，也就是说假定资本和劳动的产出弹性系数之和为 1。所以，只需对两个要素中的一个要素的产出弹性系数进行分析，就可以了解另一个要素产出弹性系数的变动趋势。图 11-1 是反映不同时间段各省区市资本产出弹性系数变化的面积图。

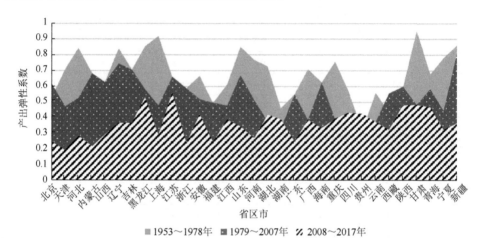

图 11-1　不同时间段各省区市资本产出弹性系数面积图

从图 11-1 可以看出，随着时间的推移，我国大多数省区市的资本产出弹性系数有了明显的下降，尤其是东部地区。也就是说，随着资本投入的增加，这些省区市的资本相对稀缺性得到缓解，资本的产出弹性系数也随之逐渐降低。部分中、西部地区情况有所不同，如湖北、湖南、四川、贵州等，大量的资本投入所带来的厂房、机器、设备的更新换代起到了重要的作用，有效推动了地区的经济增长，其对产出的影响程度甚至高于金融危机之前。

三、全要素经济增长率和广义技术进步率的测算

根据表 11-2 给出的各省区市生产要素的产出弹性系数，可以利用与国家层面测算时相类似的方法，通过以下两个式子，测算出各省区市不同时间段的全要素经济增长率与广义技术进步率[①]：

[①] 严格地讲，这里所说的全要素经济增长率和广义技术进步率，都是指因全要素生产率提高或广义技术进步加快所带来的经济增长率。关于全要素经济增长率与广义技术进步率的联系与区别，以及这两个公式推导的详细过程，可参见第十章的有关论述。

$$全要素经济增长率 = \ln y_{it} - \alpha_i \ln l_{it} - \beta_i \ln k_{it} \qquad (11\text{-}2)$$

$$广义技术进步率 = \ln y_{it} - \alpha_i \ln l_{it} - \beta_i \ln \tilde{k}_{it} \qquad (11\text{-}3)$$

式中，$\ln y_{it}$ 为对 i 省区市的地区生产总值发展速度取自然对数后得到的经济连续增长率；$\ln l_{it}$、$\ln k_{it}$ 和 $\ln \tilde{k}_{it}$ 分别为对 i 省区市的就业人员数、资本存量和有效资本存量的发展速度取自然对数后得到的劳动与有效资本的连续增长率；α_i 为 i 省区市劳动的产出弹性系数；β_i 为 i 省区市资本的产出弹性系数。

表 11-3～表 11-7 给出了各省区市不同时间段的年平均经济增长率、年平均全要素经济增长率和年平均广义技术进步率。

表 11-3　华北、东北各省区市不同时间段的年平均经济增长率、年平均全要素经济增长率及年平均广义技术进步率

时段	指标	北京	天津	河北	山西	内蒙古	辽宁	吉林	黑龙江
1953～1978 年	经济增长率	0.0757	0.0610	0.0583	0.0566	0.0539	0.0646	0.0543	0.0595
	全要素经济增长率	−0.0070	−0.0308	−0.0190	−0.0258	−0.0307	−0.0006	−0.0222	−0.0154
	广义技术进步率	−0.0070	−0.0308	−0.0190	−0.0254	−0.0280	−0.0006	−0.0194	−0.0153
1979～1992 年	经济增长率	0.0875	0.0726	0.0880	0.0764	0.0909	0.0802	0.0864	0.0666
	全要素经济增长率	0.0070	0.0226	0.0369	0.0233	0.0315	0.0186	0.0187	−0.0017
	广义技术进步率	0.0075	0.0226	0.0373	0.0233	0.0269	0.0200	0.0136	0.0020
1993～2007 年	经济增长率	0.0968	0.1092	0.0965	0.0970	0.1178	0.0833	0.0877	0.0788
	全要素经济增长率	0.0195	0.0528	0.0301	0.0300	0.0357	0.0318	0.0158	0.0257
	广义技术进步率	0.0188	0.0524	0.0292	0.0300	0.0354	0.0318	0.0171	0.0208
2008～2017 年	经济增长率	0.0631	0.1043	0.0697	0.0619	0.0846	0.0584	0.0778	0.0695
	全要素经济增长率	0.0214	0.0427	0.0253	0.0179	0.0071	−0.0049	−0.0100	−0.0110
	广义技术进步率	0.0239	0.0470	0.0330	0.0289	0.0211	−0.0023	0.0124	−0.0011

表 11-4　华东各省区市不同时间段的年平均经济增长率、年平均全要素经济增长率及年平均广义技术进步率

时段	指标	上海	江苏	浙江	安徽	福建	江西	山东
1953～1978 年	经济增长率	0.0739	0.0493	0.0533	0.0349	0.0551	0.0430	0.0603
	全要素经济增长率	−0.0286	−0.0114	−0.0146	−0.0265	−0.0154	−0.0431	−0.0194
	广义技术进步率	−0.0286	−0.0109	−0.0146	−0.0242	−0.0154	−0.0419	−0.0172
1979～1992 年	经济增长率	0.0751	0.1100	0.1169	0.0844	0.1192	0.0833	0.1037
	全要素经济增长率	0.0166	0.0137	0.0484	0.0166	0.0467	0.0438	0.0261
	广义技术进步率	0.0166	0.0133	0.0504	0.0200	0.0455	0.0443	0.0212
1993～2007 年	经济增长率	0.1016	0.1066	0.1085	0.0910	0.1024	0.0835	0.1043
	全要素经济增长率	0.0350	0.0234	0.0123	0.0315	0.0187	0.0215	0.0208
	广义技术进步率	0.0350	0.0234	0.0120	0.0315	0.0187	0.0248	0.0208
2008～2017 年	经济增长率	0.0615	0.0797	0.0686	0.0904	0.0880	0.0891	0.0782
	全要素经济增长率	0.0200	0.0178	0.0353	0.0297	0.0292	0.0338	0.0268
	广义技术进步率	0.0212	0.0228	0.0379	0.0365	0.0307	0.0371	0.0350

表 11-5 华中、华南各省区市不同时间段的年平均经济增长率、年平均全要素经济增长率及年平均广义技术进步率

时段	指标	河南	湖北	湖南	广东	广西	海南
1953~1978 年	经济增长率	0.0416	0.0497	0.0507	0.0468	0.0628	0.0479
	全要素经济增长率	−0.0368	−0.0535	−0.0394	−0.0282	−0.0160	−0.0335
	广义技术进步率	−0.0351	−0.0508	−0.0394	−0.0254	−0.0125	−0.0313
1979~1992 年	经济增长率	0.0970	0.0855	0.0743	0.1308	0.0815	0.1219
	全要素经济增长率	0.0401	0.0371	0.0317	0.0533	0.0399	0.0158
	广义技术进步率	0.0403	0.0381	0.0309	0.0494	0.0348	0.0104
1993~2007 年	经济增长率	0.0958	0.0887	0.0855	0.1091	0.0870	0.0741
	全要素经济增长率	0.0283	0.0293	0.0277	0.0230	0.0242	0.0065
	广义技术进步率	0.0276	0.0293	0.0277	0.0230	0.0242	0.0052
2008~2017 年	经济增长率	0.0793	0.0896	0.0885	0.0712	0.0847	0.0810
	全要素经济增长率	0.0266	0.0327	0.0268	0.0303	0.0119	0.0144
	广义技术进步率	0.0399	0.0434	0.0377	0.0360	0.0344	0.0208

表 11-6 西北各省区市不同时间段的年平均经济增长率、年平均全要素经济增长率及年平均广义技术进步率

时段	指标	重庆	四川	贵州	云南	西藏
1953~1978 年	经济增长率	0.0459	0.0481	0.0428	0.0531	0.0605
	全要素经济增长率	−0.0388	−0.0302	−0.0352	−0.0382	−0.0160
	广义技术进步率	−0.0388	−0.0302	−0.0352	−0.0382	−0.0137
1979~1992 年	经济增长率	0.0852	0.0830	0.0845	0.0948	0.0670
	全要素经济增长率	0.0519	0.0241	0.0480	0.0503	0.0138
	广义技术进步率	0.0511	0.0236	0.0483	0.0487	0.0133
1993~2007 年	经济增长率	0.0906	0.0871	0.0789	0.0770	0.1067
	全要素经济增长率	0.0372	0.0366	0.0307	0.0326	0.0258
	广义技术进步率	0.0372	0.0366	0.0299	0.0315	0.0182
2008~2017 年	经济增长率	0.1077	0.0909	0.0997	0.0899	0.0951
	全要素经济增长率	0.0384	0.0367	0.0305	0.0223	−0.0025
	广义技术进步率	0.0440	0.0419	0.0408	0.0346	0.0164

表 11-7　西南各省区市不同时间段的年平均经济增长率、年平均全要素经济增长率及年平均广义技术进步率

时段	指标	陕西	甘肃	青海	宁夏	新疆
1953~1978 年	经济增长率	0.0595	0.0585	0.0834	0.0879	0.0563
	全要素经济增长率	−0.0434	−0.0200	−0.0101	−0.0304	−0.0153
	广义技术进步率	−0.0434	−0.0168	−0.0097	−0.0231	−0.0171
1979~1992 年	经济增长率	0.0886	0.0823	0.0727	0.0851	0.1050
	全要素经济增长率	0.0395	0.0502	0.0241	0.0455	0.0150
	广义技术进步率	0.0391	0.0492	0.0168	0.0337	0.0150
1993~2007 年	经济增长率	0.0936	0.0848	0.0838	0.0825	0.0750
	全要素经济增长率	0.0355	0.0459	0.0235	0.0305	−0.0049
	广义技术进步率	0.0355	0.0423	0.0217	0.0305	−0.0053
2008~2017 年	经济增长率	0.0908	0.0776	0.0863	0.0824	0.0797
	全要素经济增长率	0.0205	0.0069	−0.0077	0.0030	0.0036
	广义技术进步率	0.0282	0.0127	0.0207	0.0206	0.0090

四、各省区市全要素经济增长率的对比分析

为了更直观地进行比较，下面将改革开放以来各省区市不同时间段的全要素经济增长率制作成条形图[①]，参见图 11-2。

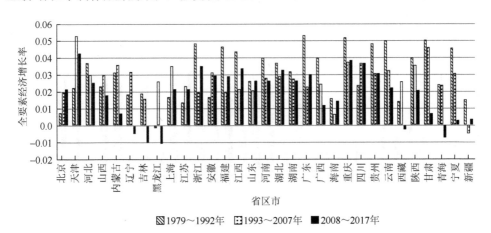

图 11-2　改革开放以来各省区市不同时间段全要素经济增长率比较

① 改革开放前，根据平均发展速度和正常年份产出弹性系数推算的各省区市广义技术进步率均为接近于 0 的负值。而在回归估计时反映广义技术进步率的参数估计均不能通过显著性检验。因此，不对其进行比较。

从图 11-2 可以看出，1979～1992 年全要素经济增长率提高比较快的省区市主要有浙江、福建、江西、广东、重庆、贵州、云南、甘肃和宁夏等；1993～2007 年全要素经济增长率提高比较快的省区市主要有天津、内蒙古、辽宁、上海、湖北、湖南、重庆、四川、云南和甘肃等；2008～2017 年全要素经济增长率提高较快的省区市有天津、浙江、江西、湖北、湖南、四川和重庆等。从不同时间段各省区市自身全要素经济增长率的变动情况看，1979～1992 年期间，几乎所有省区市的全要素经济增长率提高得都比较快，多数省区市 1993～2007 年期间全要素经济增长率提高的速度比上一时间段有所放慢。但北京、天津、上海、内蒙古和安徽等省区市的情况有所不同，1993～2007 年期间这些省区市的全要素经济增长率提高的速度比上一时间段还要快。2008～2017 年期间大多数省区市全要素经济增长率提高的速度都有不同程度的下降。

五、全要素经济增长率与广义技术进步率的对比分析

如前所述，全要素经济增长率与广义技术进步率的差异主要受开工率的影响。当有效资本存量的发展速度超过实际资本存量的发展速度时，意味着开工率比原来提高，全要素经济增长率会高于广义技术进步率。反之，当有效资本存量发展速度低于实际资本存量发展速度时，则意味着开工率下降，全要素经济增长率将低于广义技术进步率。

图 11-3 是改革开放以来各省区市不同时间段的全要素经济增长率与广义技术进步率对比的条形图。

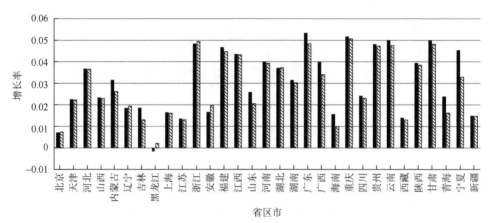

(a) 1978～1992 年

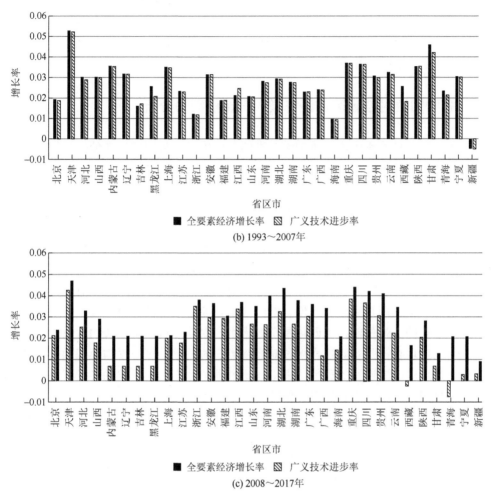

图 11-3 各省区市不同时间段全要素经济增长率与广义技术进步率对比条形图

从图 11-3 可以看出：1978～1992 年即改革开放初期，经济发展带有一定恢复期的特征，一些激励措施对于提高生产者的积极性发挥了作用，原来被闲置的一些固定资本也开始得到较充分的利用。这一时间段，相当一部分省区市的有效资本存量的增长速度高于实际资本存量的增长速度，从而使全要素经济增长率高于同期的广义技术进步率。

1993～2007 年即进一步全面改革开放期间，各省区市的资本存量都得到比较充分的利用，实际资本存量的发展速度与有效资本存量的发展速度基本同步，因此该时间段大多数省区市的全要素经济增长率也与广义技术进步率相当接近。在该时间段，黑龙江、西藏、甘肃、青海等省区市的全要素经济增长率明显高于广义技术进步率，这说明这段时期经济相对不发达的边远省区市资本的有效利用率得到了提升。

2008 年金融危机之后，虽然各省区市普遍加大了投资，但由于各种原因，出现了部分行业产能过剩、开工不足的现象，从而导致 2008～2017 年这一时间段各省区市的全要素经济增长率明显低于广义技术进步率。

六、各种因素对各省区市经济增长贡献份额的分析

各种因素对各省区市经济增长贡献的分析可采用与国家层面分析时的类似方法，利用式（11-4）进行[①]：

$$\frac{\ln y_{it}}{\ln y_{it}} = \alpha_i \frac{\ln l_{it}}{\ln y_{it}} + \beta_i \frac{\ln \tilde{k}_{it}}{\ln y_{it}} + \frac{\beta_i \left(\ln k_{it} - \ln \tilde{k}_{it} \right)}{\ln y_{it}} + \frac{\text{TFEG}_{it}}{\ln y_{it}} \qquad （11-4）$$

式中，y_{it}、l_{it}、$\tilde{k}_{it}$ 分别为 i 省区市的地区生产总值、就业人员与有效资本存量的发展速度；α_i 和 β_i 分别为 i 省区市劳动的产出弹性系数和资本的产出弹性系数；TFEG_{it} 为 i 省区市的全要素经济增长率。式中的第一项是劳动增长对经济增长的贡献份额；第二项是有效资本增长对经济增长的贡献份额；第三项是开工率变动对经济增长的贡献份额；第四项是全要素生产率变动对经济增长的贡献份额；第二项与第三项合计是实际资本增长对经济增长的贡献；第三项与第四项合计是广义技术进步对经济增长的贡献。表 11-8 是根据式（11-4）计算的各省区市不同时间段各种因素对经济增长的贡献份额。

表 11-8　各省区市不同时段各种因素对经济增长的贡献份额

省区市	1979～1992 年			1993～2007 年			2008～2017 年		
	全要素生产率	资本	劳动	全要素生产率	资本	劳动	全要素生产率	资本	劳动
北京	0.08	0.81	0.11	0.20	0.69	0.11	0.34	0.33	0.33
天津	0.31	0.55	0.14	0.48	0.46	0.06	0.41	0.29	0.30
河北	0.42	0.43	0.15	0.31	0.64	0.05	0.36	0.49	0.15
山西	0.30	0.59	0.10	0.31	0.66	0.03	0.29	0.47	0.24
内蒙古	0.35	0.52	0.13	0.30	0.68	0.02	0.08	0.68	0.24
辽宁	0.23	0.59	0.18	0.38	0.59	0.03	−0.08	1.04	0.04
吉林	0.22	0.61	0.18	0.18	0.82	0.00	−0.13	1.02	0.11
黑龙江	−0.02	0.84	0.18	0.33	0.60	0.07	−0.16	1.10	0.05
上海	0.22	0.71	0.07	0.34	0.57	0.09	0.32	0.32	0.35
江苏	0.12	0.77	0.10	0.22	0.76	0.02	0.22	0.77	0.01
浙江	0.41	0.49	0.10	0.11	0.82	0.06	0.51	0.38	0.11

[①] 关于该公式的推导参见第十章的有关论述。

续表

省区市	1979～1992 年			1993～2007 年			2008～2017 年		
	全要素生产率	资本	劳动	全要素生产率	资本	劳动	全要素生产率	资本	劳动
安徽	0.20	0.61	0.19	0.35	0.58	0.08	0.33	0.59	0.09
福建	0.39	0.46	0.14	0.18	0.72	0.10	0.33	0.37	0.30
江西	0.53	0.30	0.18	0.26	0.65	0.09	0.38	0.55	0.07
山东	0.25	0.66	0.09	0.20	0.72	0.08	0.34	0.59	0.06
河南	0.41	0.43	0.16	0.29	0.61	0.10	0.34	0.51	0.15
湖北	0.43	0.33	0.24	0.33	0.61	0.06	0.37	0.63	0.00
湖南	0.43	0.38	0.19	0.32	0.61	0.07	0.30	0.70	0.00
广东	0.41	0.49	0.10	0.21	0.66	0.13	0.43	0.39	0.18
广西	0.49	0.30	0.21	0.28	0.63	0.10	0.14	0.84	0.01
海南	0.13	0.79	0.08	0.09	0.85	0.07	0.18	0.51	0.32
重庆	0.61	0.22	0.17	0.41	0.64	−0.05	0.36	0.56	0.08
四川	0.29	0.52	0.19	0.42	0.56	0.02	0.40	0.58	0.02
贵州	0.57	0.20	0.24	0.39	0.57	0.04	0.31	0.65	0.04
云南	0.53	0.26	0.21	0.42	0.45	0.12	0.25	0.64	0.11
西藏	0.21	0.73	0.06	0.24	0.68	0.08	−0.03	0.70	0.32
陕西	0.45	0.41	0.14	0.38	0.57	0.05	0.23	0.76	0.01
甘肃	0.61	0.12	0.27	0.54	0.45	0.01	0.09	0.86	0.05
青海	0.33	0.42	0.25	0.28	0.66	0.06	−0.09	1.04	0.05
宁夏	0.54	0.21	0.25	0.37	0.48	0.15	0.04	0.81	0.15
新疆	0.14	0.82	0.04	−0.06	1.02	0.04	0.05	0.58	0.38

注：由于数据计算时进行了四舍五入，所以存在贡献份额不等于 1 的情况。

　　为了便于直观比较，我们还将改革开放以来各省区市全要素生产率、劳动和资本对经济增长的贡献份额制作成了百分比堆积图，见图 11-4。

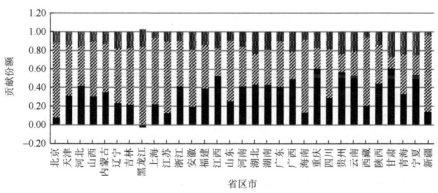

(a) 1979～1992年贡献份额分析

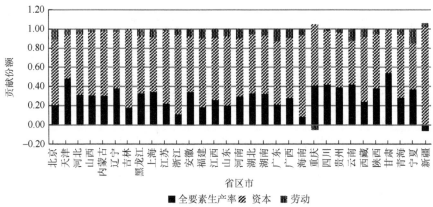

(b) 1993～2007年贡献份额分析

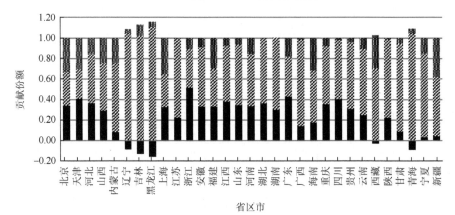

(c) 2008～2017年贡献份额分析

图 11-4　各省区市不同时间段各要素对经济增长贡献份额的百分比堆积图

下面根据图 11-4 做一些初步分析。

根据对式（11-4）的分析，可以发现：各省区市全要素生产率提高对经济增长贡献份额的高低，除了取决于其自身提高的速度外，还与各省区市的经济增长率高低、资本和劳动的增长情况以及要素产出弹性系数的高低有很大关系。在一定的全要素生产率提高速度的情况下，经济增长率越高，则全要素生产率的贡献份额越低，资本和劳动等要素投入增加越快，全要素生产率的贡献份额越低，资本的产出弹性系数越高，全要素生产率的贡献份额也越低。

1979～1992 年，在三个影响经济增长的基本因素中，劳动增长对经济增长的贡献份额普遍最小，即便是贡献份额相对较高的省份如甘肃、宁夏等也未超过 30%，大多数省区市更是在 20%以下。这主要是因为，各省区市就业人数的增速均明显低于固定资本的增速。该时期，大多数省区市资本增加是对经济增长贡献最大的因素。但也有部分省区市，其全要素生产率提高对经济增长的贡献最大。值得注意的是，这些省区市均为原来经济相对落后的地区，如甘肃、贵州、云南、江西和广西等。在该时期，一方面改革开放为这些省区市的经济发展带来了积极影响；另一方面，这些省区市的资本增长相对较少，资本产出弹性系数也就相对较低，从而使资本贡献份额低，而全要素生产率贡献份额高。

1993～2007 年，在三个影响各省区市经济增长的基本因素中，劳动增长对经济增长的贡献份额进一步降低。所有省区市劳动对经济增长的贡献份额都降到20%以下，该时期，大多数省区市资本增长是对经济增长贡献最大的因素。只有甘肃全要素生产率的提高仍是对经济增长贡献最大的因素。另外，天津的全要素生产率提速明显加快，其对经济增长的贡献份额与资本的贡献份额大致持平。

2008～2017 年，在三个影响各省区市经济增长的基本因素中，多数省区市劳动对经济增长的贡献份额比上一个时期有所提高，这主要是由于金融危机后，这些省区市都通过增加固定资产投资来保持一定的经济增长速度。但是，也随之出现了产能过剩现象，导致资本的产出弹性系数下降而劳动产出弹性系数提高，进而又使劳动对经济增长的贡献份额增加。但也有一些省区市由于就业人数增加很少，或没有增加，导致劳动对经济增长的贡献份额进一步下降，有的甚至降为 0。在该时期，资本增长仍然是大多数省区市经济增长的最大因素。但几个近年来发展较好的省市如浙江、广东、上海、北京和四川等，其全要素生产率贡献份额比上一时期有明显提高。尤其是浙江，由于电子商务等新经济的迅速发展，其全要素生产率提高对经济增长的贡献份额超过了 50%，成为对经济增长贡献最大的因素。

第四节　省际全要素经济增长率指标比较时需要注意的问题

一、正确理解基于索洛方法的全要素经济增长率

严格地讲，全要素生产率变动所带来的经济增长率与本来意义上的全要素生产率是有所区别的。理论上的全要素生产率应该是 GDP 与所有投入的生产要素的比值①，它可以反映生产要素综合效率的高低，并且通常应该是正值，不同省区市之间的全要素生产率可以通过直接比较，去评价各自生产要素综合效率的高低。基于索洛方法所测度的不同省区市的全要素经济增长率反映的则是报

---

① 由于投入要素的计量单位不同，这种严格意义上的全要素生产率测度事实上是比较困难的。

告期各省区市生产要素综合效率变动对经济增长率的影响，而不是该省区市的生产要素综合效率的水平。例如，前面提到的改革开放初期一些原来经济相对落后的省区市利用索洛方法测度的全要素经济增长率比经济相对发达的省区市更高。这并不意味着这些相对落后的省区市生产要素的综合效率高于相对发达的省区市，而只是说明改革开放初期这些省区市的生产要素综合效率可能提高得更快些。另外，一些省区市基于索洛方法测度的全要素经济增长率出现负值，也并不意味着其综合生产率水平为负，而只是意味着这些省区市生产要素的综合效率出现了下降。

二、基于索洛方法的全要素经济增长率有可能低估"嵌入"型技术进步

基于索洛方法测度的全要素生产率变动带来的经济增长率是利用从整个国民经济的增长率中扣除由于劳动和资本投入增加而带来的经济增长率后"剩余"的部分来确定的。而在具体计算时，通常假定一段时期内生产要素的产出弹性系数是不变的，直接用这段时期资本的连续增长率乘以给定的产出弹性系数，去求得由于劳动或资本投入的增加而带来的经济增长率。

但是，在现实经济生活中，资本的产出弹性系数并非一成不变。一方面，固定资产投资本身就是促进技术进步的重要手段，尤其是对新设备的投资更是与新技术的开发和推广密切联系在一起的。这种"嵌入"型的技术进步会促使资本产出弹性系数的提高。另一方面，投资的大量增加又可能使资本出现相对过剩从而引起资本产出弹性系数的下降。对索洛模型进行回归分析得到的资本产出弹性系数是一定时期内现实经济生活中这两方面原因共同作用的结果。严格地讲，如果要准确计算单纯由于固定资本数量增加而带来的经济增长率，就应当将产出弹性系数中受"嵌入"型技术进步影响的部分排除。显而易见，排除这一影响后的资本产出弹性系数将低于原先的资本产出弹性系数，而且"嵌入"型的技术进步越快的省区市，资本产出弹性系数降低的幅度就应该越大，根据较低的资本产出弹性系数计算的因固定资本增加带来的经济增长率也会比原来低，而作为全要素生产率变动对经济影响的"剩余"部分也会比原来大。换句话说，按照现有的索洛方法，"嵌入"型技术进步越快的省区市，全要素经济增长率和广义技术进步率的影响被低估的程度也越大。

三、有必要从不同角度综合考察各省区市经济发展的速度和质量

全要素经济增长率是衡量经济是否实现高质量发展的重要指标。但是，评

价各省区市的经济发展质量，仅仅对全要素经济增长率进行考察是不够充分的。这是因为，一方面"发展是硬道理"，"没有数量，就没有质量"，一个地区只有在保持一定的经济发展速度的前提下，才谈得上经济发展的高质量。另一方面，如前所述，现有的基于索洛方法测度的全要素经济增长率尚未很好地解决如何测度"嵌入"型技术进步对经济增长影响的问题。所以，从经济增长率和全要素经济增长率两个不同的角度对各省区市经济发展的情况进行综合考察是非常必要的。

下面，我们以经济增长率为纵坐标，以全要素经济增长率为横坐标，描绘三个不同时期各省区市经济增长率与全要素经济增长率的散点图（图11-5）。图11-5中的纵向与横向两条虚线分别是该时期全国的经济增长率[①]（各省区市经济增长率的加权平均数）和全国的全要素经济增长率（各省区市的全要素经济增长率的加权平均数）分别达到的水平，以这两条虚线为界，可以将散点图划分为四个象限。右上角区域为第一象限，处于该象限的省区市是经济增长率和全要素经济增长率都高于全国平均水平的省区市。左上角的区域为第二象限，处于该象限的省区市是经济增长率高于全国平均水平但全要素经济增长率低于全国平均水平的省区市。左下角区域为第三象限，处于该象限的省区市是经济增长率和全要素经济增长率都低于全国平均水平的省区市。右下角区域为第四象限，处于该象限的省区市是经济增长率低于全国平均水平，全要素经济增长率高于全国平均水平的省区市。

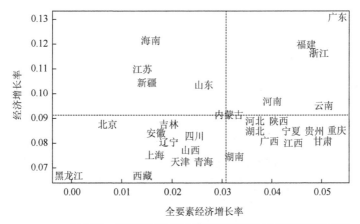

(a) 1979～1992年各省区市全要素经济增长率与经济增长率散点图

① 这里全国的经济增长率和全要素经济增长率理论上与第十章国家层面全要素经济增长率测度时的国家层面的连续经济增长率和全要素经济增长率是一样的。但由于计算误差，两者的数值有一定出入。

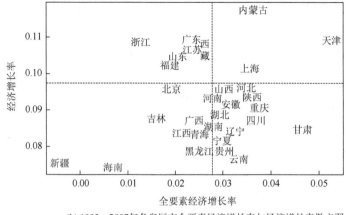

(b) 1993～2007年各省区市全要素经济增长率与经济增长率散点图

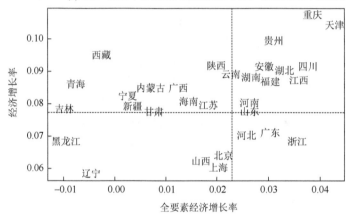

(c) 2008～2017年各省区市全要素经济增长率与经济增长率散点图

图11-5　不同时间段各省区市全要素经济增长率与经济增长率散点图

　　通过图11-5可以一目了然地看出各地区不同时期的经济增长率和全要素经济增长率的变化情况。

　　为了从经济增长率和全要素经济增长率两个角度综合反映各省区市的经济发展情况，下面以全国的连续经济增长率和全国的全要素经济增长率作为对比基准，分别计算各省区市这两项指标的得分，再假定这两项指标的权重相同，计算两项指标得分的几何平均数，并将其作为综合排名的基本依据。需要说明的是，部分省区市在不同时段的全要素经济增长率是负值，因此，首先将各时期全要素经济增长率和经济增长率数据进行了极差标准化处理。为了防止 0 的出现，进一步将极差标准化公式中的最小值取为比各指标中最小值略小的值。按照这一方法得到的不同时期各省区市的得分如表11-9所示。

表 11-9　不同时间段各省区市的得分

省区市	1979~1992 年	1993~2007 年	2008~2017 年
	得分	得分	得分
北京	0.226 842	0.468 799	0.240 266
天津	0.203 593	0.896 305	0.965 048
河北	0.483 962	0.557 758	0.393 292
山西	0.263 851	0.562 959	0.195 844
内蒙古	0.478 012	0.838 958	0.422 8
辽宁	0.279 753	0.367 111	0.003 272
吉林	0.338 611	0.333 676	0.082 914
黑龙江	0.000 124	0.239 29	0.002 398
上海	0.210 268	0.659 978	0.190 528
江苏	0.433 984	0.604 029	0.481 237
浙江	0.844 863	0.484 684	0.421 325
安徽	0.303 957	0.494 837	0.700 662
福建	0.849 292	0.514 934	0.671 134
江西	0.464 519	0.314 16	0.719 882
山东	0.540 143	0.554 855	0.531 024
河南	0.599 849	0.535 074	0.544 603
湖北	0.456 158	0.444 955	0.718 344
湖南	0.270 23	0.383 966	0.654 561
广东	1	0.622 811	0.446 494
广西	0.418 966	0.385 694	0.476 218
海南	0.522 351	0.005 334	0.465 587
重庆	0.531 872	0.525 155	0.959 301
四川	0.346 127	0.462 311	0.764 774
贵州	0.502 593	0.261	0.804 183
云南	0.644 125	0.208 025	0.629 302
西藏	0.040 862	0.630 385	0.342 281
陕西	0.506 895	0.559 04	0.620 978
甘肃	0.479 936	0.465 545	0.359 658
青海	0.210 376	0.330 577	0.186 892
宁夏	0.497 012	0.343 534	0.355 688
新疆	0.425 438	0.001 13	0.342 756

结合表 11-9 和图 11-5 可以发现，1979～1992 年，乘着改革开放的春风，广东、福建、浙江等沿海省份加大马力搞生产，因此其经济增长率和全要素经济增长率均较大。自 1993 年起，随着资本的大量流入，投入资本的增速远远高于经济增长的增速，全要素经济增长率比前一时期有所下降。2008 年之后，金融危机爆发，国际形势发生变化，各省区市经济增速趋缓，但科技进步的作用明显增强，因此保持了较高的全要素经济增长率。

邓小平南方谈话后，北京、天津、上海三个直辖市率先起步，对生产设备加速改造，人才也进一步集聚，全要素经济增长率增长较快，尤其是天津最为明显。西部地区部分省市，如重庆、贵州、四川，则随着西部大开发战略的实施，得到充裕的资本后，加速工业的升级改造，其投入资本的增速与 GDP 的增速相当，从而有较高的全要素经济增长率。

必须指出，以上我们对各省区市经济发展情况的考察，都是依据现有的官方统计数据或在此基础上整理估算的资料进行的。众所周知，在过去一段时期，由于各种原因，有些省区市的地区生产总值数据可能存在一定的水分，另外，目前各省区市资本存量核算尚不健全，只能根据收集整理的数据去估算。因此，在此基础上估计的各省区市的生产函数关系和全要素经济增长率未必能完全真实地反映各省区市经济高质量发展的情况，只能供有关部门和公众参考。要将其真正用于实践，尚有待于基础统计数据与国民经济核算体系的进一步完善。

第五节　考虑省际生产要素配置效应的经济增长定量分析

一、扩展的索洛经济增长模型

如前所述，生产要素在地区间配置结构的变动，也会对整个国民经济的效率和全要素经济增长率有一定的影响，因而也是影响整个国民经济增长的重要因素。下面，我们将利用一种扩展的索洛经济增长模型对包含省际生产要素配置效应在内的各种因素对我国经济增长的影响进行实证分析[①]。这一分析需要在拟合出分地区生产函数的基础上才能进行。该模型具体的推导过程如下。

设各省区市柯布-道格拉斯生产函数如下：

$$Y_{it} = A_{it} L_{it}^{\alpha_i} K_{it}^{\beta_i}, \quad \alpha_i + \beta_i = 1, \quad i = 1, 2, \cdots, m, \quad t = 1, 2, \cdots, n \qquad (11\text{-}5)$$

式中，Y_{it} 为 i 地区或部门 t 年的地区生产总值；A_{it} 为 i 地区或部门 t 年的效率系数；L_{it} 为 i 地区或部门 t 年投入的劳动；K_{it} 为 i 地区或部门 t 年投入的资本；α_i 和 β_i 分

---

① 该模型是 20 世纪 80 年代中期其他学者提出的一种模型，最初用于部门间资源配置效应的分析。参见曾五一的《总供需平衡统计研究》。我们认为，其原理同样可以用于地区间要素配置效应的分析。

别为 i 地区或部门劳动的产出弹性系数与资本的产出弹性系数。

对式（11-5）两边取自然对数，可得

$$\ln Y_{it} = \ln A_{it} + \alpha_i \ln L_{it} + \beta_i \ln K_{it} \tag{11-6}$$

若考虑到有效资本存量，可进一步将式（11-6）改写为

$$\ln Y_{it} = \ln A_{it} + \alpha_i \ln L_{it} + \beta_i \ln \tilde{K}_{it} + \beta_i \left(\ln K_{it} - \ln \tilde{K}_{it} \right) \tag{11-7}$$

式中， $\beta_i \left(\ln K_{it} - \ln \tilde{K}_{it} \right)$ 为开工率对经济增长变动的影响。因为：

$$L_{it} = \left(\frac{L_{it}}{L_t} \right) L_t, \quad \tilde{K}_{it} = \left(\frac{\tilde{K}_{it}}{\tilde{K}_t} \right) \tilde{K}_t \tag{11-8}$$

式中， L_t 为 t 年全国投入的劳动； $\tilde{K}_t$ 为 t 年全国投入的有效资本。将式（11-8）代入式（11-7），整理后可得

$$\ln Y_{it} = \ln A_{it} + \alpha_i \left(\ln \left(\frac{L_{it}}{L_t} \right) + \ln \left(L_t \right) \right) + \beta_i \left(\ln \left(\frac{\tilde{K}_{it}}{\tilde{K}_t} \right) + \ln \left(\tilde{K}_t \right) \right) + \beta_i \left(\ln \left(\frac{K_{it}}{\tilde{K}_{it}} \right) \right)$$

$$\tag{11-9}$$

对式（11-9）取全微分有

$$\frac{\mathrm{d}Y_{it}}{Y_{i,t-1}} = \frac{\mathrm{d}A_{it}}{A_{i,t-1}} + \alpha_i \frac{\mathrm{d}\left(L_i / L \right)_{it}}{\left(L_i / L \right)_{i,t-1}} + \alpha_i \frac{\mathrm{d}L_t}{L_{t-1}} + \beta_i \frac{\mathrm{d}\left(\frac{\tilde{K}_i}{\tilde{K}} \right)_{it}}{\left(\frac{\tilde{K}_i}{\tilde{K}} \right)_{i,t-1}} + \beta_i \frac{\mathrm{d}\tilde{K}_t}{\tilde{K}_{t-1}} + \beta_i \frac{\mathrm{d}\left(\frac{K_i}{\tilde{K}_i} \right)_{it}}{\left(\frac{K_i}{\tilde{K}_i} \right)_{i,t-1}}$$

$$\tag{11-10}$$

根据分量与总量的关系，有

$$Y_t = \sum Y_{it}, \quad \mathrm{d}Y_t = \sum \mathrm{d}Y_{it}$$

进而又有

$$\frac{\mathrm{d}Y_t}{Y_{t-1}} = \frac{\sum \mathrm{d}Y_{it}}{\sum Y_{i,t-1}} = \sum \frac{\mathrm{d}Y_{it}}{Y_{i,t-1}} \times \frac{Y_{i,t-1}}{Y_{t-1}} \tag{11-11}$$

式（11-11）是经济增长地区（部门）结构模型，它表明各地区（部门）经济增长率对全社会经济增长率的贡献等于各地区（部门）的经济增长率乘以各自的增加值在全社会 GDP 中的比重。将式（11-10）代入式（11-11），再用差分代替微分，便可得到以下扩展的经济增长分析模型：

$$\frac{\Delta Y_t}{Y_{t-1}} = \sum \frac{Y_{i,t-1}}{Y_{t-1}} \times \frac{\Delta A_{it}}{A_{i,t-1}} \qquad \text{①}$$

$$+ \sum \frac{Y_{i,t-1}}{Y_{t-1}} \times \alpha_i \times \frac{\Delta (L_i / L)_{it}}{(L_i / L)_{i,t-1}} \qquad \text{②}$$

$$+ \sum \frac{Y_{i,t-1}}{Y_{t-1}} \times \beta_i \times \frac{\Delta \left(\tilde{K}_i / \tilde{K} \right)_{it}}{\left(\tilde{K}_i / \tilde{K} \right)_{i,t-1}} \qquad \text{③}$$

$$+ \sum \frac{Y_{i,t-1}}{Y_{t-1}} \times \alpha_i \times \frac{\Delta L_t}{L_{t-1}} \qquad \text{④}$$

$$+ \sum \frac{Y_{i,t-1}}{Y_{t-1}} \times \beta_i \times \frac{\Delta \tilde{K}_t}{\tilde{K}_{t-1}} \qquad \text{⑤}$$

$$+ \sum \frac{Y_{i,t-1}}{Y_{t-1}} \times \beta_i \times \frac{\Delta \left(\dfrac{K_i}{\tilde{K}_i} \right)_{it}}{\left(\dfrac{K_i}{\tilde{K}_i} \right)_{i,t-1}} \qquad \text{⑥}$$

$$\text{（11-12）}$$

该模型把整个国民经济增长率的影响因素分解为 6 个部分：①是扣除资源配置效应后余下的全要素生产率变动对经济增长率的影响；②是劳动要素在地区（部门）间配置变动造成的影响；③是有效资本要素在地区（部门）间配置变动造成的影响；④是劳动总量的变动对经济增长率的影响；⑤是资本总量的变动对经济增长率的影响；⑥是开工率变动对经济增长率的影响。

如前所述，当某一年份的经济增长率很低，而各种因素的影响有正有负时，各因素的贡献份额有可能出现大幅度的上下波动。因此，我们常需要研究较长一段时期内的生产要素配置效应对我国经济增长率的影响。此时，式（11-6）可改为

$$\ln \left(\left(\frac{Y_{it}}{Y_{i0}} \right)^{\frac{1}{t}} \right) = \ln \left(\left(\frac{A_{it}}{A_{i0}} \right)^{\frac{1}{t}} \right) + \alpha_i \ln \left(\left(\frac{L_{it}}{L_{i0}} \right)^{\frac{1}{t}} \right) + \beta_i \ln \left(\left(\frac{K_{it}}{K_{i0}} \right)^{\frac{1}{t}} \right) \qquad \text{（11-13）}$$

式中，$\ln \left(\left(\dfrac{Y_{it}}{Y_{i0}} \right)^{\frac{1}{t}} \right)$、$\ln \left(\left(\dfrac{A_{it}}{A_{i0}} \right)^{\frac{1}{t}} \right)$、$\ln \left(\left(\dfrac{L_{it}}{L_{i0}} \right)^{\frac{1}{t}} \right)$、$\ln \left(\left(\dfrac{K_{it}}{K_{i0}} \right)^{\frac{1}{t}} \right)$ 分别为该时期 i 地区（部门）的地区生产总值、全要素生产率、劳动、资本在这段时期内的连续增长率。

进一步结合式（11-11）有

$$\ln\left(\left(\frac{Y_t}{Y_0}\right)^{\frac{1}{t}}\right) = \sum_i\left(\ln\left(\left(\frac{Y_{it}}{Y_{i0}}\right)^{\frac{1}{t}}\right) \times \frac{\sum_t Y_{it}}{\sum_t \sum_i Y_{it}}\right) \tag{11-14}$$

将式（11-8）和式（11-13）代入式（11-14）有

$$\ln\left(\left(\frac{Y_t}{Y_0}\right)^{\frac{1}{t}}\right) = \sum_i\left(\ln\left(\left(\frac{Y_{it}}{Y_{i0}}\right)^{\frac{1}{t}}\right) \times \frac{\sum_t Y_{it}}{\sum_t \sum_i Y_{it}}\right)$$

$$= \sum_i\left(\ln\left(\left(\frac{A_{it}}{A_{i0}}\right)^{\frac{1}{t}}\right) \times \frac{\sum_t Y_{it}}{\sum_t \sum_i Y_{it}}\right) \qquad ①$$

$$+ \sum_i\left(\alpha_i \times \ln\left(\left(\frac{\frac{L_{it}}{L_t}}{\frac{L_{i0}}{L_0}}\right)^{\frac{1}{t}}\right) \times \frac{\sum_t Y_{it}}{\sum_t \sum_i Y_{it}}\right) \qquad ②$$

$$+ \sum_i\left(\beta_i \times \ln\left(\left(\frac{\frac{\tilde{K}_{it}}{\tilde{K}_t}}{\frac{\tilde{K}_{i0}}{\tilde{K}_0}}\right)^{\frac{1}{t}}\right) \times \frac{\sum_t Y_{it}}{\sum_t \sum_i Y_{it}}\right) \qquad ③$$

$$+ \sum_i\left(\beta_i \times \ln\left(\left(\frac{L_t}{L_0}\right)^{\frac{1}{t}}\right) \times \frac{\sum_t Y_{it}}{\sum_t \sum_i Y_{it}}\right) \qquad ④$$

$$+ \sum_i\left(\beta_i \times \ln\left(\left(\frac{\tilde{K}_t}{\tilde{K}_0}\right)^{\frac{1}{t}}\right) \times \frac{\sum_t Y_{it}}{\sum_t \sum_i Y_{it}}\right) \qquad ⑤$$

$$+ \sum_i\left(\beta_i \times \ln\left(\left(\frac{\frac{K_{it}}{\tilde{K}_{it}}}{\frac{K_{i0}}{\tilde{K}_{i0}}}\right)^{\frac{1}{t}}\right) \times \frac{\sum_t Y_{it}}{\sum_t \sum_i Y_{it}}\right) \qquad ⑥$$

$$\tag{11-15}$$

式（11-15）中，一段时期内的全国 GDP 连续增长率可利用该时期内各省区市的地区生产总值连续增长率的加权平均来计算，其中权重为该地区在该时段 t

年的地区生产总值之和占所有地区在该时段 t 年地区生产总值之和的比重。如此，该时期整个国民经济增长率的影响因素仍可分解为 6 个部分，即式中的①～⑥[含义仍与式（11-12）相同]。

二、考虑生产要素地区间配置效应的我国经济增长因素的实证分析

根据上述模型和表 11-2 中所示的要素产出弹性系数以及其他相关数据（包括生产要素总量投入、生产要素各省区市结构变动）计算的各因素对我国经济增长的具体影响见表 11-10 和表 11-11。

表 11-10　不同因素变动所拉动的经济增长率

时期	GDP增速	净全要素生产率变动影响	开工率变动影响	劳动要素地区间配置变动影响	有效资本要素地区间配置变动影响	劳动总量变动影响	有效资本总量变动影响
1953～1978 年	0.0572	0	0	0.0004	0.0002	0.0038	0.0528
1979～1992 年	0.0913	0.0237	0.0009	−0.0010	0.0030	0.0137	0.0477
1993～2007 年	0.0973	0.0286	−0.0007	0.0005	0.0003	0.0058	0.0641
2008～2017 年	0.0773	0.0269	−0.0003	0.0024	0.0001	0.0076	0.0386

表 11-11　不同因素对我国经济增长的贡献份额　　　　　（单位：%）

时期	经济增长	扣除要素配置效应后的全要素生产率变动影响	开工率变动影响	劳动要素地区间配置变动影响	有效资本要素地区间配置变动影响	劳动总量变动影响	有效资本总量变动影响
1953～1978 年	100	0.00	0.00	0.67	0.28	6.70	92.35
1979～1992 年	100	31.29	−0.72	−1.14	3.33	15.01	52.22
1993～2007 年	100	27.65	−0.29	0.49	0.31	6.01	65.81
2008～2017 年	100	28.04	8.87	3.12	0.15	9.86	49.96

表 11-10 和表 11-11 中的有关数据是在分省测定生产函数的基础上再加总后测算的，由于存在计算误差，虽与前一章国家层面的数据不尽相同，但大体趋势是一致的。

关于国家层面各因素对我国经济增长的贡献，在第十章中我们已经做了比较详尽的分析，此处不再重复。下面主要就生产要素地区间配置变动对我国经济增长的影响做一些初步分析。

我国改革开放前基本上实行计划经济制度，生产要素在地区间的配置和调动如三线建设、支援老少边穷地区等，主要都是采取行政指令，通过国家统一的计

划去进行。改革开放以后，随着经济体制改革的逐步深入，劳动力和资本的流动越来越多地通过市场机制进行调节。按照一般的预想，改革开放后生产要素在地区间配置变动应该比改革开放前对经济增长的贡献更大些。但从表 11-10 和表 11-11 的数据来看，情况与原来的预想不太一样。改革开放前，无论是劳动要素还是生产要素地区间配置变动对经济增长的贡献份额都微乎其微，均不到 1%，改革开放初期，资本要素对经济增长的贡献份额有明显提高，1979~1992 年期间，提高到 3.33%，但随后几个时期都在逐步下降，2008~2017 年已降至 0.15%，甚至比改革开放前的贡献份额还低。劳动要素地区间配置变动对经济增长的贡献则呈现逐步提高的趋势，改革开放初期是-1.14%，2008~2017 年提高到 3.12%。

应当指出，在我们所构建的式（11-15）中，若生产要素更多地流向全要素生产率高的地区，将会使全要素生产率更高地区的地区生产总值在全国 GDP 中的比重增加，进而使全国全要素生产率提高，则生产要素在地区间配置变动对经济增长的贡献份额可能会提高。当然，如果出现反向流动，也可能使全要素生产率对经济增长的贡献份额下降。

第六节 总结与展望

本章所做的具有一定新意的工作如下。

（1）本章构建了中国 31 个省区市的生产函数，测度了各省区市的全要素生产率，并在此基础上开展了实证分析。利用有关方法估计的各省区市模型的参数，都能够通过有关经济理论检验、统计学检验和计量经济学检验，从而进一步验证了我们所提出的全要素生产率测度方法的有效性与可行性。

（2）本章研究了将全要素生产率指标用于经济高质量发展评价需要注意的问题。指出基于索洛方法所测度的全要素生产率并非本来意义上的生产率，而是因全要素生产率变动所带动的经济增长率（全要素经济增长率），从而较好地解释了为什么某些年份全要素经济增长率会出现负数，以及为什么有时会出现经济发达省区市的全要素经济增长率反而低于经济相对落后省区市的问题。用"嵌入"型的技术进步要素产出弹性系数的影响，解释为什么基于索洛方法有可能会低估一些省区市的全要素经济增长率。提出以经济增长率为纵坐标、以全要素经济增长率为横坐标，描绘各省区市散点图的方法对各省区市经济高质量发展的情况进行分析，在此基础上还提出了综合利用经济增长率和全要素经济增长率对各省区市经济高质量发展情况进行评价的方法。

（3）本章首次构建了用于我国地区间生产要素配置变动效应的分析模型，并利用实际数据开展了实证分析。

　　总而言之，本章的研究对于进一步开展总结与规范全要素生产率的测度方法，进而普及和推广该方法在地方的实际应用都具有一定的意义。但是，也应当指出：本章的研究仍存在一些有待改进之处。例如，如何进一步科学地整理与估算各省区市的资本存量和地区生产总值等统计资料？如何改进对各省区市投入劳动的测度？如何反映教育程度和技术熟练程度对劳动投入的影响？如何科学地测度包含在固定资本投资中的"嵌入"型技术进步对经济增长的影响？如何测度由于生产要素更多地向全要素生产率较高的地区流动对经济增长的影响？对这些问题，今后我们还将开展后续研究。

第十二章 中国资本存量数据库的构建与使用

为了便于今后进一步开展关于我国资本存量核算的研究，我们基于本书研究中收集、整理与估算的各种相关数据，融合数据库技术和 Web 技术，初步构建了一个比较系统、完整、详细的资本存量数据库，并可通过网站的形式，向用户提供服务。本章将说明该数据库的基本结构、包括的内容以及具体使用的方法。

第一节 资本存量数据库系统的功能、架构与开发管理

一、资本存量数据库系统的主要功能模块

资本存量数据库是一套在线的资本存量数据服务和管理系统，主要包括数据库管理模块、数据查询模块、数据可视化模块以及用户管理模块，并最终通过网站形式体现。

（1）数据库管理模块。数据库管理模块为具有管理权限的用户提供数据管理功能。数据库中存储的数据是其他功能模块的数据来源。为了实现对数据库的有效管理，系统将提供一套针对这些基础数据的管理功能。

目前，本系统中的数据包括六大类的相关资本存量数据：国家层面资本存量和流量数据、分省资本存量和流量数据、工业企业分行业资本存量数据、全国与分省的资本系数、全国测算全要素生产率基础数据、分省测算全要素生产率基础数据。

（2）数据查询模块。数据查询模块提供针对各类基础数据和各类指标的综合查询功能。

（3）数据可视化模块。数据可视化模块提供数据查询及可视化显示功能，该模块可根据用户选择的各项指标进行图形绘制，可更加直观地展示数据。同时，数据可以以表格的形式导出。

（4）用户管理模块。系统的主要用户包括使用数据库的研究人员和系统的管理人员。该系统允许研究人员经授权后通过互联网访问数据库，同时可即时获得数据统计报表和数据图形化展示。用户管理模块提供对用户的增加、删除与授权管理等功能。

数据库管理、数据查询、数据可视化及用户管理等相关功能最终以门户网站形式体现。数据库系统功能模块和逻辑架构如图 12-1 所示。

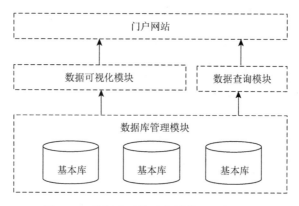

图 12-1　数据库系统功能模块和逻辑架构

二、资本存量数据库系统技术架构

本系统是采用目前主流的数据库技术和 Web 技术搭建起的一套在线的数据服务和管理系统。系统的主要用户包括使用数据库的研究人员和系统的管理人员。该系统允许研究人员经授权后通过互联网访问数据库中的相关数据记录，同时利用平台提供的功能，即时获得数据及图形化展示。由于大多研究人员已经拥有一些主流在线数据库系统的使用经验，因而为了提高用户的使用体验，本数据库系统需在设计上满足研究人员的操作和使用习惯，在性能上提供高效查询和分析的功能。

（一）系统架构

本系统整体采用 B/S 架构。B/S 架构是浏览器/服务器（browser/server）架构的简称，是相对传统客户端/服务器（client/server，C/S）架构而言的适应互联网环境的新架构。与 C/S 架构需要安装客户端不同，用户只要拥有浏览器即可访问服务器提供的各类在线 Web 服务。伴随着互联网的发展，B/S 架构已经成为软件系统架构的主流方式，目前全球主流的在线数据库系统也大多采用 B/S 架构。

为了充分利用现有资产，本系统采用 Java Spring Boot 技术框架，底层数据库使用 MySQL。Spring Boot 简化了 Spring 应用的初始搭建以及开发过程。该框架使用特定的方式［集成启动器（starter），约定优于配置］来进行配置，从而不需要再定义样板化的配置。Spring Boot 提供了一种新的编程范式，可以更加快速、便捷地开发 Spring 项目。Java 技术框架是一个跨语言的统一编程环境，在快速创建 Web 应用程序和 Web 服务方面具有优势。MySQL 是一种可用于各种流行操作系统平台的关系数据库系统，具有 C/S 架构的分布式数据库管理系统，具有功能强、使用简单、管理方便、运行速度快、可靠性高、安全保密性强等优点。新版本的数据库 MySQL 8 不仅延续了其数据库家族的强大数据平台的能力，而且在实现数据库系统高可用性和高性能方面提供了新的功能支持。以上这些开源的技术选型将为本系统的迭代式研发和今后的运行维护提供保障。

为了满足日益增长的访问需求，系统将允许进行分布式部署，并对访问进行负载均衡。本系统为适应分布式的需要和提高系统性能，将进行多个层次划分，主要包括用户层、应用层和数据层。用户层主要实现用户界面，采用主流技术来改善用户使用体验。应用层主要实现业务逻辑，通过对业务算法的实现和底层数据操作的组合提供整体的业务服务。数据层主要实现对文件访问和数据访问的封装，以供上层调用。分布式是提高系统吞吐能力的最有效手段，为了满足未来可能的访问需求，本系统具备设计为可扩展的分布式系统的潜力。系统架构如图 12-2 所示。

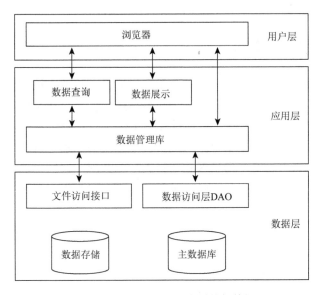

图 12-2　资本存量数据库系统架构图

（二）服务器架构

为了提高本系统的可用性和扩展性，系统将部署在采用云架构的服务器集群中。云架构是目前最为流行的 Web 应用服务的基础架构，具有高可用性和伸缩性的特点。基于云的数据服务和管理系统将能够有效利用硬件资源，降低运行维护成本，保障服务的高效和稳定。本系统部署的服务器架构如图 12-3 所示。

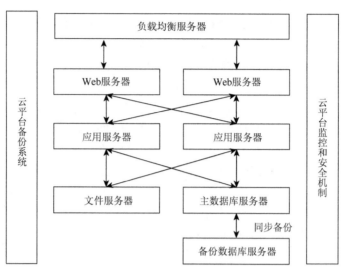

图 12-3 服务器架构

三、数据库系统研发管理

为了提高效率和保障最终产品的质量，我们参考目前主流的软件研发管理方法和实践，同时综合考虑课题研究需求、目标用户需求、现有的软硬件条件、现有人员配备、未来的系统使用预测等因素，确定了一套具体的软件研发管理流程。

资本存量核算数据服务和管理系统研发是典型的创新型软件研发项目，过程中充满一定的变数和挑战，为了保障项目的顺利开展，我们构建了一套基于迭代的快速发布的软件研发管理流程以应对研发过程中的变化，如图 12-4 所示。

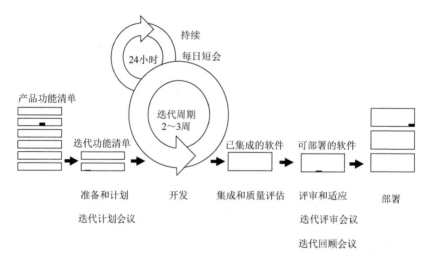

图 12-4 数据库研发管理流程

该流程的核心包括以下几点。

（1）迭代式地推进。研究团队在每一个迭代周期内产出可见的可以使用的软件产品，作为进一步沟通的基础。

（2）会议沟通。在项目开展的过程中，研究团队成员通过面对面的每日短会沟通迭代期间的产品功能和进展，通过迭代周期前后的计划会议、评审会议和回顾会议沟通整个迭代的功能、进展和成果。

（3）项目进展的可视化。通过直观的图表展现项目的实时进展。

（4）采用新的技术手段。这些技术手段包括：统一的编码标准、版本库，自动化测试和持续集成，用户测试（通过自动化部署到测试环境，邀请部分老师参与用户测试），集体代码所有权（任何团队成员都可以修改代码，并为自己提交的代码负责），简单设计和重构等。新的技术手段将使团队更容易实现项目目标。

按照以上研发流程，资本存量数据库系统最终按时正式上线，实现了计划的建设目标。系统功能的增加以及进一步完善，将继续参考该研发管理流程。

第二节 数据库系统基本操作

一、登录界面与主菜单

通过浏览器访问本系统的地址（http://app.soe.xmu.edu.cn/stock/），出现图12-5所示的登录界面，输入用户名和密码后即进入系统[①]。页面左侧是系统主菜单，如图12-6所示。左侧为管理员菜单，右侧为普通用户菜单，普通用户无用户管理模块。

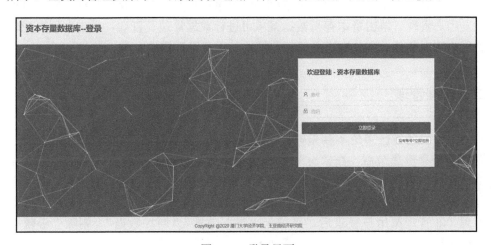

图 12-5 登录界面

---

① 关于系统使用可联系袁老师，lytyuan@126.com，18959280709。

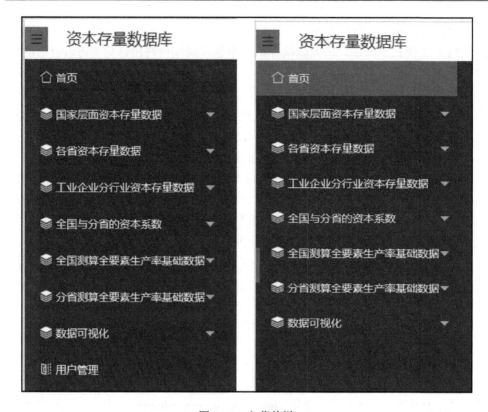

图 12-6　主菜单栏

　　设计时，为了方便管理，菜单栏一级菜单包括六种资本存量数据、数据可视化及用户管理。单击资本存量数据菜单可进行数据管理及查询，单击数据可视化和用户管理菜单，则分别进入可视化模块和用户管理模块。

二、数据管理

　　下面以各省区市资本存量数据的管理为例，说明具体的数据管理操作步骤。以管理员身份登录后，在"分省资本存量和流量数据"菜单下，单击"资本存量估算具体数据"，可进行数据管理及查询，见图 12-7（因图片过大，中间部分未显示出来）。需要说明的是，非管理员只能进行数据查询，不能进行数据管理（非管理员用户登录后，系统无"导入数据""增加数据""删除"等数据管理按钮）。

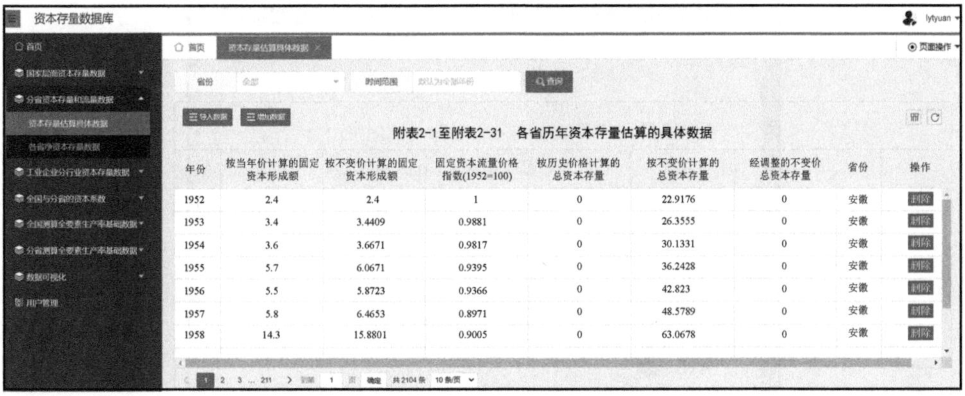

图 12-7 数据管理及查询界面

（一）批量数据导入

本系统目前可以批量导入 Excel 数据。在数据管理及查询界面（图 12-7），单击"导入数据"按钮后出现 Excel 数据导入界面（图 12-8）。选择相应的 Excel 数据文件后，单击"开始导入"按钮即可。

图 12-8 Excel 数据导入

（二）增加单条数据

在数据管理及查询界面，单击"增加数据"按钮，可单独添加一条数据，如图 12-9 所示。

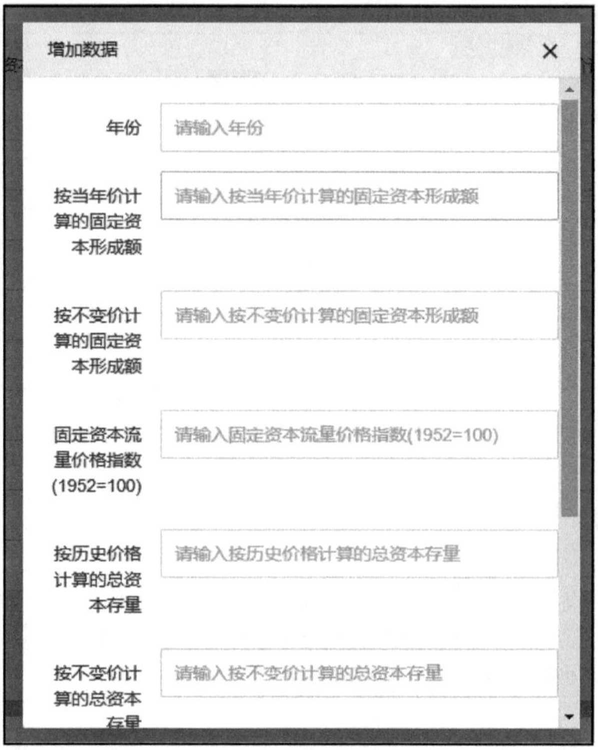

图 12-9　增加单条数据

（三）数据修改

数据修改目前仅提供单条数据修改功能。直接在数据管理及查询界面，单击想要修改的数据单元格，输入新的数据后随意单击空白处，见图 12-10。

年份	按当年价计算的固定资本形成额	按不变价计算的固定资本形成额	固定资本流量价格指数(1952=100)
1952	2.4	2.4	1

图 12-10　修改单条数据

（四）数据删除

在数据管理及查询界面，每一条数据后都有一个删除按钮，单击该按钮，系统会询问是否真的删除本条数据，如果确实要删除，单击"确定"按钮即可，若为误操作，单击"取消"按钮即可取消本次操作，如图 12-11 所示。

图 12-11　数据删除

三、数据查询

为了方便，我们将数据管理与查询设计在同一个菜单下，界面见图 12-12。默认情况下，系统会显示出所有省区市的数据，如果只想显示某个省区市的数据，可以在数据管理及查询界面，单击"省份"下拉菜单，选中相应的省区市；再单击"时间范围"，选择开始与结束年份，最后单击"查询"按钮即可。

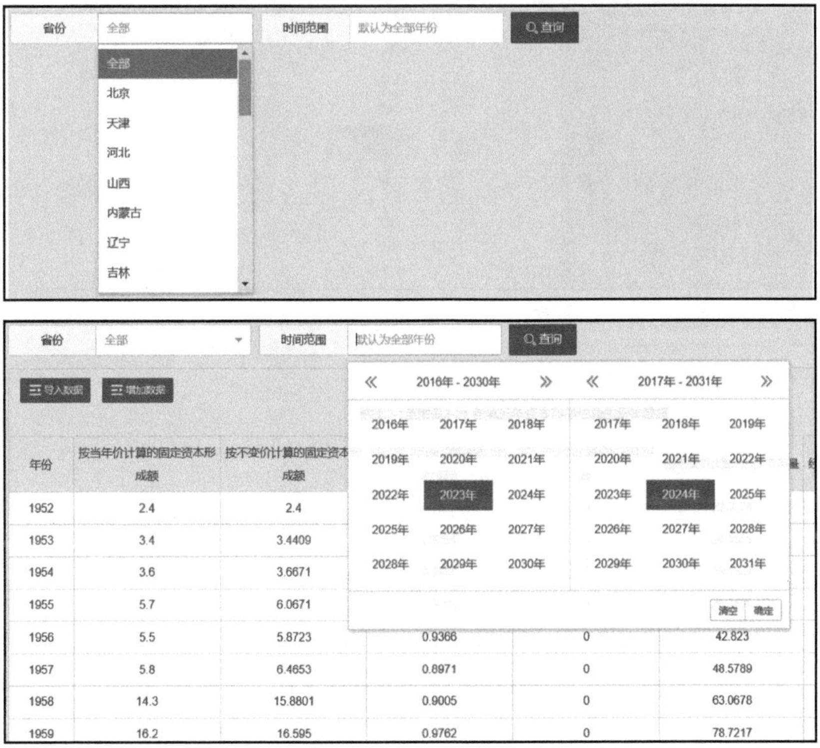

图 12-12　数据查询

四、数据可视化与数据导出

数据可视化操作仍以各省区市资本存量数据为例。单击"数据可视化"菜单，可以展开六大类资本存量数据二级菜单，这里，单击"各省资本存量数据"，可进入各省资本存量数据可视化操作界面。因为图片过大，我们将界面中"选择省份"和"选择指标"分成两张图片单独展示，见图12-13。

图 12-13　数据可视化界面

单击"选择省份"按钮，选择需要绘图的一个或多个省份，并单击">>"按钮，以选定这些省份。

单击"选择指标"按钮，选中想要绘图的指标，并单击">>"按钮，以选定这些指标。最后单击"绘制曲线图"按钮。单击时间范围，可以选定开始与结束年份，最终结果见图 12-14。

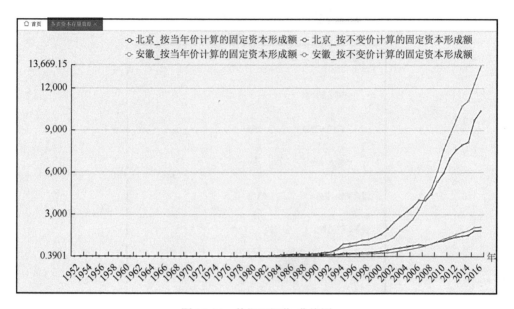

图 12-14　数据可视化-曲线图

需要说明的是，在数据可视化界面，选定相应省份、指标以及时间范围，除了绘制图形，还可以下载数据。

五、用户管理

单击"用户管理"菜单，进入用户管理界面，如图 12-15 所示，只有管理员才可以进行用户管理。

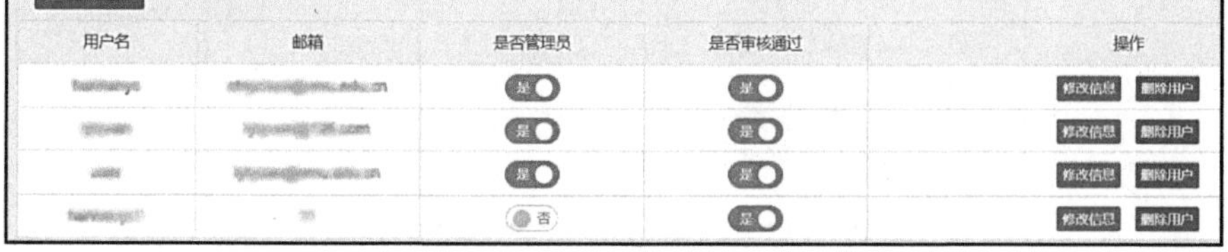

图 12-15　用户管理界面

（一）新增用户

在用户管理界面，单击"增加新用户"按钮，弹出新增用户界面，填写相关信息后，单击"提交"按钮即可，见图 12-16。

图 12-16 新增用户界面

（二）修改用户信息

单击"修改密码"按钮，在修改密码界面，修改密码后，单击"提交"按钮即可，见图 12-17。

图 12-17 用户密码修改

在用户管理界面，双击邮箱，可直接修改邮箱地址。如果要修改管理权限，则直接在用户管理界面，用户列表"是否管理员"列中，单击"是"或"否"按钮即可。显示为"是"，说明该用户是管理员，显示为"否"，则该用户为普通用户。

（三）删除用户

直接单击"删除用户"按钮，确认后即可删除用户，如图 12-18 所示。

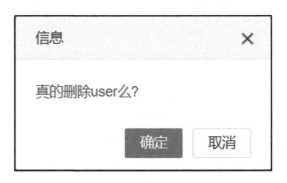

图 12-18　删除用户

六、数据库系统操作实例

为了帮助用户进一步了解具体的操作过程，下面再举一个完整的具体操作实例。

（一）数据导入

假设现在系统中还没有资本系统数据，作为系统管理员，现在需要导入全国、华北与东北的资本系数，具体操作步骤如下。

1. 准备数据

全国、华北与东北的资本系数数据保存在 Excel 文件中，参见图 12-19。导入数据必须按指定的模板存储，模板可以在图 12-20 所示的导入数据界面，单击"下载导入模板"按钮获取。

	A	B	C	D	E	F	G	H	I	J
1	年份	全国	北京	天津	河北	山西	内蒙古	辽宁	吉林	黑龙江
2	1953	0.82	0.44	0.66	1.21	0.95	0.47	1.53	0.91	1.31
3	1954	0.95	0.74	0.84	1.28	1.07	0.52	1.61	1.09	1.41
4	1955	1.08	0.96	0.96	1.32	1.27	0.72	1.71	1.34	1.55
5	1956	1.20	1.07	0.87	1.41	1.34	0.64	2.45	1.42	1.67
6	1957	1.32	1.11	0.91	1.52	1.68	0.75	2.49	1.67	1.79
7	1958	1.44	1.29	0.87	1.47	1.64	0.87	2.16	1.49	1.46
8	1959	1.55	1.25	0.92	1.57	1.95	1.08	1.13	1.54	1.50
9	1960	1.65	1.35	1.14	1.97	2.49	1.62	1.25	1.73	1.73
10	1961	1.76	2.45	1.86	3.18	4.00	2.70	2.90	2.58	3.05
11	1962	1.85	3.31	2.29	3.66	4.61	3.00	3.26	2.80	3.23
12	1963	1.95	3.18	2.19	3.91	4.47	2.64	3.07	2.53	2.93
13	1964	2.03	2.86	1.98	3.15	3.99	2.46	2.71	2.50	2.68
14	1965	2.12	2.66	1.75	2.71	3.61	2.47	2.37	2.40	2.50
15	1966	2.20	2.62	1.77	2.57	3.63	2.48	2.23	2.40	2.29
16	1967	2.27	3.21	2.13	2.82	4.30	3.20	2.78	2.76	2.37
17	1968	2.35	3.43	2.07	2.98	5.44	3.41	2.91	3.02	2.56

图 12-19　全国、华北与东北的资本系数

图 12-20　导入资本系数

2. 数据导入

登录系统后，单击主菜单中的"全国与分省的资本系数"，再单击全国/华北/东北子菜单，然后在界面右侧单击"导入数据"按钮，会弹出导入数据界面，单击"开始导入"按钮，选择相应的 Excel 文件即可。

3. 导入结果

导入数据后，如果成功，则会提示成功导入数据记录数。如果不成功，则会提示导入 Excel 数据出错，此时，请检查数据是否要按指定的模板格式存储。导入结果见图 12-21。

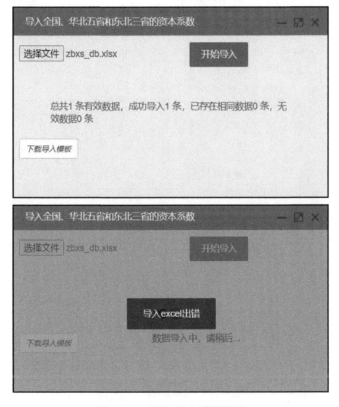

图 12-21 导入资本系数结果

（二）绘制曲线图

根据刚刚导入的全国、华北与东北的资本系数，绘制 1997～2016 年间的全国、北京、天津、河北与山西的资本系数曲线图。具体操作步骤如下。

1. 选择省份与时间

　　登录后（可以是普通用户或管理员），在主菜单中单击"数据可视化"菜单，在展开的子菜单中，单击"全国与分省的资本系数"。在右侧界面，单击"选择省份"，选择"全国""北京""天津""河北""山西"复选框，再单击">>"按钮将它们选入右侧的"已选择省份"列表中。然后单击"时间范围"，选中开始年份 1997 年，选中结束年份 2016 年。如果看不到想要的年份，请单击"<<"或">>"按钮，最后单击"确定"按钮。以上操作见图 12-22。

图 12-22　绘制曲线图-选择省份与时间

2. 绘制曲线图

选择了省份和起止时间后，最后单击"绘制曲线图"按钮，即可得到上述省份的资本系数曲线图，见图 12-23。

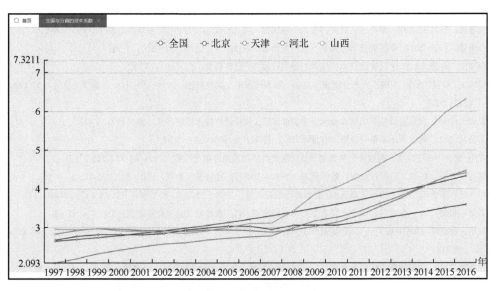

图 12-23　资本系数曲线图

参 考 文 献

白重恩，钱震杰. 2009. 谁在挤占居民的收入—中国国民收入分配格局分析[J]. 中国社会科学，(9)：99-115，206.

白重恩，张琼. 2014. 中国的资本回报率及其影响因素分析[J]. 世界经济，37（10）：3-30.

柏培文，许捷. 2017. 中国省际资本回报率与投资过度[J]. 经济研究，52（10）：37-52.

柏培文，许捷. 2018. 中国三大产业的资本存量、资本回报率及其收敛性：1978—2013[J]. 经济学（季刊），17（3）：1171-1206.

曹吉云. 2007. 我国总量生产函数与技术进步贡献率[J]. 数量经济技术经济研究，24（11）：37-46.

陈昌兵. 2014. 可变折旧率估计及资本存量测算[J]. 经济研究，49（12）：72-85.

陈刚. 2010. R&D 溢出、制度和生产率增长[J]. 数量经济技术经济研究，27（10）：64-77，115.

陈诗一. 2011. 中国工业分行业统计数据估算：1980—2008[J]. 经济学（季刊），10（3）：735-776.

陈宇峰，朱荣军. 2016. 中国区域 R&D 资本存量的再估算：1998—2012[J]. 科学学研究，34（1）：69-80，141.

谌莹，张捷. 2016. 碳排放、绿色全要素生产率和经济增长[J]. 数量经济技术经济研究，33（8）：47-63.

程华，吴晓晖. 2006. R&D 投入、存量及产出弹性研究：基于年份/功效函数的实证研究[J]. 科学学研究，24（S1）：108-114.

方文全. 2012. 中国的资本回报率有多高？：年份资本视角的宏观数据再估测[J]. 经济学（季刊），11（2）：521-540.

龚敏，谢攀，李文溥. 2016. 中国资本利用率、企业税负与结构调整：基于内生化资本利用率的视角[J]. 学术月刊，48（10）：55-66.

古明明，张勇. 2012. 中国资本存量的再估算和分解[J]. 经济理论与经济管理，(12)：29-41.

郭庆旺，贾俊雪. 2004. 中国潜在产出与产出缺口的估算[J]. 经济研究，39（5）：31-39.

郭庆旺，贾俊雪. 2005. 中国全要素生产率的估算：1979—2004[J]. 经济研究，40（6）：51-60.

何枫，陈荣，何林. 2003. 我国资本存量的估算及其相关分析[J]. 经济学家，(5)：29-35.

贺菊煌. 1992. 我国资产的估算[J]. 数量经济技术经济研究，9（8）：24-27.

侯睿婕，陈钰芬. 2018. SNA 框架下中国省际 R&D 资本存量的估算[J]. 统计研究，35（5）：19-28.

胡晨沛，章上峰. 2019. 基于时空异质弹性生产函数模型的区域全要素生产率再测度[J]. 统计与信息论坛，34（6）：51-57.

黄勇峰，任若恩，刘晓生. 2002.中国制造业资本存量永续盘存法估计[J]. 经济学（季刊），1（2）：377-396.

贾润崧，张四灿. 2014. 中国省际资本存量与资本回报率[J]. 统计研究，31（11）：35-42.

江永宏，孙凤娥. 2016. 中国 R&D 资本存量测算：1952—2014 年[J]. 数量经济技术经济研究，33（7）：112-129.

金戈. 2016. 中国基础设施与非基础设施资本存量及其产出弹性估算[J]. 经济研究，51（5）：41-56.

黎德福，陈宗胜. 2007. 改革以来中国经济是否存在快速的效率改善？[J]. 经济学（季刊），6（1）：1-24.

李宾. 2011. 我国资本存量估算的比较分析[J]. 数量经济技术经济研究，28（12）：21-36，54.

李宾，曾志雄. 2009. 中国全要素生产率变动的再测算：1978—2007 年[J]. 数量经济技术经济研究，26（3）：3-15.

李春吉. 2017. 我国规模以上工业行业资本利用率影响因素分析[J]. 南京财经大学学报，(3)：30-40，84.

李京文，龚飞鸿，明安书. 1996. 生产率与中国经济增长[J]. 数量经济技术经济研究，13（12）：27-40.

李京文，乔根森 D，郑友敬，等. 1993. 生产率与中美日经济增长研究[M]. 北京：中国社会科学出版社.

李梅，柳士昌. 2012. 对外直接投资逆向技术溢出的地区差异和门槛效应：基于中国省际面板数据的门槛回归分析[J]. 管理世界，（1）：21-32，66.

李小平，朱钟棣. 2006. 国际贸易、R&D溢出和生产率增长[J]. 经济研究，41（2）：31-43.

李小胜. 2007. 中国R&D资本存量的估计与经济增长[J]. 中国统计，（11）：40-41.

李扬，张晓晶，常欣，等. 2018. 中国国家资产负债表-2018[M]. 北京：中国社会科学出版社.

李治国，唐国兴. 2003. 资本形成路径与资本存量调整模型：基于中国转型时期的分析[J]. 经济研究，38（2）：34-42，92.

林青宁，毛世平. 2018. 中国高新技术企业研发效率及影响因素研究[J]. 经济经纬，35（2）：99-106.

林仁文，杨熠. 2013. 中国的资本存量与投资效率[J]. 数量经济技术经济研究，30（9）：72-88，121.

林毅夫，蔡昉，李周. 1994. 对赶超战略的反思[J]. 战略与管理，（6）：12.

刘建翠，郑世林，汪亚楠. 2015. 中国研发（R&D）资本存量估计：1978—2012[J]. 经济与管理研究，36（2）：18-25.

刘仁和，陈英楠，吉晓萌，等. 2018. 中国的资本回报率：基于q理论的估算[J]. 经济研究，53（6）：67-81.

刘瑞翔. 2013. 探寻中国经济增长源泉：要素投入、生产率与环境消耗[J]. 世界经济，36（10）：123-141.

刘云霞，赵昱焜，曾五一. 2021. 关于中国全要素生产率测度的研究——基于一阶差分对数模型和有效资本存量的再测算[J]. 统计研究，38（12）：77-88.

吕光明. 2011. 中国劳动收入份额的测算研究：1993—2008[J]. 统计研究，28（12）：22-28.

吕新军，代春霞. 2017. 研发投入异质性与区域技术创新溢出效应[J]. 经济经纬，34（4）：19-24.

马红旗，申广军. 2021. 规模扩张、"创造性破坏"与产能过剩——基于钢铁企业微观数据的实证分析[J]. 经济学（季刊），21（1）：71-92.

珀金斯. 1989. 中国经济体制改革（二）[J]. 管理世界，（1）：59-73.

曲玥. 2015. 中国工业产能利用率——基于企业数据的测算[J]. 经济与管理评论，31（1）：49-56.

任保显，王洪庆. 2019. 政府R&D资助对高技术产业创新效率的影响：基于最优规模的视角[J]. 经济经纬，36（6）：95-102.

任若恩，刘晓生. 1997. 关于中国资本存量估计的一些问题[J]. 数量经济技术经济研究，14（1）：19-24.

单豪杰. 2008. 中国资本存量K的再估算：1952—2006年[J]. 数量经济技术经济研究，25（10）：17-31.

沈坤荣. 1999. 1978—1997年中国经济增长因素的实证分析[J]. 经济科学，（4）：14-24.

盛来运，李拓，毛盛勇，等. 2018. 中国全要素生产率测算与经济增长前景预测[J]. 统计与信息论坛，33（12）：3-11.

宋海岩，刘淄楠，蒋萍，等. 2003. 改革时期中国总投资决定因素的分析[J]. 世界经济文汇，（1）：44-56.

宋卫国，李军. 2000. "十五"规划我国科技进步贡献率目标选择分析[J]. 中国科技论坛，（6）：10-14.

孙凤娥，江永宏. 2018. 我国地区R&D资本存量测算：1978—2015年[J]. 统计研究，（2）：99-108.

孙琳琳，任若恩. 2005a. 中国资本投入和全要素生产率的估算[J]. 世界经济，28（12）：3-13.

孙琳琳，任若恩. 2005b. 资本投入测量综述[J]. 经济学（季刊），4（3）：823-842.

孙琳琳，任若恩. 2008. 我国行业层次资本服务量的测算（1981—2000年）[J]. 山西财经大学学报，30（4）：96-101.

孙琳琳，任若恩. 2014. 转轨时期我国行业层面资本积累的研究—资本存量和资本流量的测算[J]. 经济学（季刊），（3）：837-862.

孙文凯，肖耿，杨秀科. 2010. 资本回报率对投资率的影响：中美日对比研究[J]. 世界经济，33（6）：3-24.

谭晓鹏，钞小静. 2016. 中国要素收入分配再测算[J]. 当代经济科学，38（6）：7-16.

田友春. 2016. 中国分行业资本存量估算：1990—2014年[J]. 数量经济技术经济研究，33（6）：3-21，76.

万东华. 2009. 一种新的经济折旧率测算方法及其应用[J]. 统计研究，26（10）：15-18.

王华. 2017. 中国GDP数据修订与资本存量估算：1952—2015[J]. 经济科学，（6）：16-30.

王华. 2018. 中国 GDP 数据修订与全要素生产率测算：1952—2015[J]. 经济学动态，（8）：39-53.

王俊. 2009. 我国制造业 R&D 资本存量的测算（1998—2005）[J]. 统计研究，26（4）：13-18.

王孟欣. 2011. 我国区域 R&D 资本存量的测算[J]. 江苏大学学报（社会科学版），13（1）：84-88.

王孟欣，王俊霞. 2016. 我国研发统计及资本化问题研究[M]. 北京：中国社会科学出版社.

王玺. 2018. 中国经济增长转型与技术进步的经济分析[M]. 北京：中国人民大学出版社：54-64.

王小鲁，樊纲. 2000. 中国经济增长的可持续性——跨世纪的回顾与展望[M]. 北京：经济科学出版社.

王亚菲，王春云. 2017. 中国行业层面信息与通信技术资本服务核算[J]. 统计研究，34（12）：24-36.

王亚菲，王春云. 2018. 中国制造业研究与开发资本存量测算[J]. 统计研究，35（7）：16-27.

王益煊，吴优. 2003. 中国国有经济固定资本存量初步测算[J]. 统计研究，20（5）：40-45.

王英，刘思峰. 2008. 国际技术外溢渠道的实证研究[J]. 数量经济技术经济研究，25（4）：153-161.

魏和清. 2012. SNA2008 关于 R&D 核算变革带来的影响及面临的问题[J]. 统计研究，29（11）：21-25.

吴延兵. 2006. R&D 存量、知识函数与生产效率[J]. 经济学（季刊），（4）：1129-1156.

吴延兵. 2008. 中国工业 R&D 产出弹性测算（1993—2002）[J]. 经济学（季刊），7（3）：869-890.

吴延瑞. 2008. 生产率对中国经济增长的贡献：新的估计[J]. 经济学（季刊），7（3）：827-842.

席玮，徐军. 2014. 省际研发资本服务估算：1998—2012[J]. 当代财经，（12）：5-16.

肖红叶，郝枫. 2005. 资本永续盘存法及其国内应用[J]. 财贸经济，（3）：55-62，97.

谢千里，罗斯基，郑玉歆. 1995. 改革以来中国工业生产率变动趋势的估计及其可靠性分析[J]. 经济研究，30（12）：
    10-22.

徐杰，段万春，杨建龙. 2010. 中国资本存量的重估[J]. 统计研究，27（12）：72-77.

徐现祥，周吉梅，舒元. 2007. 中国省区三次产业资本存量估计[J]. 统计研究，24（5）：6-13.

许捷，柏培文. 2017. 中国资本回报率嬗变之谜[J]. 中国工业经济，（7）：43-61.

许宪春. 2002. 我国国民经济核算的回顾与展望[J]. 统计研究，19（7）：8-11.

许宪春，郑学工. 2016. 改革研发支出核算方法 更好地反映创新驱动作用[J]. 国家行政学院学报，（5）：4-12，141.

颜鹏飞，王兵. 2004. 技术效率、技术进步与生产率增长：基于 DEA 的实证分析[J]. 经济研究，（12）：55-65.

杨灿. 2019. 产业关联测度的净乘数法问题研究[J]. 厦门大学学报（哲学社会科学版），（3）：46-55.

杨光. 2012. 中国设备利用率与资本存量的估算[J]. 金融研究，（12）：54-66.

杨君，黄先海，肖明月. 2018. 金融发展、投资扩张模式与中国的资本回报率[J]. 经济理论与经济管理，（2）：81-97.

杨林涛，韩兆洲，王昭颖. 2015. 多视角下 R&D 资本化测算方法比较与应用[J]. 数量经济技术经济研究，32（12）：
    90-106.

杨玉玲，郭鹏飞. 2017. 省际第三产业资本存量：框架、检验及动态轨迹[J]. 数量经济技术经济研究，34（10）：
    78-93.

叶裕民. 2002. 全国及各省区市全要素生产率的计算和分析[J]. 经济学家，（3）：115-121.

叶宗裕. 2010. 中国省际资本存量估算[J]. 统计研究，27（12）：65-71.

易纲，樊纲，李岩. 2003. 关于中国经济增长与全要素生产率的理论思考[J]. 经济研究，（8）：13-20.

余淼杰，金洋，张睿. 2018. 工业企业产能利用率衡量与生产率估算[J]. 经济研究，53（5）：56-71.

曾五一. 1994. 总供需平衡统计研究：理论、方法和实证分析[M]. 北京：中国统计出版社，109-110.

曾五一，任涛. 2016. 关于资本存量核算的若干基本问题研究[J]. 统计研究，33（9）：104-112.

曾五一，赵昱焜. 2019. 关于中国总固定资本存量数据的重新估算[J]. 厦门大学学报（哲学社会科学版），（2）：49-59.

张军，施少华. 2003. 中国经济全要素生产率变动：1952—1998[J]. 世界经济文汇，（2）：17-24.

张军，吴桂英，张吉鹏. 2004. 中国省际物质资本存量估算：1952—2000[J]. 经济研究，39（10）：35-44.

张军，章元. 2003. 对中国资本存量 K 的再估计[J]. 经济研究, 38（7）：35-43, 90.

张军. 2002. 增长、资本形成与技术选择：解释中国经济增长下降的长期因素[J]. 经济学（季刊），（1）：301-338.

张军扩. 1991. "七五" 期间经济效益的综合分析——各要素对经济增长贡献率测算[J]. 经济研究, 26（4）：8-17.

张勋，徐建国. 2014. 中国资本回报率的再测算[J]. 世界经济, 37（8）：3-23.

周明海，肖文，姚先国. 2010. 中国劳动收入份额的下降：度量与解释的研究进展[J]. 世界经济文汇,（6）：92-105.

周泽将，徐玉德. 2017. 技术独董能否抑制企业产能过剩?[J]. 财政研究,（11）：96-106.

朱发仓. 2014. 工业 R&D 价格指数估计研究[J]. 商业经济与管理,（1）：87-97.

朱平芳，徐伟民. 2003. 政府的科技激励政策对大中型工业企业 R&D 投入及其专利产出的影响——上海市的实证研究[J]. 经济研究, 38（6）：45-53, 94.

CCER "中国经济观察" 研究组，卢锋. 2007. 我国资本回报率估测（1978—2006）：新一轮投资增长和经济景气微观基础[J]. 经济学（季刊）, 6（3）：723-758.

Atkinson M, Mairesse J. 1978. Length of life of equipment in French manufacturing industries[J]. Annales de I'INSEE,（30/31）：23-48.

Bai C E, Hsieh C T, Qian Y Y. 2006. The return to capital in China[J]. Brookings Papers on Economic Activity,（2）：61-88.

Baumol W J, Heim P, Malkiel B G, et al. 1970. Earnings retention, new capital and the growth of the firm[J]. The Review of Economics and Statistics, 52（4）：345-355.

Beaulieu J J, Mattey J. 1998. The workweek of capital and capital utilization in manufacturing[J]. Journal of Productivity Analysis, 10（2）：199-223.

Bernanke B S, Gürkaynak R S. 2001. Is growth exogenous? Taking Mankiw, Romer, and Weil seriously[J]. NBER Macroeconomics Annual, 16：11-57.

Butlin S J. 1962. The role of planning in Australia [J]. Economic Development, E1（15）：5-26.

Calvo G A. 1975. Efficient and optimal utilization of capital services[J]. American Economic Review, 65（1）：181-186.

Chatterjee S. 2005. Capital utilization, economic growth and convergence[J]. Journal of Economic Dynamics and Control, 29（12）：2093-2124.

Christensen L R, Jorgenson D W. 1969. The measurement of U. S. real capital input, 1929–1967[J]. Review of Income and Wealth, 15（4）：293-320.

Christensen L R, Jorgenson D W. 1973. Measuring the Performance of the Private Sector of the U. S. Economy, 1929-1969[M]. New York：Columbia University Press：233-351.

Coe D T, Helpman E. 1995. International R&D spillovers[J]. European Economic Review, 39（5）：859-887.

Coen R M. 1975. Investment behavior：The measurement of depreciation and tax policy [J]. American Economic Review, 65：59-74.

Copeland A M, Medeiros G W, Robbins C A. 2007. Estimating prices for R&D investment in the 2007 R&D satellite account[R]. Washington D. C. ：Bureau of Economic Analysis.

Crawford M L, Lee J, Jankowski J E, et al. 2014. Measuring R&D in the national economic accounting system[J]. Survey of Current Business, 34（4）：435-442.

Dadkhah K M, Zahedi F. 1986. Simultaneous estimation of production functions and capital stocks for developing countries[J]. The Review of Economics and Statistics, 68（3）：443.

Esposti R, Pierani P. 2003. Building the knowledge stock：Lags, depreciation, and uncertainty in R&D investment and link with productivity growth[J]. Journal of Productivity Analysis, 19（1）：33-58.

Fama E F，French K R. 1999. The corporate cost of capital and the return on corporate investment[J]. The Journal of Finance，54（6）：1939-1967.

Feldstein M. 1977. Does the United States save too little？[J]. American Economic Review，67（1）：116-121.

Fraumeni B M. 1997. The measurement of depreciation in the U. S. national income and product accounts[J]. Survey of Current Business，77：7-23.

Goldsmith R W. 1951. A perpetual inventory of national wealth [J]. NBER Studies in Income and Wealth，（14）：5-61.

Gollin D. 2002. Getting income shares right[J]. Journal of Political Economy，110（2）：458-474.

Goto A，Suzuki K. 1989. R&D capital，rate of return on R&D investment and spillover of R&D in Japanese manufacturing industries[J]. The Review of Economics and Statistics，71（4）：555-564.

Griliches Z. 1980. R&D and the productivity slowdown [J]. American Economic Review，70（2）：343-348.

Griliches Z. 1998. R&D and Productivity：The Econometric Evidence[M]. Chicago：University of Chicago Press.

Han Y J. 2007. Measuring industrial knowledge stocks with patents and papers[J]. Journal of Informetrics，1（4）：269-276.

Hulten C R，Wykoff F C. 1981. The estimation of economic depreciation using vintage asset prices[J]. Journal of Econometrics，15（3）：367-396.

Jorgenson D W. 1995. Productivity，Volumes Ⅰ and Ⅱ[M]. Cambridge：MIT Press.

Jorgenson D W. 1996. Empirical studies of depreciation [J]. Economic Inquiry，（34）：24-42.

Jorgenson D W，Griliches Z. 1967. The explanation of productivity change[J]. The Review of Economic Studies，34（3）：249.

Katz A J. 2015. A primer on the measurement of net stocks，depreciation，capital services，and their integration[J]. BEA Working Papers.

Kim T，Park C. 2003. R&D，trade，and productivity growth in Korean manufacturing[J]. Review of World Economics，139（3）：460-483.

Kirkley J，Paul C J M，Squires D. 2002. Capacity and capacity utilization in common-pool resource industries[J]. Environmental and Resource Economics，22（1）：71-97.

Klein L R. 1960. Some theoretical issues in the measurement of capacity[J]. Econometrica，28（2）：272-286.

Klein L R. 1985. Economic Theory and Econometrics[M]. Philadelphia：University of Pennsylvania Press.

Koumanakos P，Hwang J C. 1998.The forms and rates of economic depreciation[EB/OL]. [1998-10-01].https://web-archive.oecd.org/2012-06-15/161970-2662490.pdf.

Kwon H U，Inui T. 2003. R&D and productivity growth in Japanese manufacturing firms[R]. ESRI Discussion Paper Series.

Landefeld J S，Hines J R. 1982. Valuing non-renewable resources：The mining industries[R]. Measuring Nonmarket Economic Activity：136-168.

Marc-André L. 2004. Capital utilization and habit formation in a small open economy model[J]. Canadian Journal of Economics，37（3）：721-741.

Matheson E. 1910. The Depreciation of Factories，Mines and Industrial Undertakings and their Valuation[M]. 4th ed. London：E. & F. N. Spon，Ltd.

Mueller D C，Reardon E A. 1993. Rates of return on corporate investment[J]. Southern Economic Journal，60（2）：430-453.

Nomura K. 2004. Measurement of Capital and Productivity in Japan（in Japanese）[M]. Tokyo：Keio University Press.

Nomura K，Momose F. 2008. Measurement of depreciation rates based on disposal asset data in Japan[R]. OECD Working

Party on National Accounts.

Orr J. 1989. The average workweek of capital in manufacturing, 1952-1984[J]. Journal of the American Statistical Association, 84 (405): 88-94.

Parker R P, Triplett J. Preview of the Comprehensive Revision of the National Income and Product Accounts: Recognition of Government Investment and Incorporation of a New Methodology for Calculating Depreciation[J]. Survey of Current Business, 1995, 75 (9): 33-41.

Penson J B, Hughes D W, Nelson G L. 1977. Measurement of capacity depreciation based on engineering data[J]. American Journal of Agricultural Economics, 59 (2): 321-329.

Pyo H K. 2008. The estimation of industry-level capital stock for emerging-market and transition economies [R]. Washington D. C. : 2008 World Congress on National Accounts and Economic Performance Measures for Nations.

Rawski T G. 2002. Will investment behavior constrain China's growth?[J]. China Economic Review, 13 (4): 361-372.

Reinsdorf M, Cover M. 2005. Measurement of capital stocks, consumption of fixed capital services [R]. Report on a Presentation to the Central American Ad Hoc Group on National Accounts.

Robbins C, Belay O, Donahoe M, et al. 2012. Industry-level output price indexes for R&D: An input-cost approach with R&D productivity adjustment[J]. BEA Working Papers.

Schmalwasser O, Schidlowski M. 2006. Capital stock Rechnung in deutschland [N]. AStA Wirtsch Sozialstat Arch, 2006-1-1.

Shapiro M D. 1986. Capital utilization and capital accumulation: Theory and evidence[J]. Journal of Applied Econometrics, 1 (3): 211-234.

Sliker B. 2007. R&D satellite account methodologies: R&D capital stocks and net rates of return[R]. Washington D. C. : Bureau of Economic Analysis/National Science Foundation.

Solow R M. 1957. Technical change and the aggregate production function[J]. The Review of Economics and Statistics, 39 (3): 312-320.

Statistics Canada. 2007. Depreciation rates for the productivity accounts [R]. The Canadian Productivity Review, Catalogue No 15-206-XIE, No 005.

Statistics Canada. 2015. An update on depreciation rates for the Canadian productivity accounts[EB/OL]. [2015-01-31]. http://www.statcan.gc.ca/pub/15-206-x/15-206-x2015039-eng.htm.

Taubman P, Wilkinson M. 1970. User cost, capital utilization and investment theory[J]. International Economic Review, 11 (2): 209-215.

Weibull W. 1951. A statistical distribution function of wide applicability [J]. Journal of Applied Mechanics, 18 (3): 293-297.

Winfrey R. 1935. Statistical Analysis of Industrial Property Retirements[M]. Ames: Iowa State College of Agriculture and Mechanic Arts Official Publication.

Young A. 2003. Gold into base metals: Productivity growth in the People's Republic of China during the reform period[J]. Journal of Political Economy, 111 (6): 1220-1261.